지역사회복지론

2판

박용순 · 송진영 공저

SOCIAL WELFARE

학지사

머리말

초판이 출간된 지 어느새 6년이 지나 개정판이 나오게 되었다. 이 책은 그동안 많은 독자들이 보내 주신 조언과 필자가 대학에서 직접 교재로 사용하면서 느낀 점을 최대한 반영하여 수정·보완하고자 노력하였다. 개정판은 저자가 수년 동안 '지역사회복지론'을 강의해 오면서 준비하고 보충한 자료들을 집약한 것이다. 즉, 사회복지학의 한 분야로서 지역사회복지에 대해 체계적이고 종합적으로 정리하여 사회복지 전공자는 물론, 부전공자, 사회복지 실무자 등에게 지역사회복지의 포괄적인 내용을 소개하는 데 그 의미를 두었다.

개정판에서 가장 크게 달라진 부분은 제1장, 제2장, 제4장, 제5장, 제6장, 제10장, 제15장 등에 초판의 내용을 수정하거나 최근 자료들을 보강하였다. 지역사회복지는 사회복지의 중간(mezzo)과 거시적(macro) 실천방법으로서 사회복지 분야에 중요한 비중을 차지하고 있다. 즉, 지역사회복지는 지역주민의 욕구충족에서 경제적, 사회적, 문화적으로 인간다운 삶의 질을 높여 주는 데 그 활동 목표를 두고 있다. 그러나 지역사회복지의 실상은 지역문제의 해결에서 지엽적이고 기능적인 방법에 역점을 두고 있으며, 보다 미래지향적이고 과학적인 이론과 실천의 체계화는 미흡한 것이 사실이다.

따라서 최근 지역사회복지의 방향은 특수한 욕구를 지닌 사회적 약자에게 초점을 두되, 예방적인 차원에서 지역주민의 다양한 욕구를 충족시킬 수 있는 새로운 방안을 모색해야 하는 요구에 직면해 있다. 이 책은 사회복지 전공 학생들과 독자들이 지역사회복지에 대해 포괄적이고 체계적이며 쉽게 이해할 수 있도록 구성하였으며, 전체 내용을 3부로 구분하여 '지역사회복지 총론' '지역사회복지 개입론' '지역사회복지 분야론'으로 제시하였다.

제1부 '지역사회복지 총론'에서는 지역사회가 어떻게 구성되어 있고, 그 역사적 배경은 어떠하며, 특히 지역사회복지의 이론과 실천을 통해 지역문제를 올바르게 이해하고 접근하는 방법을 제시하고 있다. 이에 따라 제1장 지역사회복지의 개념, 제2장 지역사회복지의 역사, 제3장 지역사회복지의 기본 이론, 제4장 지역사회복지의 개입 모델, 제5장 지역사회복지의 실천 방법으로 구성하였다.

제2부 '지역사회복지 개입론'에서는 지역사회복지를 실현하기 위해서 다양한 지역문제에 거시적·미시적으로 접근하는 개입 방법을 제시하고 있다. 이에 따라 제6장 지역사회복지와 주민조직화, 제7장 지역사회복지와 사회행동, 제8장 지역사회복지와 사례관리, 제9장 지역사회복지와 지방자치로 구성하였다.

제3부 '지역사회복지 분야론'에서는 지역사회복지와 관련된 기관 및 단체 등을 통하여 사회복지대상자의 문제 원인을 규명하고 진단하여 그 해결을 위한 실천 방법을 제시하고 있다. 이에 따라 제10장 지역사회복지협의체, 제11장 지역사회복지관, 제12장 사회복지협의회, 제13장 재가복지센터, 제14장 사회복지공동모금회, 제15장 지역자활센터로 구성하였다.

이 책을 집필하면서 독자에게 유익한 지역사회복지론에 대한 지식을 제공하기 위해 나름대로 노력하였으나 미흡한 부분이 있을 것이다. 독자

제현들의 비판적 충고와 넓은 학문적 가르침을 진심으로 기대한다. 또한 앞으로도 사회복지 관련 저서를 집필하면서 사회복지를 공부하는 학생들에게 도움이 되고자 한다.

이 책을 출간하면서 먼저 학문적 · 인격적 · 신앙적으로 이끌어 주신 고 어윤배 총장님께 머리 숙여 감사드리며, 필자가 본 대학에 봉직하는 데 항상 힘이 되어 주신 사회복지학부 교수님들께도 깊은 감사를 드린다. 이 책의 개정을 위해 함께 힘든 작업을 하면서 소중한 시간을 할애해 준 송진영 교수에게 진심으로 고마움을 전한다. 또한 이 책이 나오기까지 세심한 교정과 자료정리를 해 준 박현숙 조교와 제자들에게 매우 고맙게 생각한다.

끝으로 본 개정판에 대해 적극적으로 출판을 맡아 주신 김진환 사장님, 출판을 위해 많은 협조와 수고를 아끼지 않으신 편집부 여러분에게도 깊은 감사를 드린다. 특히 학문의 정진에 묵묵히 힘이 되어 준 가족들의 고마움을 잊을 수 없다.

2012년 8월

수리산 기슭의 연구실에서

대표저자 박 용 순

차 례

제2부 지역사회복지 개입론

제 1 부

Community welfare

지역사회복지 총론

제1장

지역사회복지의 개념

지역사회복지는 지역주민과 사회적 약자들의 복지를 증진하기 위한 사회복지의 한 방법적인 영역이다. 전통적인 지역사회의 모습은 어떤 특징을 지니고 있었으며, 현재의 지역사회가 어떻게 변화되어 왔고 지역주민들의 참여의식이 어느 정도인가에 대한 질문은 중요하다. 오늘날 지역사회복지의 개념적 차원에서 바람직한 지역사회는 어떠한 모습이며, 지역주민의 현존 욕구에 대응하는 지역사회복지의 대응은 어떤 것인지 등이 관심의 초점이 되고 있다. 이 장에서는, 첫째 지역사회의 개념, 둘째 지역사회복지의 개념 등을 중심으로 살펴보고자 한다.

Community
welfare

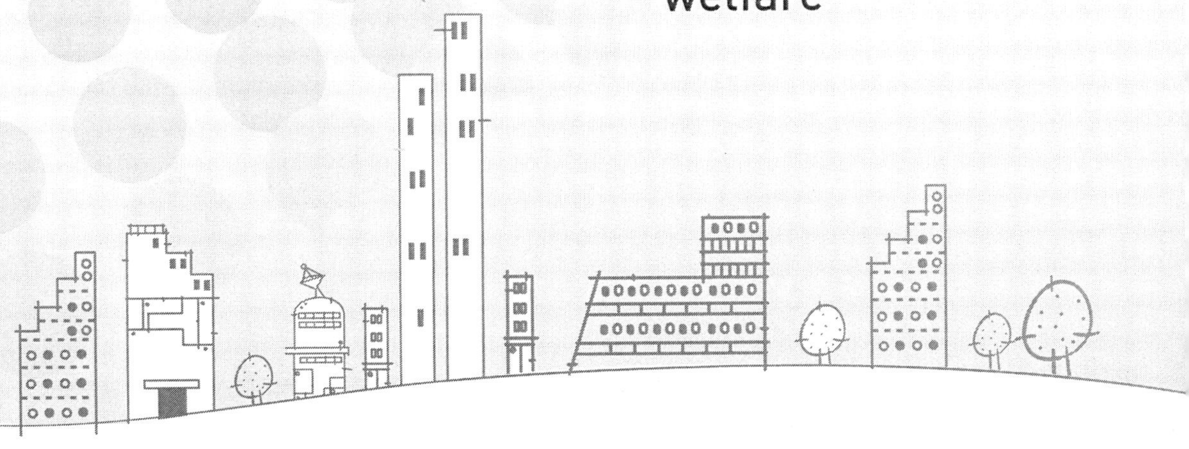

제1절 지역사회의 개념

1. 지역사회의 정의

지역사회(community)라는 용어는 학자, 법률가, 행정가, 정치인, 전문가 등에 따라 매우 다양하게 사용되고 있다. 일반적으로 지역사회는 특정 국가와 지역에 거주하는 주민은 물론 특정 종교의 인종집단과 관련이 있으며, 그 지역에 대한 정치적·사회적·경제적·문화적 관심과 이해를 공유하는 이익집단 등의 속성을 반영한다.

모리스와 헤스(Morris & Hess, 1975: 6)는 지역사회를 주관적인 관점에서 다음과 같이 언급하고 있다. 지역사회란 그 규모가 어느 정도든 간에 지역주민이 소속감과 구성 요소로서 공유하는 생활터전을 의미한다고 하였다. 즉, 지역사회는 '영역(area)' '공통적 연결(common tie)' '사회적 상호작용(social interaction)' 등의 구성 요소를 포함한다.

맥키버(MacIver, 1928: 3)는 지역사회의 정의에 대해 '공동생활의 영역(area of common life)'을 언급하면서 지역성과 지역사회의식 등이 기초가 되어야 한다고 설명하였다. 다시 말해서 지역사회의 공통적 전통, 공통적 관습, 공통적 소속감 등과 지역사회의 주민의식, 역할의식, 의존의식 등을 강조하고 있다. 따라서 지역사회의 정의는 지역주민들의 협력적인 공동체이며, '지역사회의 연대의식(sense of community)'이라는 의미가 함축되어 있다. 여기서 지역사회는 크게 두 가지 영역으로 제시된다. 첫째 '지리적인 지역사회(geographic community)'는 한 지역의 지리적인 토대를 중심으로 추진하는 활동범위이고, 둘째 '기능적인 지역사회(functional community)'는 복지, 교육, 농업, 종교 등에 있어서 공동의 관심과 기능을 함께하는 구성원 집단을 말한다(Rose, 1967: 41-45). 그러나 지역적인 경계(boundary)를 제시하지 못하기 때문에 다른 기능집단의 위원회, 연합회, 협회, 협의회 등과 구별하기가 쉽지 않다.

이상의 맥락에서 지역사회의 정의는 사회과학 문헌에서도 언급되듯이 두 가지 속성을 가진다(최일섭, 류진석, 1996: 4-9). 첫째, 지역사회는 다른 지역과 달리 '특수성(uniqueness)'과 '분리성(separated-ness)'을 지닌 지역적인 경계를 가진다. 둘째, 지역사회는 사회적인 '동질성(homogeneity)' '합의성(consensus)' '자조성(self-help)' 등의 상호작용을 한다.

이에 따라 지역사회의 정의는 크게 세 가지 범주, 즉 지리적인 지역사회, 동질적인 지역사회, 자연적인 지역사회 등으로 제시할 수 있다.

1 지리적인 지역사회

이는 한 지역사회를 구성하는 주민과 조직체의 지리적 분포로서 이루어지는 활동영역이다. 모든 지역사회는 사회이지만, 모든 사회는 지역사회가 아니다. 파크와 버제스(Park & Burgess, 1921: 161)는 지리적인 지역사회를 언급하면서 지역사회의 생활은 이른바 '사회를 움직이는 힘(social forces)'의 집합체라고 강조하였다.

2 동질적인 지역사회

이는 지역주민 간의 합의성, 일체감, 공동양식 등 공통적인 관심사와 가치관을 강조한다. 즉, 동질적인 지역사회는 다른 지역과 구별될 수 있는 사회적 특성을 지닌 완비된(self-contained) 지역사회를 말한다. 이 지역사회는 세 가지 유형으로서, 첫째 특정한 지리적 한계를 두지 않으며, 둘째 민주주의의 실현으로서 작은 지역사회이고, 셋째 사회적 상호작용의 역동성을 강조하고 있다(Green, 1954: 28).

3 자연적인 지역사회

이는 지리적인 특성과 동질적인 특성을 동시에 고려하는 개념이다. 즉, 지역사회가 다소 잘 구성되고 쉽게 접촉할 수 있으며, 공동 관심사를 위해 서로 행동하는 사람들로 구성된 지역성과 상호작용성을 강조하고 있다. 스테이너(Steiner, 1930: 20)는 자연적인 지역사회를 상호 접촉이 가능한 지역 내에 거주하는 일단의 사람들이 상호 간 복지를 위해 형성한 여러 가지 형태의 사회조직으로 언급하였다. 따라서 지역사회를 구체적으로 이해하기 위해서는 지역사회를 그 유형과 기능에 대한 복잡하고 다양한 요인들의 결합으로 인식해야 한다.

2. 지역사회의 기능

지역사회 내에는 무엇이 존재하는가에 대한 물음에서, 지역사회에 대한 포괄적인 정의는 '느슨한 관계'와 '밀접한 관계'의 내용을 포함하고 있다. 즉, 특정 지역사회의 주변 상황 안에서 다양한 조직적 패턴에 따른 지역주민들을 포함하여 보편적인 상황들이 전개되고 있다는 것이다. 지역사회의 기능을 설명하기 위해서는 지역사회 내에서 누가, 무엇을, 어떻게 기능하는가를 언급할 필요가 있다. 이와 같은 기능적 준거틀(framework)은 다음과 같이 설명할 수 있다(Warren, 1963). 지역사회의 주변 상황은 지리적으로 인접한 지역에 거주하는 사람들의 사회조직이라고 언급할 수 있다. 이는 지역사회 내 구성원들 간의 사회적 유대(social bonds)뿐만 아니라, 집단 구성원이 이웃이 아닌 여타 사람들과도 유대를 가져야 한다는 것을 포함한다.

지역사회는 일정한 지역에서 지역주민들이 함께 거주하는 것 이상으로 상호 관계를 맺고 서로의 생활과 행동에 영향을 미치고 있다. 워렌(Warren, 1963: 9)은 지역주민들이 지리적으로 근접한 생활을 통해서 그들 생활을 만족시키는 데 필요한 사회구조(social structure)와 사회적 기능(social function)을 발전시킨다고 강조하였다. 모든 지역사회는 주요한 사회적 기능을 수행하는 지속적인 유형(patterns)을 갖추고 있는데, 여기서 지역사회가 수행하는 사회적 기능은 다양한 인간의 활동을 의미한다. 길버트와 스펙트(Gilbert & Specht, 1974: 4-5)는 지역사회가 공통적으로 수행하는 주요 기능을 다음의 다섯 가지로 제시하고 있다.

1 생산-분배-소비의 기능

생산-분배-소비(production-distribution-consumption)의 기능은 지역주민들이 일상생활을 영위하는 데 필요한 상품(goods)과 서비스(services)를 활용하기 위한 일련의 과정적 활동을 의미한다. 즉, 필요한 상품과 서비스를 생산하고 분배하는 기능은 주로 기업체가 담당하고 있지만, 정부기관, 전문기관, 종교단체, 교육기관 등도 경제적 기능을 담당한다. 이러한 경제적 제도(institution)는 개인적인 차원에서 볼 때 생산 방법과 가족의 욕구 충족 방법에 많은 영향을 주며, 지역사회 차원에서는 지역주민들이 어느 정도 자립할 수 있는가를 결정한다. 또한 지역주민들이 바람직한 삶을 영위하는 데 필요한 상품과 서비스를 어느 정도 제공할 수 있느냐를 결정하게 된다.

2 사회화의 기능

사회화(socialization)의 기능은 지역사회가 공유하고 있는 일반적인 지식, 사회적 가치 그리고 행동양식 등을 지역주민에게 전달하는 과정을 의미한다. 즉 이러한 사회화 과정을 통해서 지역주민들은 다른 사회구성원들과 구별되는 생활양식을 터득하게 된다. 사회화 과정은 개인의 유년시절부터 가정을 중심으로 이루어지며, 점차 더 큰 사회의 구성원으로서 일생을 통해 지속된다.

3 사회 통제의 기능

사회 통제(social control)의 기능은 지역사회가 지역주민들에게 사회의 규범(norms)에 순응하게 하는 것을 의미한다. 즉, 지역사회는 지역주민들이 지켜야 할 법, 도덕, 규칙 등의 규범을 갖게 된다. 이러한 규범을 준수하도록 하는 강제력(coercive power)이 결여된다면 지역사회의 질서가 붕괴되어 사회 해체 현상이 나타난다. 사회 통제를 담당하는 일차적인 기관은 정부로서 사법권과 경찰력을 통해 보편적으로 적용될 수 있는 법을 집행한다. 그러나 여타 사회조직인 가정, 학교, 교회, 사회기관 등도 이러한 기능을 부분적으로 담당하고 있다.

4 사회 통합의 기능

사회 통합(social intergration)의 기능은 사회체계를 구성하는 사회조직 간의 연대적 관계가 형성되는 것을 의미한다. 즉, 지역사회 주민들은 상호 간에 협력해야 하며, 사회체계가 정상적인 기능을 수행하기 위해서는 어느 정도의 결속력(solidarity)과 사기(morale)가 전제되어야 한다. 사회 통제의 기능이 그러한 행동을 하도록 지배하고 강조하는 수단이라면, 사회 통합의 기능은 지역주민 스스로가 규범을 준수하여 바람직한 행동을 하도록 하는 데 있다. 사회 통합은 사회 참여(social participation)의 의미로서 지역사회가 제공하는 제반 활동에 그 주민들이 자발적으로 참여하는 것을 말한다. 사회 통합의 기능을 수행하는 가장 대표적인 제도로 종교제도가 있다. 한편 사회 통제 기능과 마찬가지로 사회 통합에 필요한 사회적 가치와 규범을 만드는 사회조직으로는 가정, 학교, 사회단체 등이 있다.

5 상부상조의 기능

상부상조(mutual support)의 기능은 지역주민들이 기존의 사회제도에 의해 기본 욕구를 충족할 수 없는 경우의 서비스 원조를 의미한다. 즉, 지역주민들은 언제든지 개인적인 사정으로 질병, 실업, 사고, 사망 등에 이를 수 있고, 또한 경제 관련 제도의 부적절한 운용에 의해서 자립할 수 없을 경우 외부의 도움을 받게 된다. 전통 사회에서 상부상조의 기능은 가족, 친척, 이웃, 자선단체 등과 같은 일차적인 집단에 의해 이루어졌으나, 현대 사회에서는 이러한 기능이 정부, 민간 사회단체, 종교단체 등에서 이루어지고 있다.

이상에서 살펴본 바와 같이 전통 사회의 경우 가족이라는 단 하나의 사회제도에서 모든 사회적 기능이 수행되어 왔지만, 현대 사회에서는 점차 사회문제가 복잡해짐에 따라 개인과 집단들이 전문적 기능을 수행하게 되었다. 즉, 전문화(specialization)에 따른 사회제도로서 가족, 종교, 경제, 정치, 사회복지 등의 제도가 나타나게 된 것이다. 지역사회 내의 사회적 기능과 제도를 제시하면 〈표 1-1〉과 같다.

표 1-1 지역사회 내 사회적 기능과 제도

제 도		일차적 기능
가 족	→	사회화
종 교	→	사회 통합
경 제	→	생산 · 분배 · 소비
정 치	→	사회 통제
사회복지	→	상부상조

자료: Gibert & Specht (1974), p. 4.

3. 지역사회의 구분

(1) 일반적 구분

지역사회의 일반적 구분을 살펴보면, 먼저 지역사회가 지리적 경계로 규정될 수 있는가에 대해 생각해 볼 수 있다. 기존 연구에서는 고등학교를 지역사회로 간주하고 있으며, 다른 연구에서는 특정 하위지역(subcommunity)을 지역사회로 규정하고 있다. 또 다른 연구에서는 한 세대의 거주단위와 열 가족의 거주단위를 지역사회의 개념으로 보고 있다. 즉, 이스라엘 종족집단의 연구에서 '미시적 지역사회'를 세 가지로 구성된 집단으로 규정하고 있으며, 다른 연구자는 '핵 지역사회'와 같은 용어를 사용했다. 여기서 지역사회의 크기를 네 가지 사회단위로 제시하면 다음과 같다(Greer, 1956: 15-19). 세대(household), 근린지역(neighborhood), 지방거주지(local area of residence), 자치지역(municipality)으로 구분할 수 있다.

일반적으로 지역사회는 인접성에 토대를 두고 약 500세대를 이루고 있는 인구수로 본다. 도시 학교는 수백 세대의 인구가 상주하는 학교지역으로서 약 3천 명 정도다. 그리고 초등학교 지역의 중심 개념은 아동들의 도보 거리(walking distance)에 초점을 두고 있다. 지역사회는 모든 형태의 공동생활지역으로서 부락, 읍, 시, 도, 국가 혹은 더 넓은 지역까지도 포함하고 있다. 지역사회로 명명하기 위해서는 다른 지역과 구별되면서 특별히 부여한 의미를 가질 수 있는 자체적인 특성을 지녀야 한다. 즉, 지역주민들은 더불어 살면서 그들의 태도, 전통, 언어 등에 일정한 양식을 가진다. 이러한 특성은 효과적인 공동생활을 영위하기 위한 요소들이라 할 수 있다.

따라서 지역사회는 공동의 유대관계가 존재하며, 공동의 기능을 하는 지역으로서 다양한 상호부조적인 서비스가 이루어진다. 이에 던햄(Dunham, 1970: 28)은 지역사회의 영역을 크게 네 가지로 구분하여 다음과 같이 제시하였다.

- 인구의 분포에 따른 구분이다. 대도시, 중소도시, 읍 · 면 · 동 등과 소규모 부락 등으로 구성되어 있는 지역사회의 형태다.

- 경제적 기반에 따른 구분이다. 산촌, 어촌, 광산촌 등으로 구성된 지역사회의 형태다.
- 행정의 구역에 따른 구분이다. 특별시, 광역시, 도, 시, 군, 구, 읍, 면, 동 등으로 구성된 지역사회의 형태다.
- 사회적 특수성에 따른 구분이다. 저소득층지역, 외국인촌, 장애인 밀집 지역, 슬럼지역, 미국의 할렘(Harlem)이나 차이나타운 등에서 볼 수 있는 지역사회의 형태다.

(2) 목적적 구분

지역사회는 지역주민들이 공동의 생활공간에서 서로 의존하고 정치적으로 자율성을 가진다. 즉, 복잡하고 변화하는 사회구조 속에서 기본적인 욕구를 추구하는 곳이라 할 수 있다. 특히 지역사회에는 사회적 약자가 존재하며, 이들을 위해 사회복지서비스가 요구된다. 린드만(Lindeman, 1921: 40-57)은 지역사회복지의 목적에 부합하는 지역사회를 다음과 같이 구분하여 제시하고 있다.

- 대도시(metropolitan centers) 지역으로서 인구 50만 명 이상인 지역이다. 즉, 산업, 상업, 문화 등의 중심 도시다.
- 산업(industrial) 지역으로서 광업, 제철, 수출 산업, 자동차공장 등 산업이 집중된 도시다.
- 상업(commercial) 지역으로서 사람들이 빈번히 왕래하는 상가, 백화점, 주유소 등이 밀집된 지역이다.
- 행정 중심(governmental) 지역으로서 정부나 지방자치단체의 행정관서가 집중해 있는 지역이다.
- 교육 중심(educational) 지역으로서 대학교, 연수원, 학원가, 기타 학교시설이 집중되어 있는 지역이다.

- 시설 중심(institutional) 지역으로서 지역주민의 편의를 위해 병원, 센터, 보건소 등이 형성된 지역이다.
- 교외(suburban) 지역으로서 지역주민들이 직장 관계로 인근 도시에 출퇴근하고 있는 근교의 거주지역이다.
- 유락(resort) 지역으로서 경관이 좋은 자연 명소에 인접해 있는 지역이다. 즉, 해변가, 유락지, 국립공원 등이다.
- 농업 중심(agricultural) 지역으로서 농산품이 거래되고 농촌주민의 활동이 이루어지는 지역이다.
- 이념 중심(ideological) 지역으로서 종교, 이데올로기, 예술 등에 뜻을 두고 형성된 지역이다. 즉 신앙촌, 퀘이커교, 모르몬교, 협동농장 등이다.

이상의 내용에서 지역사회의 영역을 크게 두 가지로 구분할 수 있는데, '농촌지역사회(rural community)'와 '도시지역사회(urban community)'다.

소로킨과 짐머만(Sorokin & Zimmerman, 1929)은 농촌지역과 도시지역의 특징을 비교하여 제시하였다. 즉, 지역사회의 직업 구성, 환경 여건, 지역사회의 크기, 인구밀도, 인구의 이질성과 동질성, 사회적 분화와 계층, 인구의 이동성, 상호작용의 모습 등의 지표를 통해 설명하였다. 예컨대, 대부분 농촌지역에서는 인간관계가 비공식적이고 정적인 유대감을 지니고 있으며, 고정적이고 연속적이고 다면적인 속성을 지닌다. 그러나 도시지역에서는 상호 간의 접촉이 많고 인간관계가 공식적이며, 일시적이고 단편적인 속성과 형식적인 사회적 성격이 강하게 나타난다.

제2절 지역사회복지의 개념

1. 지역사회복지의 정의

지역사회복지(community welfare)는 지역사회의 각 제도들이 맡은 사회적 기능을 충실히 수행할 수 있도록 노력하는 제반 활동을 말한다. 이는 매우 포괄적인 개념으로서 전문가가 지역사회의 수준에 개입하여 지역사회에 존재하는 각종 제도에 영향을 주며, 지역사회의 문제를 예방하고 해결하고자 하는 일체의 사회적 노력을 의미한다.

브래거와 스펙트(Brager & Specht, 1973)에 의하면, 지역사회복지는 지역사회를 구성하는 개인(individuals), 집단(group), 이웃(neighborhood) 등의 사회적 복리를 원하는 방향으로 향상시키기 위해 지역사회 수준에서 이루어지는 일련의 활동이라고 설명하였다. 이에 지역사회복지의 의미는 '지역사회사업(community social work)' 또는 '지역사회 지향적인 사회사업(community-oriented social work)'의 광의적 개념으로 언급되고 있다(Martinez-Brawley, 1995: 546-547).

지역사회복지는 개별적인 보호서비스(care services)와 지역사회 개발의 양자를 통합하는 실천(practice)의 영역으로 정의할 수 있다. 지역사회복지는 '지역사회(community)'와 '사회보호(social care)'의 결합적 의미로서 상호 간 연결된 관계망(networks)을 통해 지역의 친밀성, 공통의 이해관계, 지리적인 근접성, 우애와 협동, 서비스의 제공 등 다양한 활동이 이루어진다. 이에 지역사회복지를 일정한 지역사회 내에서 조직적 또는 비조직적 노력을 통해 사회복지를 실천하는 포괄적인 개념으로 인식하는 경향이 있다. 그러나 지역사회복지는 개인복지나 가정복지보다 넓은 차원의 개념이며, 아동복지, 청소년복지, 여성복지, 노인복지 등과 같이 대상층 중심의 활동보다는 지역성(locality) 중심의 활동으로 이루어진다는 측면에서 차이가 있다.

지역사회복지는 지역의 경제 발전은 물론 지역주민들이 우선적으로 바라는 것에 초점을 두고 있다. 지역주민들의 당면한 욕구 해결과 이들의 자조적, 협동적 노력에 의한 사회적 복리를 이루는 데 중점을 둔다. 특히 지역주민들을 위하여 중간 착취를 배제하고 그들의 경제적 이익을 보장해 주는 원조가 필요하다. 그리고 지역사회복지는 지역사회복지위원회와 같은 중간집단(intergroup)을 조직하여 지역사회의 내적 긴장을 감소시키고 협력적인 분위기를 조성하여 지역주민 간의 갈등을 해소하는 역할을 수행한다. 지역사회 내의 대인적 사회봉사에 대한 지원서비스의 기능도 담당한다.

지역사회복지는 지역사회의 의료에 대한 공중보건에 역점을 두는데, 특별한 의료서비스가 필요시 새로운 자원으로서 의료체계와 연결하여 클라이언트를 지원하기 위한 조정적 역할을 수행한다. 또한 지역사회복지는 지역사회 내의 전문적 교육 배경을 지닌 자들을 활용하여 기본적으로 교육 과정을 전수하여 지역사회가 성숙되고 변화하는 데 일조한다. 예컨대, 민주주의적 교육 전수를 통해 지역주민들의 인성이 개발되고 지역문제를 서로 토의하고 논의하여 문제해결에 적극 참여를 유도한다. 따라서 지역사회복지의 개념은 공식적, 비공식적인 지역사회의 관계망에 의해 어려움에 처해 있는 사회적 약자들에게 도움을 주는 총체적 역할을 의미한다. 특히 지역사회복지는 지역사회를 하나의 자원으로 파악하면서 지역사회와 사회보호가 서로 결합된 구체적인 실천이라 할 수 있다.

2. 지역사회복지의 구성 체계

지역사회복지는 하나의 구성 체계로서 주체, 대상, 방법 등으로 이루어져 있다. 이와 같은 구성 체계를 실행하기 위한 주체로서는 조직과 재원 등이 전제되어야 한다. 지역사회복지는 정부가 행하는 '지역사회정책'과 지역주민이 행하는 '지역사회사업'으로 크게 대별할 수 있다. 전자는 정부가 직접 개입하는 지역사회정책을 의미하고, 후자는 자유주의 사회에서 주로 접근하는 지역사회사업을 말한다. 따라서 지역사회복지의 구성 체계를 구체적으로 제시하면 다음과 같다.

(1) 지역사회복지의 주체

지역사회복지의 주체는 지역복지를 실천하는 주된 체계를 말한다. 지역사회복지를 추진하는 체계는 개인, 가족, 교회, 시민단체, 사회복지기관, 정부 등에 이르기까지 다양하게 제시할 수 있다. 국가 주도로 지역사회복지를 추진하는 경우는 서구사회와 일본 등에서 많이 찾아볼 수 있고, 자유주의 국가의 경우는 대부분 지역사회의 중간집단이나 지역사회기관 등이 그 주체가 되어 정부가 간접적으로 개입하고 있다. 지역사회복지의 목적은 자조와 협동을 증진시키는 데 있으므로 정부가 간접적으로 개입하거나 중간집단 등이 추진하는 것이 바람직하다.

일반적으로 지역사회복지를 추진하기 위한 지역사회기관은 활동 내용이나 접근 방법에 따라 차이가 있다. 오늘날 서구사회에서 볼 수 있는 지역사회보호와 재가복지사업은 지방자치단체가 직접 운영하되 중앙정부가 재정적인 지원을 하고 있다. 그러나 미국의 경우 지역사회복지의 활동은 각종 협회, 위원회, 연합회, 연맹 등과 같은 중간집단에서 실시하고 있다. 또한 정부기관이나 중간집단 등이 지역사회복지의 다양한 형태와 방법을 동시에 실천하는 경우도 있다.

(2) 지역사회복지의 대상

지역사회복지의 대상은 지역복지가 일차적으로 관심을 가지고 있는 체계를 말한다. 즉, 지역문제에 봉착한 대상이나 그 문제를 야기하는 여건 등을 의미하는데, 이는 지역주민의 공통된 욕구 또는 결핍된 욕구 등이다. 지역사회복지는 지역주민의 결핍된 욕구를 충족하기 위한 제반 노력이라 할 수 있다. 예컨대, 지역사회조직과 지역사회 개발의 경우에는 주로 지역주민이나 이익집단 등을 대상으로 볼 수 있고, 지역사회보호의 경우 노인, 장애인, 요보호 아동 등을 대상으로 볼 수 있다. 지역사회복지의 형태로는 지역사회상담, 지역사회교정 등이 있고, 지역사회의 욕구와 문제에는 사회적이고 경제적인 것 이외에 심리적이며 신체적인 것 등이 포함된다. 즉, 지역사회의 문제로서 결핍된 욕구 자체가 지역사회복지의 대상이 될 수 있으며, 지역사회 내의 범죄, 비행, 나태, 해체, 불평등 등도 포함될 수 있다.

지역사회복지의 대상은 지역사회복지의 형태에 따라 그 대상이 달라질 수 있으며, 지역사회복지의 목적에 따라 그 대상이 달라질 수도 있다. 지역사회의 결핍된 욕구는 지역주민에 따라 다양할 수 있어서 무엇이 지역사회의 욕구라고 단정하기는 어렵다. 지역사회정책에 있어서 자원은 소득, 보건, 교육, 주택 등과 같이 지역주민이 가장 기본적인 욕구를 해결하는 데 중요한 수단이 되어 왔다. 지역복지의 실현에 있어서도 구호, 치료, 개혁 등을 위하여 실시해 온 지역사회의 활동 역시 지역주민의 기본적 욕구와 사회적 욕구의 해결에 중요한 역할을 담당해 왔다.

하비(Harvey, 1959: 102)는 지역사회의 욕구가 존재할 수 있는 내용으로서 음식, 주택, 의료보호, 교육, 사회서비스, 소비자 보호, 오락 기회, 유쾌한 이웃관계, 통원시설 등을 제시하였다. 즉, 지역사회의 특성에 따라 다양한 욕구가 존재할 수 있다. 공통된 욕구는 지역사회 내의 취업, 상하수도, 물가, 영양 등이다. 지역사회복지의 대상인 주민의 욕구는 시대와 사회에 따라 다양한데, 최근 고령화사회에 나타나는 요보호노인과 여성의 노동참여 등이 새로운 대상이 되고 있다. 지역사회의 문제는 지역사회에 따라 다양한 형태로 나타날 수 있으나, 이는 전국적인 수준에서 지역사회의 상황에 따라 동일한 문제로 나타난다. 지역사회에서 공통적으로 나타나는 문제로서 탈선행위, 사회불평등, 사회해체 등을 구체적으로 제시하면 다음과 같다.

- 탈선행위: 범죄, 비행, 자살, 알코올남용, 마약중독 등과 같은 반사회적인 행위로 나타나고 있다.
- 사회불평등: 빈곤, 실업, 문화적 박탈 등과 같이 주로 사회구조적인 모순으로 생성된 현상으로 나타나고 있다.
- 사회 해체: 사회제도가 붕괴되어 결손가정, 빈민촌, 홍등가, 환락가 등과 같은 것이 만연된 상황이 나타나고 있다.

지역사회의 문제는 모든 지역에서 존재할 수 있다. 특히 지역사회의 수준에서 문제가 될 수 있는 것은 범죄, 빈곤, 실업, 빈민촌, 홍등가, 환락가 등과 같은 지역사회의 해체로 나타난다. 그리고 지역사회 내의 가족 해체로 가정의 적절한 보호를 받지 못하는 요보호노인이나 장애인 등이 문제로 대두되고 있다. 이와 같은 지역문제를 지역사회가 예방하고 치료한다는 것은 매우 어려운 일이며, 이러한 지역문제를 방치하면 더욱 큰 사회문제가 될 수 있으므로 지역사회복지 차원에서 다양한 해결 방법의 모색이 필요하다.

(3) 지역사회복지의 방법

지역사회복지의 방법은 정책적 접근과 실천적 접근으로 구분할 수 있다. 지역사회복지의 궁극적 목적은 지역사회의 통합에 있으므로 통합적인 접근 방법이 필요하다. 지역사회 통합은 지역주민들의 상호부조와 협동적인 노력으로 이룰 수 있다. 지역사회 통합의 노력을 가능하게 하는 것은 지역주민의 자조력, 적응력, 인간관계 형성 등이다. 특히 지역주민들의 조직화와 협동이 강화되지 않고서는 자발적이고 민주적인 지역사회 통합이 불가능하다. 그러므로 지역주민들의 자기결정력을 향상시키고 의식 변화를 통해 지역복지를 실현해야 한다.

지역사회복지의 방법에는 자원의 재분배 효과뿐만 아니라, 기존의 잠재적 자원을 창조적으로 활용하고 지역주민들 간의 사회적 관계를 형성하는 노력 등이 포함된다. 지역주민들의 욕구 해결과 만족에 역점을 두되, 경제적 또는 비경제적인 것은 물론 사회심리적인 것에도 역점을 두고 접근할 필요가 있다. 지역사회복지의 방법은 다음의 다섯 가지 목적에 근거를 두고 접근해야 한다(Baldoc, 1974: 27).

- 지역사회의 경제 발전을 추진한다.
- 지역주민들의 합의를 촉진한다.
- 지역사회 내의 대인적 사회봉사를 지원한다.
- 지역주민들이 시민권을 행사할 수 있도록 교육한다.
- 기존의 지역사회 정치제도에 있어서 사회 변화를 조성한다.

지역사회복지의 방법에 효과적으로 접근하려면 기존의 지역사회기관을 활용하되, 무엇보다도 중요한 것은 지역사회복지위원회와 같은 중간집단을 활용하는 것이 바람직하다. 지역사회의 중간집단을 통하여 지역사회의 공통된 욕구와 문제가 무엇인가를 심도 있게 토의해야 하고, 당면한 지역문제를 해결하기 위하여 지역사회가 지니고 있는 인적, 물적 자원의 여부를 충분히 확인해야 한다. 그러나 지역사회의 자원이 불충분하거나 접근이 어렵다면, 이에 대한 세부적인 계획을 수립하여 적절한 대책을 강구하여야 한다. 지역사회의 욕구와 자원에 대한 조사를 토대로, 이에 대한 분석 결과에 따라 계획을 수립하고 지역사회가 선택한 문제의 해결이 이루어져야 한다.

지역사회복지의 방법에 대한 계획은 사회복지사가 추진하되 지역주민들을 조직화하여 추진하기 때문에 지역사회복지 프로그램에 대한 교육과 홍보가 필요하다. 지역사회조직가는 대중매체를 이용하거나 다양한 집회를 통해 지역사회복지의 필요성과 목적 및 방법 등을 지역주민에게 널리 알려야 한다. 지역사회복지의 접근 방법에 있어서 지역사회자원의 동원과 주민 참여의 과정이 필요하다. 즉, 지역사회복지의 활동에 필요한 인적·물적 자원을 동원하는 데 지역주민의 적극적인 협력과 참여를 유도해야 한다. 지역사회에 있어서 가능한 한 조직체계의 물리적, 경제적, 사회적 잠재력을 최대한 활용하는 방법이 모색되어야 한다. 지역사회복지의 방법에 있어 사회복지사의 개입 기술을 단계별로 제시하면 다음과 같다(Dunham, 1970: 333).

첫째, 지역사회복지 프로그램의 형성이다. 지역사회의 현존 문제를 발견하고 분석하며 평가한다. 특히 지역문제의 해결을 위해 전반적인 계획을 수립하여 프로그램을 형성한다.

둘째, 지역사회의 조정과 통합이다. 지역문제의 해결을 위해서 주민조직을 통해 회의를 개최하고, 클라이언트와 상담하며, 지역주민들의 갈등을 타협으로 유도한다.

셋째, 지역주민의 교육과 입법 추진이다. 지역문제의 해결을 스스로 주도하도록 교육을 실시한다. 그리고 지역복지를 위한 입법을 추진하고 비입법적 사항에 대해서는 사회행동을 실시한다.

넷째, 지역사회복지를 위한 재정의 확보다. 지역복지기금을 형성하고 재정캠페인을 전개하고, 지역사회의 공동예산을 편성하여 지역복지를 실현한다.

머피(Murphy, 1954: 301)는 지역사회복지의 방법으로서 사회복지사의 개입 기술을 몇 가지 제시하고 있다.

- 지역사회의 자원을 동원한다.
- 각종 위원회 활동을 추진한다.
- 지역사회의 집단활동을 주도한다.
- 집단 간 갈등문제를 타협한다.
- 지역문제를 도출하여 조사한다.
- 전반적인 사항을 기록한다.

이상에서 살펴본 바와 같이 사회복지사의 개입 기술은 민주적 절차를 통하여 지역사회복지를 실현하기 위해서 매우 중요하다. 따라서 지역사회복지의 방법은 사회복지사의 직접적인 지도력과 개입 기술에 의하여 추진될 수 있겠지만, 사회복지사들에게 전문적이고 민주적이며 조직적인 지도력이 필요하다.

3. 지역사회복지의 목적

지역사회복지의 궁극적인 목적은 지역주민들의 의식 변화와 자발적인 조직화를 통해 지역사회를 통합하는 데 있다. 지역사회의 통합은 지역주민들의 상호부조와 협동적 노력으로 가능하며, 이들의 자발적인 인간관계와 자조력 등의 강화가 우선되어야 한다. 지역사회복지는 지역사회 내의 개인, 가족집단 등의 소규모 차원에서도 개입하지만, 지역사회조직의 방법과 지역사회복지의 실천에 상호 보완적으로 접근하는 포괄적인 개념이다. 따라서 지역사회복지의 목적을 '일반적 목적'과 '실천적 목적' 두 가지 차원에서 제시하고자 한다.

(1) 일반적 목적

지역사회복지가 지속적으로 추구하는 목적은 지역주민들이 바라는 '이상적인 지역사회(ideal community)'를 이룩하는 데 있다. 오늘날 이상적인 지역사회란 모든 사람들이 공감할 수 있는, 어떤 모습의 지역사회가 되어야 하는지를 분명히 해야 하고, 이러한 지역사회를 이룩하기 위한 분명한 접근 방법을 제시하는 것이 중요하다. 이에 지역사회복지는 기존 전통 사회에서 이루어졌던 자연발생적이고 민간 중심의 활동인 두레, 품앗이, 부역 등에서 오늘날의 민간자선활동, 지역개발운동, 즉 새마을운동이나 4H 클럽 등까지 포괄적인 성격을 내포하고 있다. 그러나 현대사회에서는 현재 당면하고 있는 다양하고 복잡한 사회문제를 자선적인 노력으로 해결하는 것이 한계가 있으므로 보다 과학적이고 조직적이고 계획적인 전문적 접근 방법이 요구된다.

린데만(Lindeman, 1921: 14-15)은 지역사회복지의 목적을 위해 그의 저서인 『지역사회(The Community)』에서 언급하기를, 이상적인 지역사회는 주민들에게 다음의 제 조건들이 제공되어야 한다고 제시하였다.

- 지역사회는 질서(order)를 통해 주민의 생명과 재산을 보전해야 한다.
- 지역사회는 경제적인 안정으로 소득이 보장되어야 한다.
- 지역사회는 육체적 안녕을 위해 보건과 위생이 보장되어야 한다.
- 지역사회는 쾌적한 여가시간을 활용하게 해야 한다.
- 지역사회는 윤리적 기준(ethical standards)으로서 도덕체계를 제공해야 한다.
- 지역사회는 지식의 보급(intellectual diffusion)으로서 교육 여건이 마련되어야 한다.
- 지역사회는 자유로운 의사표현의 수단을 제공해야 한다.
- 지역사회는 민주적 형태의 주민조직을 구축해야 한다.

- 지역사회는 개인의 신앙적 동기를 제공해야 한다.

따라서 지역사회복지는 지역사회의 주요 제도가 지역주민의 복지를 위해 사회적 기능을 충실히 수행하는 일체의 노력이라 할 수 있다. 이와 같이 지역사회복지의 목적을 실현하려는 노력은 어느 특수한 전문분야에 국한되는 것이 아니라, 사회복지, 공중보건, 성인교육, 공공행정, 도시계획, 정신건강 등의 전문가들과 민간단체나 자원봉사자들에 의해서 광범위하게 수행된다. 그리고 지역사회복지의 활동은 바람직한 지역사회를 이룩하기 위해 지역주민들의 적극적인 참여로써 전개되는 전문적인 활동(professional activity)이라 할 수 있다.

(2) 실천적 목적

지역사회조직의 실천적 목적은 의도한 계획을 성취하는 것으로서 크게 '과업 중심(task goals)의 목적'과 '과정 중심(process goals)의 목적'으로 구분할 수 있다. 전자는 지역사회의 특정 욕구를 충족하거나 특정 문제를 해결하기 위해서 접근하는 세부적인 과업의 완수에 중점을 두는 것이고, 후자는 지역주민들이 문제를 해결할 수 있는 능력을 갖도록 해 주는 데 목적이 있다. 이를 구체적으로 제시하면 다음과 같다.

1 과업 중심의 목적

이 목적은 지역사회가 장기간에 걸쳐 제 기능을 수행하도록 자체적인 능력 향상에 초점을 맞춘다. 지역사회의 구체적인 복지사업을 완성하거나 지역사회의 기능과 관련한 문제를 해결하는 데 역점을 둔다. 또한 지역주민을 위한 서비스를 제공하거나 새로운 서비스를 강구하며 지역복지와 관련된 사회입법을 통과시키는 것 등에 목적을 둔다.

2 과정 중심의 목적

이 목적은 지역사회의 제한된 문제와 욕구 해결 그 자체에 관심을 가지며 기존의 체제 유지와 기능을 강화하는 데 초점을 맞춘다. 즉, 첫째 지역사회 내 여러 집단 간의 협동적인 관계를 수립하고, 둘째 지역문제를 해결하기 위해 자치적인 구조를 설치하고, 셋째 지역문제를 해결하는 데 필요한 역량 기반을 향상시키고, 넷째 지역주민들의 관심과 참여를 유도하고, 다섯째 지역사회의 공동사업에 협력적인 태도와 작업을 촉진하고, 여섯째 토착적인 지도력을 증대시키는 것 등이다.

이상의 내용과 관련하여 지역사회복지의 목적 중에 하나는 지역사회의 사교성을 극대화하는 것이다. '지역사회의 사교성'은 모든 지역을 초월하여 이웃 형태의 수와 종류를 포함한다. 예컨대, 지역주민들은 서로 어떻게 대면접촉을 하는가, 지역주민들이 이런 방법으로 서로 얼마나 접촉하는가 등에 역점을 두어야 한다. 지역주민과의 사교성 기능은 각자 소속감의 원천이 될 수 있고, 도시의 비인간적인 성향을 완화해 준다. 그러나 지역주민 간의 우정 교환과 선택적 대면접촉과는 분명히 구분되어야 한다. 여기서 사교성은 지역주민들의 자발적인 인사나 방문 등을 의미한다. '뒤뜰 울타리(back-fence)' 교류는 사교성을 나타내는 중요한 요소다(Williams, 1959: 3-10). 다시 말해서 지역주민과 잡담할 기회를 가지면서 상호 교환을 통해 편안하게 속마음을 터놓는 용기를 갖게 된다. 다음은 거주자와의 면접을 서술한 내용이다.

> 나는 나무를 손질하기 위해 밖으로 나왔다. 메리도 잔디에 물을 주려고 나왔다. 처음으로 그녀가 자신의 톱을 나에게 빌려주었고, 나는 그 톱으로 나무를 말끔히 손질했다. 이웃 주민들은 우리 주위로 몰려와 우리의 모습을 지켜보았다. 제시가 사다리에서 떨어졌을 때 톱은 제시의 부러

진 발목을 치료하기 위해 병원으로 데려갔다. 이와 같은 일들을 겪으면서 서로 어떤 일에 관해 대화를 하기 시작했고, 서로 맥주잔을 기울이면서 현관에 서서 잡담을 나누게 되었다.

이상은 사교성과 배려를 통해 지역주민들 간에 상호작용의 기회를 많이 갖게 된 사례 내용이다.

생각해 볼 문제

1. 지역사회의 주요 기능 다섯 가지를 제시해 보라.
2. 길버트와 스펙트의 기능적 지역사회에 대해 설명해 보라.
3. 린드만의 지역사회의 목적적 기능을 설명해 보라.
4. 지역사회복지의 정의를 설명해 보라.
5. 지역사회복지의 구성체계 세 가지를 간략히 설명해 보라.

제2장

지역사회복지의 역사

지역사회를 중심으로 과거 지역사회복지의 현상과 사실을 고찰해 보고, 현재의 지역사회복지에 대해 객관적이고 올바른 이해를 가질 수 있다. 특히 과거의 지역사회복지가 어떠한 모습이었으며, 오늘날 지역사회복지가 어떤 과정을 거쳐 이루어졌는지를 살펴보는 것은 의의가 있다. 향후 지역사회복지가 나아갈 방향에 대해 주체적이고 보편적인 합의를 도출할 수 있는 안목을 갖도록 이 장에서는, 첫째 미국 지역사회복지의 역사, 둘째 한국 지역사회복지의 역사 등을 중심으로 살펴보고자 한다.

Community welfare

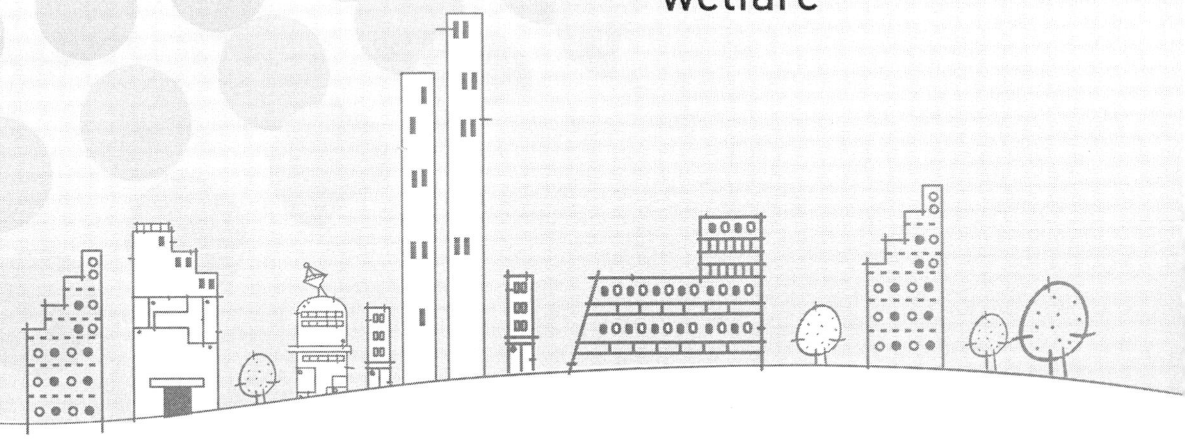

제1절 미국 지역사회복지의 역사

1. 지역사회복지의 생성 과정

미국의 지역사회복지 역사는 다민족 중심의 지역적인 특성과 문화적 배경에 관심을 둘 필요가 있다. 지역사회복지의 역사적 흐름은 인종적 갈등과 사회적 약자들의 착취문제 등이 대두되면서 사회복지기관의 설립과 재정 지원을 위한 모금운동이 활발히 전개되었다. 특히 지역주민의 빈곤문제는 개인적 책임보다 사회구조적인 문제, 즉 대공황과 대량실업에 초점을 두면서 국가가 개입하는 공공복지 중심으로 전개되었다. 따라서 지역사회복지의 생성 과정을 네 단계로 제시하면 다음과 같다.

(1) 자선조직화의 운동 시기

자선조직화의 운동 시기(1865~1914)는 남북전쟁이 끝나고 제1차 세계대전이 시작되면서 미국의 지역사회복지가 태동하는 데 많은 영향을 미쳤다. 당시의 사회적 여건은 산업화와 도시화로 인해 심각한 사회문제가 야기되면서 사회복지의 개입이 필요한 시점이었다. 즉, 수많은 농촌인구가 도시로 이주하면서 슬럼지역을 형성하게 되었고, 산업현장에서는 열악한 작업조건으로 인한 안전사고와 여성 및 아동의 노동 착취문제가 대두되고 있었다. 또한 사회복지서비스는 미흡하여 위생에 대한 법규가 제대로 시행되지 못하고 많은 가정들이 하수구 불량으로 오물을 길에 방출했을 정도였다(Adams, 1910: 97-100). 이 당시의 이념적 상황은 사회진화주의, 급진주의, 실용주의, 자유주의 등을 표방하면서 어느 정도 지역사회복지의 활동에 많은 영향을 미쳤다.

1 사회진화주의

사회진화주의(social darwinism)는 사회에 적응하는 강자만이 생존하고 약자는 자연히 도태된다는 사상이다. 즉, 개인이 사회적으로 실패한다는 것은 그의 타고난 열등성에 기인하므로 그들에게 도움을 주는 것이 자연법사상에 어긋난다는 견해다. 당시의 지배적인 사회철학은 '철저한 개인주의(rugged individualism)' '최소한의 정부(minimum government)' 등을 주창하였고, 이에 정부의 역할은 국민에 대한 재산을 보호하고 인권을 보장하는 데 역점을 두었다.

2 급진주의

급진주의(radicalism)는 사회적으로 불이익을 받는 자들의 권익을 보호하고자 하는 사상이다. 기존의 사회진화주의를 재구성하여 강자뿐만 아니라, 약자에게도 사회 적응을 위해 의도적으로 개입해야 한다는 주장이다(Lerner, 1957: 726). 이러한 사상은 노동운동과 인권운동으로 사회적 약자의 생존권 투쟁에 앞장서며 지역사회복지에도 많은 영향을 끼쳤다.

3 실용주의

실용주의(pragmatism)는 인간의 활동이 틀에 얽매인 형식과 기계적인 공식 속에 있는 것이 아니라, 지적인 토대하에서 자율적으로 이루어져야 한다는 사상이다. 즉, 사회의 고정된 원리와 형식주의를 배제하면서 사회적 개선의 노력에 관심을 갖고 있다. 당시 루스벨트(Roosevelt) 대통령은 실용주의를 바탕으로 개인의 성장이 이루어지고 사회적, 정치적 개혁운동이 실현되어야 한다고 강조하였다.

4 자유주의

자유주의(liberalism)는 모든 인간의 본성을 합리적이고 유연한 것으로 간주하면서 인권을 최우선으로 하는 사상이다. 미국의 민주주의에 대한 중심적인 표현으로서 이를 성취하는 수단으로 사회행동(social action)을 강조하였다. 자유주의 사상은 정부가 권력계층으로부터 사회적 약자들의 권리를 보장하고 균등한 혜택을 주면서 지역사회복지를 실천해야 한다고 주장한다.

(2) 지역공동모금의 활동 시기

지역공동모금의 활동 시기(1914~1929)는 제1차 세계대전이 종식되고 대공황이 도래되면서 지역사회복지가 요구되던 시기다. 당시 사회는 인종 간의 갈등과 대립이 더욱 심화되면서 흑인들의 폭동으로 사회적 혼란이 가중되는 상황이었다. 그러나 전쟁에 참여한 흑인들에게 '새로운 흑인(new negro)'이라는 호칭이 부여되면서 이들에게 어느 정도 자긍심을 심어 주게 되는 계기가 되었다. 그리고 산업화와 도시화로 인해 기업체의 영속적인 경제 성장이 이루어지고, 많은 사람들이 도시지역으로 이주해 오면서 슬럼지역이 형성되어 빈곤계층이 나타나게 되었다. 한편 경제적 성장과 풍요 속에서, '정신분석(psychoanalysis)'과 '반지성주의(anti-intellectualism)' 같은 다소의 비판적인 목소리가 나오기도 하였다.

이러한 상황에서 사회복지대상자를 위한 사회복지기관들이 설립되었으며, 이들 사회복지기관의 재정난을 해소하기 위해 지역공동모금제가 발족하게 되었다. 지역공동모금제가 발족하게 된 배경을 제시하면 다음과 같다.

① 전시모금제

전시모금제(war chests)는 제1차 세계대전이 진행되는 가운데 사회복지기관의 재정적인 어려움으로 인한 재정 충당을 위해 설립되었다. 전시모금제는 약 400여 개의 지역사회 중심으로 설립되어 사회복지기관들의 재정 지원은 물론, 해외의 빈곤자 구호와 전쟁으로 인한 사회복지대상자 지원에 중요한 역할을 담당하였다.

② 공동호소제

공동호소제(united appeals)는 사회복지기관들의 재정 지원 요구가 증가하면서 구호 방법을 개선할 필요성에 따라 자선기부자와 전문가를 중심으로 설립되었다. 자선기부자들은 사회복지기관의 재정 지원이 보다 효율적으로 이루어져 지속적인 지원 요청으로부터 탈피하기를 기대하는 차원에서 공동호소제를 발족하였다.

③ 지역공동모금제

지역공동모금제(community chests)는 사회복지기관 간의 효율적이고 효과적인 업무 조정과 자선기부자들의 유익과 상호 관계성을 갖기 위해 설립되었다. 본래 지역공동모금제는 자선보증기구(charity endorsement bureau)로 출발하여 자선기부자들에 의해 재조직되었다. 지역공동모금에 참여한 세 가지 종류의 회원들은 거액의 기부자, 모금활동을 돕는 자, 각 단체의 자원봉사자 등으로 구성되어 있다.

(3) 공공복지의 발전 시기

공공복지의 발전 시기(1929~1954)는 대공황이 도래되고, 대법원이 공립학교의 인종차별을 금지하는 판결을 내리면서 지역사회복지에 큰 변화를 준 시기다. 당시의 대공황은 실업자가 급증하고 금융계가 도산하면서 경제적으로 엄청난 타격을 주었다. 정부에서는 이러한 난관을 타개하기 위하여 정치적, 사회적, 경제적 분야에 걸쳐 예산을 대폭 확대하고 정부의 개입 정책을 강화하였다. 특히 사회복지 분야에서도 연방정부가 사회보장법(social security act, 1935)과 최저임금제를 제정하여 다양한 사회복지 프로그램을 시행하였다. 그리고 뉴딜(New Deal) 정책으로 흑인에게 취업 기회가 어느 정도 주어졌지만, 여전히 흑인에 대한 인종차별이 지속되고 있었다.

당시 루스벨트 대통령은 '공평고용위원회'(1941)를 설치하여 흑인의 취업기회를 촉진하는 데 크게 기여하였고, 트루먼 대통령은 '대통령특별위원회'를 두어 군복무에 있어서 흑인 차별을 불법화하였으며 흑인의 사회적 지위를 높이는 데 기여하였다.

기존 미국의 사상은 빈곤의 책임이 개인에게 있다고 간주하였지만, 대공황으로 인한 대량실업과 빈곤은 더 이상 개인의 책임으로 전가할 수가 없었다. 즉, 사회제도와 사회질서가 개인의 생활에 지대한 영향을 미치게 되었고, 이를 해결하기 위해서는 정부의 개입 정책이 강조되었다. 따라서 대부분 민간단체를 중심으로 시행한 사회복지서비스가 정부기관으로 이양되면서 국가 차원으로 확대되었다. 연방정부는 정부기관을 통해 다양한 사업을 전개하였는데, '연방긴급구호청(Federal Emergency Administration)'과 '연방보장기관(Federal Security Agency)' 등을 설립하였다. 그리고 사회복지업무의 기준을 설정하고 사회문제의 실태를 파악하며 사회복지서비스를 조정하는 역할을 수행하였으며, 특히 '지역사회전쟁구호사무소(Office of Community War Service)'를 설치하여 전쟁에 참여한 자들의 사회복지서비스와 공중보건사업 등의 업무를 담당하였다.

(4) 지역사회복지의 정착 시기

지역사회복지의 정착 시기(1955년 이후)는 대법원이 공립학교의 인종차별을 금지하는 판결을 내리고 민권운동과 연방정부의 사회개혁이 활발하던 시기다. 당시의 민권운동은 대법원의 인종차별에 대한 금지 결정을 계기로 흑인들이 기회의 불평등을 종식시키기 위해 민권운동 단체들을 결성하게 되었다. 즉, 마틴 루터 킹 목사가 민권투쟁을 주도하였고, '남부기독교지도자회의(Southern Christian Leadership Conference)'가 결성되어 민권운동이 활발하게 전개되었다. 그리고 '인권평등의회(Congress of Racial Equality, 1943)'가 결성되어 침묵시위, 연좌농성 등의 비폭력적 운동이 확산되었고, 이에 많은 흑인 단체들이 민권운동을 통해 삶의 확신과 자부심을 갖게 되었다.

연방정부는 지역사회복지를 통해 사회문제를 해결하고자 지방정부에 보조금(grant-in-aid)을 지급하게 되었고, 지역사회정신건강(community mental health) 분야에도 정신병의 예방과 치료를 위해 많은 예산을 투입하였다. 특히 병원과 보건시설을 건립하여 정신지체인, 신체장애인, 알코올중독자 등을 위한 다양한 사회복지 프로그램을 실시하였다. 그리고 연방정부의 보조로 도시재개발을 위해 슬럼지역의 철거, 주택보조계획, 지역개발계획 등이 이루어졌고, 지역사회의 변화를 위해 주민들을 위한 다양한 교육프로그램이 실시되었다.

미국의 존슨 행정부는 '빈곤과의 전쟁(war on poverty)'을 선언하여 '지역사회개혁 프로그램(Community Action Program: CAP)'을 실시하였는데, VISTA, Head Start, Neighborhood Youth Corps, Job Corps 등이 있다. 닉슨 행정부는 '신개척자(new frontier)'와 '위대한 사회(great society)'를 주창하면서 기존 연방정부의 사회복지예산을 삭감하여 소위 생산적 복지에 역점을 두었다. 사회복지대상자들에게 직업훈련과 취업촉진 프로그램을 활성화하여 자립을 유도하였고, 범죄 억제를 위한 대책에 예산 지원을 확대하였다. 당시 1970년대 초에는 석유파동(oil shock)과 극심한 인플레이션 등으로 사회복지예산의 삭감이 불가피하였으며, 참여적 민주주의와 일자리 창출 등으로 신보수주의의 새로운 사상이 대두되었다. 즉, '작은 정부'로서 반복지주의의 주장과 레이거노믹스의 경향으로 연방정부 책임하에 지방정부, 민간기업체, 가족 중심 등의 사회복지로 이전되었다.

2. 지역사회복지의 전문화 과정

(1) 자선조직화운동 시기

자선조직화운동 시기에는 지역사회복지에 대한 여론이 팽배하였다. 그러나 이 기간 동안에 지역사회조직은 사회사업의 전문 분야로서의 정체성을 갖지는 못했다. 지역사회를 중심으로 한 자선기관의 활동이 조직화되고 인보관을 건립하며 인종차별문제에 대해 관심을 가졌으나, 이들에 대한 전문가로서의 공감대가 형성되지 못했다. 이후 1898년에 뉴욕 자선조직협회(C.O.S)가 하계훈련 과정을 마련하여 전문인력에 대한 훈련 프로그램이 시작되었다. 이와 같은 전문화 과정이 지속되면서 1년 소정 교육으로 확장되었고, 제1차 세계대전까지는 미국과 캐나다에 17개의 사회사업대학원이 설립되었다. 이와 같이 지역사회복지를 위한 교육이 지역사회조직보다 개별사회사업에 더욱 역점을 둔 시기였다.

(2) 지역공동모금의 발전 시기

지역공동모금의 발전 시기는 20세기에 접어들어 처음으로 전문사회복지 훈련을 받았는데, 이들 대부분은 개별사회사업가가 되기 위함이었다. 1925년 스테이너(Steiner)에 의해 『지역사회조직(Community Organization)』이라는 최초의 교과서가 출간되었고, 이후 1930년까지는 적어도 다섯 권의 지역사회조직에 관한 저서들이 출간되었다. 당시의 사회적인 이데올로기나 지배적인 풍조는 새로 등장한 정신분석의 이론에 영향을 받았으며, 지역사회복지는 지역문제 해결에 있어서 환경적인 변화보다 개인적인 치료에 더욱 역점을 두었고, 개별사회사업이 사회복지의 주류를 이루었다.

그리고 지역사회의 인보관활동에 참여했던 사람이나 흑인 지역사회의 지역복지를 위해 힘쓴 사람들의 경우에는 지역문제의 원인을 개인적인 면보다는 환경적인 측면에서 접근하려는 경향을 보였다. 그러나 인보관에서 활동한 사람들이 자신을 지역사회교육자, 레크리에이션지도자, 집단사회사업가 등으로 간주하면서 열심히 활동한 시기였다.

(3) 공공복지의 발전 시기

공공복지의 발전 시기에는 지역사회복지에 관한 종래의 관심이 지역사회 중심에서 국가적인 차원으로 확대되었다. 공공복지사업의 활동 면에서 획기적인 변화는 없었지만 지역사회복지의 성격을 개념화하려는 전문분야의 노력은 활발하였다. 따라서 지역사회복지에 관해 연구했던 당시의 학자들 중 슈워츠(Schwartz)는 지역사회조직에 대해 다음의 세 가지를 강조하였다.

- 지역사회조직과 사회복지의 관계에 관한 것으로서 어떤 학자들은 지역사회조직이 사회복지의 합법적인 형태가 아니라고 주장하였다. 한편 다른 학자들은 지역사회조직이 사회복지의 기본적인 가치와 관심에 가까운 특성을 지니고 있다고 주장하였다.
- 지역사회조직의 목표에 관한 것으로서 사회복지사들은 산업혁명이 개인적인 인간관계를 파괴했기 때문에, 지역사회조직은 지역사회의 결속력을 강화하는 데 그 목표를 두어야 한다고 했다. 당시의 수많은 사람들은 지역문제에 직면하여 지역사회조직이 지역문제를 예방하고 최소한 개선하는 데 역점을 두어야 한다고 주장하기도 하였다.
- 사회복지사들은 지역사회조직사업가의 적절한 역할이 무엇인지를 규정하기 위해 노력하였다. 그들은 지역사회가 지향하는 목표를 달성하기 위해서 전문가의 도움이 절대적으로 필요함을 느꼈다. 그러나 사회복지사는 자신의 의견을 강요해서는 안 되며, 도움을 주는 것과 자기결정능력을 향상시키는 데에 균형을 유지해야 한다고 주장하였다.

이 시기에 지역사회조직의 전문화에 영향을 미친 주목할 만한 사건을 몇 가지 제시해 보면 다음과 같다.

- 1930년에 『사회사업연감(Social Work Year Book)』이 출판되었다.
- 1939년 레인위원회가 전국사회사업회의에 'The Field of Community Organization' 보고서를 제출하였다.
- 1945년에 지역사회조직기관에 관한 최초의 교과서라 할 수 있는 웨인 맥밀런(McMillen)의 『Community Organization for Social Welfare』가 출간되었다.
- 지역사회조직에 관한 연구협회(Association for the Study of Community Organization, 1946~1955)가 조직되었다.

(4) 지역사회복지의 정착 시기

지역사회복지의 정착 시기에는 사회복지에 있어서 지역사회조직 계통 종사자에 대한 교육이 현저하게 증가하였다. 당시 지역사회조직을 개설한 대학원의 수는 1965년에 36개에서 1969년에 48개로 증가하였다(Gurin, 1970: 10). 그리고 사회사업대학원의 석사 과정에서 지역사회조직을 주 전공으로 한 학생의 수는 1960년에 85명으로 전체 학생의 1.5%이던 것이 1969년에는 1,125명으로 전체 학생의 9%로 늘어났다. 이와 같은 양적인 성장과 더불어 지역사회조직의 성격을 명확히 하고, 지역사회조직사업가가 알아야 할 내용이 무엇인가와 지역사회조직을 사회복지의 전문 분야로서 인정하려는 노력들이 팽배하였다. 1950년대에 사회사업교육협의회가 실시한 사회사업대학원의 교과과정에 대한 연구에서 지역사회조직이 독자적인 전문영역으로서 취급되었다.

이후 1962년에 사회사업교육협의회는 지역사회조직을 개별사회사업, 집단사회사업과 함께 사회사업의 한 방법으로 공식적으로 인정하게 되었다. 그리고 사회사업가협회에서도 '지역사회조직사업위원회(Committee on Community Organization)'를 구성하여 지역사회조직에 관한 지식을 집대성하고, 지역사회조직을 사회사업의 전문영역으로 인정하기 위한 연구 자료를 준비하였다. 결국 지역사회조직은 지역사회의 복지문제를 해결하고자 하는 19세기 말의 자선조직화운동과 인보관운동을 기점으로 발전해 왔고, 이론적인 면에 있어서는 1960년대에 들어와서 사회사업의 전문 분야로서의 위치가 확고해졌다. 이는 기존의 지역사회조직사업을 근간으로 하는 구제 및 부조라는 전통적인 범위를 넘어서 지역사회의 정신건강, 교육, 주택 등으로 관심이 확대되고 지역사회 내의 복지서비스 대상자 중심으로 그 활동범위를 넓혀 가고 있다.

지역사회복지는 지역주민의 참여를 통한 지역사회의 강화와 통합을 추구하며, 지역사회 자원의 합리적인 배분과 지역사회의 변화를 모색하는 내용들이 포함된다. 최근 미국 지역사회복지 분야는 실제와 이론과 기술면에서 더욱 다양한 방법으로 전개되고 있다. 이에 지역사회복지의 특성에 따라 그 흐름을 몇 가지 제시하면 다음과 같다.

- 지역사회 중심의 지역사회조직에 외부의 영향력이 증대되고 있다. 연방정부의 포괄적 지역사회 프로그램과 국가적인 규모와 주정부 또는 민간단체 프로그램이 지역사회복지에 큰 영향을 미치고 있다.
- 지역사회 중심의 사회계획과 사회행동을 위한 지역사회복지센터들이 확대되고 있다. 또한 지역사회복지의 실현을 위한 민간기관 중심의 사업은 물론, 정부기관 중심의 사업이 활발해지고 있다.
- 지역사회복지에 있어서 사회통합을 위해 지역주민의 의식 변화와 참여 유도는 물론, 지역사회 적응력을 증대하고 새로운 지역사회의 변화를 추구하는 노력이 집중되고 있다.

3. 지역사회복지의 활동 내용

(1) 자선조직협회의 활동

미국의 자선조직협회(Charity Organization Society: COS)는 영국의 자선조직협회를 본받아 당시 사회적 여건과 이념적 배경에 따라 1877년 버팔로에서 처음으로 설립되었다. 자선조직협회는 빈곤자를 구호하기 위해 설립된 많은 민간단체들 간의 업무를 조정하는 한편, 빈곤자들의 직접적인 구호도 담당하면서 근대의 지역사회복지에 지대한 영향을 미쳤다. 당시의 사회적 흐름은 정부가 빈곤정책에 개입하는 것이 자연법사상에 배치되므로 불간섭주의가 팽배하였다. 그러므로 빈곤자를 '가치 있는 빈곤자(worthy men)'와 '가치 없는 빈곤자(unworthy men)'로 구분하여 전자는 협회의 우애방문원(friendly visitors)을 통해 자립을 유도하였고, 후자는 정부기관이 최저임금 수준 이하의 원조를 함으로써 생계를 유지하도록 하였다.

자선조직협회의 활동은 환경보다는 개인의 변화에 초점을 두고 정신분석 이론이 강조되었다. 당시 사회복지의 주류는 이러한 사회의 지배적인 사상으로서 개인의 예방과 치료에 역점을 두고 전통적인 방법인 개별사회사업을 중시하였다. 그리고 산업화에 따른 다양한 문제들, 즉 도시이주문제, 이민자문제, 주택문제, 질병문제, 노동문제 등이 야기되면서 이에 대처하기 위한 사회복지기관들이 설립되었다. 이에 자선조직협회의 활동 내용을 몇 가지 제시하면 다음과 같다(Murphy, 1954: 54).

- '사회서비스목록(social service indexes)'을 작성하여 사회복지기관으로부터 원조를 받는 개인의 명단과 사례들을 수록하였다.
- '사례분석회의(case conference)'를 통해 사회복지기관 및 시설, 민간단체 등의 담당 전문가들이 개인적인 사례를 분석하여 원조방안을

모색하였다.

- '사회조사(social survey)'를 통해 사회적, 경제적 문제를 분석하여 정부기관에 특정 조치를 건의하였다.

(2) 인보관의 활동

미국의 인보관(settlement house)은 자선조직협회보다 약 15년 후에 설립되어 사회문제에 대처하기 위해 다양한 활동을 시작하였다. 당시의 인보관으로는 코이트(Coit)가 영국 토인비홀(Toynbee Hall)을 방문한 후 뉴욕에 세운 근린조합(Neighborhood Guild, 1886), 아담스(Addams)가 토인비홀을 방문하고 시카고에 설립한 홀하우스(Hull House)가 있다. 코이트는 '기독교 사회주의'와 '윤리문화단체(Society of Ethical Culture)'의 영향을 받아 지역주민들이 연령이나 사회적 계급, 정치적 및 도덕적 차이를 극복할 수 있도록 주민들의 공익을 위해 헌신하였다. 당시의 인보관활동은 개인적인 변화보다는 환경의 변화에 초점을 두고 레크리에이션 지도와 집단사회사업을 통해 문제해결을 이루고자 하였으며, 이를 계기로 『지역사회조직』(1925)이라는 최초의 교과서가 탄생하게 되었다. 인보관의 활동 내용을 몇 가지 제시하면 다음과 같다.

- 사회문제의 근원을 개인적인 요인보다 환경적인 요인에 두고 사상적으로 자유주의와 급진주의에 동조하였다.
- 인보관활동의 참여자들은 주로 중류층이 중심이 되었고 사회적 약자들을 옹호하면서 기존 체제를 비판하였다.
- 지역사회의 문제해결을 위해서는 합리적이고 실용적으로 접근하여 집단 중심의 서비스를 제공하였다.
- 사회개혁(social reform)을 강조하면서 사회복음운동과 연계성을 갖고 슬럼지역의 주민들과 거주하며 환경과 제도의 개혁을 주장하였다.

(3) 사회복지기관협의회의 활동

사회복지기관협의회는 1909년 밀워키와 피츠버그에서 최초로 설립되었고 그 후 1926년 시카고, 보스턴, 세인트루이스, 로스앤젤레스, 디트로이트, 신시내티, 콜럼버스, 뉴욕 등에 설립되었다. 자선조직협회의 영향을 받아 사회복지기관들의 서비스를 조정하고 보완하며 직접적인 활동을 병행하였다. 당시 사회복지기관협의회는 구빈을 위해 전문성을 강조하면서 '우애방문원'과 자원봉사자를 합리적이고 체계적으로 활용하였다. 이 협의회는 사회복지사업을 활성화하고 지역공동모금회를 조직화하여 사회복지기관의 자치성을 확립하는 데 일조하였다. 사회복지기관협의회는 지역사회의 문제와 주민 욕구를 충족시키기 위해 사회복지사업을 계획하고 조정하는 역할을 수행하였다. 사회복지기관협의회의 사업 목적을 성취하기 위한 구체적인 활동을 제시하면 다음과 같다(Cox & Garvin, 1974: 49).

- 지역주민과 전문가 중심의 각종 위원회를 구성하여 지역문제의 해결 방안과 사회복지서비스를 계획하고 실천하였다.
- 지역사회 중심의 기존 사업을 개선하기 위해 시범사업을 전개하고 새로운 지역사회복지서비스를 제공하였다.
- 현존 지역사회의 당면 문제를 해결하기 위해 지역주민들의 참여적 지지와 정부의 지원을 촉구하였다.
- 사회복지기관과 단체의 명부를 발간하고 전문가와 자원봉사자를 선발하여 훈련하였다. 그 후 협의회는 점차 전문화되면서 지역주민들의 협의체로 재구성되어 '지역복지협의회(community welfare councils)'로 명칭이 바뀌게 되었다.

표 2-1 자선조직협회와 인보관의 비교

구 분	자선조직협회	인보관
기원	1869년 런던(영국) 1877년 버팔로(미국)	1884년 토인비홀(영국) 1989년 훌하우스(미국)
인력의 참여 형태	우애방문원	빈민들과 거주하는 자원봉사자
사회문제의 근원	개인적인 속성	환경적인 요소
이데올로기 측면	다윈의 사회진화주의	자유주의, 급진주의
참여자 유형	사회의 여성 상류층	교육받은 중산층
사회문제 접근 및 해결 방법	• 최초의 사회조사 • 빈민을 가치 있는 빈민과 가치 없는 빈민으로 구분하여 원조	빈민과 함께 거주하면서 그들의 생활에 동조하고, 기존 사회질서를 비판하고 실용주의를 추구하고 개혁을 위해 노력
도움 제공의 유형	단기간 구호, 도덕성 향상	상부상조, 사회 및 정치적인 행동
현대 사회에 미친 영향	• 개별사회실천에 영향 • 가족실천에 영향	지역사회실천에 영향

제2절 한국 지역사회복지의 역사

우리나라 지역사회복지의 역사는 매우 짧고, 연구자도 많지 않아 지역사회에 대한 연구가 충분하지 않았으며, 이론에 토대를 두고 실천 현장에 적용되었다고 보기 어렵다. 이러한 환경에서 지역사회복지의 형성과 발전은 여타 사회복지실천기술에 비하여 미미하였으며, 1990년 이후에 직접적 서비스기관이 설립되어 지역사회복지가 발전할 수 있었다. 따라서 다음에서는 우리나라 지역사회복지의 발전 단계를 시대적으로 크게 구분하여 설명하고자 한다.

1. 일제강점기 이전의 지역사회복지

(1) 민간부문의 지역사회복지

전통사회에서 민간부문의 지역사회복지는 주로 국가나 군현 단위의 행정적인 복지사업과 부락 단위의 민속적인 협동 관행으로 이루어졌다. 기존의 전통적인 지역사회복지는 촌락 단위의 자주적인 복지 관행으로 실시되었다(이규태, 1979: 33). 특히 조선시대의 동서대비원과 혜민원 등은 빈민구제와 아울러 병자의 치료라는 측면에서 중요성을 가지고 있다. 따라서 민간 단위의 지역복지사업은 촌락 중심으로 두레, 계, 품앗이, 향약 등의 자조조직에 의미를 둘 수 있다. 이를 구체적으로 제시하면 다음과 같다.

- 두레: 지역사회의 민간협동체 중 하나로서 촌락 단위로 조직된 농민들의 상호협동체라 할 수 있다.
- 계: 부족 간에 인보상조의 정신을 근간으로 한 공동생활의 표현에서 출발하였으며 시대의 흐름에 따라 지금까지 발전해 왔다.
- 품앗이: 지역사회 내의 농민들이 서로 노동력을 교환하는 조직으로서 농촌의 가장 대표적인 노동 협력 양식이었다.
- 향약: 지역사회의 발전과 지역주민들의 순화, 덕화, 교화를 목적으로 한 지식인들 간의 자치적인 협동조직을 말한다. 즉, 향약은 전통적인 유교사상의 영향을 받아 발생한 민간 중심의 자치적인 상부상조 활동이었다.
- 사창: 재앙이나 흉년에 대비하여 미리 지역주민들에게 곡식을 징수해 두는 촌락 단위의 구휼제도다. 의창과 상평창과 더불어 조선시대 진휼책의 한 종류로서 의창 원곡의 부족과 그것을 보충하기 위한 군자곡의 부족을 극복하고자 하였다.

(2) 공공부문의 지역사회복지

전통사회에서 공공부문의 지역사회복지는 국가 단위에 의한 다양한 지역사회복지제도로서 고려시대와 조선시대를 거쳐 존재해 왔다. 당시 군현 단위에서는 입법, 행정, 사법 등의 삼권을 쥐고 지방장관인 수령이 관할구역 내의 지역주민들에게 사회복지시책을 베풀었다. 이와 같은 사회복지시책은 성문법으로 규정된 것이 아니라, 관습적인 규범으로서 재량적인 시책이라고 할 수 있다. 공공부문의 지역사회복지는 오가통제도, 상설복지제도 등으로 구분하여 제시할 수 있다.

- 오가통제도: 정부에 의해 어느 정도 강제성을 지닌 인보제도로서, 각 하급의 지방행정구획을 일정 수의 호수(戶數)를 기준으로 지역별로 세분화한 제도다.
- 상설복지제도: 국가 단위에서 지역주민의 복지를 증진하기 위한 공식기구로서, 의창, 상평창, 진휼청, 동서대비원, 활인서, 혜민서, 기노소(耆老所) 등을 들 수 있다. 의창은 흉년이 든 해에 기아 주민을 구제하기 위하여 양곡을 저장하고 보관해 두는 제도를 말한다. 상평창은 빈곤자에 대해 곡물을 대여하고 일정한 기간 내에 상환 의무가 주어졌다는 점에서 의창과는 차이가 있다. 진휼청은 의창이나 상평창과 같이 흉년에 빈곤자를 구제하는 국가기관으로서 주로 이곡(利穀)에 치중하는 제도였다.

2. 일제강점기의 지역사회복지

일제강점기의 지역사회복지는 식민지정책의 일부로서 시혜와 자선을 통해 우리 민족이 충성을 하게끔 하는 정치적인 의미가 컸다. 당시는 근대적 의미의 지역사회복지가 싹트기 시작한 시기로 볼 수 있다. 근대적 의미의 지역사회복지는 근대자본주의 산물로서 사회문제와 국민의 사회적 의식에 따라 현저하게 발전하였다. 일제강점기의 지역사회복지는 우연히 근대문화를 통해 일어난 것은 아니며, 소위 사회적 약자가 존재하면서 그 대응책으로 다양한 형태의 보호구제가 행해졌다.

대한제국 시기에는 가톨릭 및 개신교 선교사들의 종교활동을 지원하기 위한 부수적 사업으로 사회복지제도가 도입되기도 하였다. 대체로 교육기관과 병행하여 보육원이 운영되거나 결핵사업과 한센병사업 등이 운영되었으며, 1920년 감리교 태화여자복지관이 설립되어 우리나라 최초의 사회복지관으로서 진찰, 아동보건, 우량아선발대회, 클럽활동 등을 실시하였다. 이 시기의 지역사회복지는 지역주민의 책임과 자발적 노력으로서 농업협동조합을 중심으로 이루어졌다는 점에 의의를 둘 수 있지만, 전문적 접근의 노력은 찾아보기가 어렵다.

3. 지역사회복지의 형성기

지역사회복지의 형성기(1950~1970)는 우리나라에서 근대적 의미의 사회복지사업이 시작된 시기다. 해방 이후 한국전쟁으로 인한 전쟁사생아, 전쟁고아, 피난민, 독립 후 귀환동포 등이 양산되면서, 국제 사회와 외원기관의 지원으로 응급구호와 시설구호사업을 중심으로 사회복지사업이 실시되었다. 이러한 시대적 특성으로 인하여 지역사회복지사업은 외국민간원조기관(KAVA)에 의한 사회복지사업이 1970년대 초반까지 주종을 이루었다. 외원기관은 교육과 보건, 지역사회개발 등의 영역에서 기여하였으며, 미국식 전문사회사업의 실천 방법과 관련된 이론들을 국내에 전파하는 데 결정적인 역할을 하였다.

이후 1970년대에는 사회복지시설의 운영 재원에서 외원기관 지원의 비중이 줄어들고, 1974년이 지나면서 급격하게 감소하게 되어, 정부 지원으로 대신하게 되었다. 당시 외원기관의 복지활동과 더불어 이 시기에 주목할 것은 대학부설 사회복지기관의 출현과 민간 사회복지관의 설립이라 할 수 있다. 사회복지관은 영국이나 미국의 인보관활동에서 기원을 찾을 수 있듯이, 지역사회를 근거로 하는 지역사회복지실천 주체로서의 의미를 띠고 있다. 우리나라에서 대학이 인보관활동에 최초로 참여하게 된 것은 1956년에 이화여자대학교에 복지관을 설립하면서부터였으며, 1956년에는 아현인보관과 1962년에는 목포사회복지관 등 개인 및 민간 단체들에 의해 사회복지관의 설립이 이루어졌다.

지역사회 중심의 지역복지실천 활동은 지역사회개발사업을 주된 정책수단으로 채택하면서 활발하게 이루어졌다. 1970년대는 지역사회개발사업이 새마을운동사업으로 전환되면서 획기적인 전기를 마련하게 되었다. 새마을운동은 농촌생활환경개선사업에서 소득증대사업까지 확대되었고, 도시에서는 의식개선운동으로 전개되기도 하였다. 이에 새마을운동은 지역사회복지의 실천을 위한 기반을 마련하였다는 점에서 그 의의가 있으나, 관 주도의 운동이라는 점에서 지역사회복지의 자발성 원칙에서 벗어나는 한계를 지녔다고 볼 수 있다.

4. 지역사회복지의 정착기

지역사회복지의 정착기(1980~1990)는 1980년대 들어서서 지역사회복지가 커다란 전기를 맞이하는 시기다. 제3, 4공화국의 경제성장은 제5공화국에도 여전히 핵심적인 국가정책이 되었다. 즉, 사회복지가 국정이념으로 채택되면서 '사회복지'라는 용어가 빈번하게 사용되었다. 또한 지역사회복지는 정부 주도하에 지역사회복지관의 설립, 재가복지서비스의 도입, 지역사회행동 모델의 확대 등 과거보다 진일보한 모습으로 구체화되었다. 당시 사회복지관은 1980년대 초반까지 양적 · 질적인 면에서 기본적으로 1970년대의 골격을 그대로 유지하였다. 이후 1983년에 사회복지사업법의 개정에 따라 사회복지관은 종합사회복지관 가형과 나형, 사회복지관 등으로 나뉘면서 공식적으로 국가의 지원을 받게 되었다.

1980년대 후반에는 사회복지관의 발전 과정에서 몇 가지 특징적인 조치들이 이루어졌다. 우선 영구임대주택단지 내에 사회복지관의 건립이 시작되었고, 민간단체에 의한 사회복지관의 건립이 활성화되었으며, 1989년에는 사회복지관의 운영 · 건립 등 국가보조사업지침이 마련되어 국가지원금 산출방식이 제정되었다는 점이다. 이러한 특징들은 지역사회를 중심으로 하는 사회복지관사업이 본격적인 궤도에 진입하였음을 말해 주고 있다. 특히 이 시기에는 지역사회 중심의 사회복지서비스로서 재가복지가 도입되어 민간 분야의 노인복지와 장애인복지 분야에서 다음과 같이 처음으로 시도되었다.

- 노인복지 분야에서는 1980년대 초에 한국노인복지회에서 추진해 오던 노인결연사업, 상담사업 등이 가정봉사원파견사업으로 확대 실시되었다. 1987년에 한국노인복지회가 국제노인복지회의 지원과 국고보조금으로 가정봉사원을 파견하는 시범사업을 시작하였다. 가정봉사원파견사업은 구호에 비중을 두는 기존의 방식을 탈피하여 대인사회복지서비스의 제공이라는 원조 내용의 변화, 자원봉사자의 활용, 정기적인 서비스 제공 등과 같은 특징을 띠고 있다는 점에서 주목되었다.
- 장애인복지 분야에서는 1980년대에 장애인재활협회, 서울장애인복지관 등을 중심으로 지역사회중심재활사업이 실시되었다. 특히 재가복지서비스의 형태로 장애인가정방문을 통한 상담, 진단치료, 교육프로그램 등이 시행되었다.

지역사회복지의 또 다른 변화는 사회복지전담요원제도의 실시라 할 수 있다. 1987년에 사회복지전담요원(사회복지전담공무원)제도를 도입하여 전국 읍 · 면 · 동사무소에 배치하여 생활보호대상자를 중심으로 공공부조업무에 종사하도록 하였다. 사회복지전담요원제도의 실시는 공공부조 업무의 성과뿐만 아니라, 지역사회 중심의 공공사회복지전달체계의 새로운 전기를 마련하게 되었다. 그리고 지역사회복지의 실천 모델은 1970년대 새마을운동으로 대표되는 지역사회개발 모델로부터 지역사회행동 모델로 점차 확대되는 경향을 띠기 시작하였다. 즉, 지역사회행동은 1980년대의 민주화운동과 생활권보장이라는 차원에서 지역사회를 중심으로 사회운동과 연관되어 구체화되었다. 그리고 민간 차원에서 사회복지수급대상자 중심의 각종 자조집단이 출현하게 되었다.

5. 지역사회복지의 발전기

지역사회복지의 발전기(1990~현재)는 지역사회복지가 과거에 비해 지역 중심성에 대한 강조, 전문성의 강화 등을 기초로 질적인 변화를 경험하는 시기다. 특히 생활시설 중심에서 지역사회보호와 재가서비스로 패러다임이 변화되면서, 재가복지서비스의 확대, 지역사회복지실천 주체의 전문화 및 다양화, 지역사회 중심의 자활사업 전개, 지방자치제의 실시 및 지역분권운동의 전개에 따른 지역사회복지의 내실화 요구 등 지역사회복지의 질적 전환이 이루어진 시기라 할 수 있다.

사회복지관은 1990년대 이후 급속한 양적 확대가 이루어져 1990년 58개소에서 2008년에는 전국에 360개소가 설치 · 운영되고 있다. 사회복지관은 국고 및 지방비와 법인자부담이라는 재정 구조를 가지고 운영되었고, 운영 형태는 민간법인의 운영, 정부의 지도 · 감독 등 반관반민 등의 형태를 띠고 있다. 특히 1997년에는 사회복지사업법의 개정에 의해 사회복지기관의 평가가 이루어졌고, 사회복지관의 운영 및 프로그램의 효과성과 효율성을 높이기 위한 다양한 노력이 있었다. 이에 지역사회 중심의 자원 동원 및 서비스전달체계의 확립, 지역사회 주민의 조직화사업을 강화하는 등 지역사회복지의 실천 영역을 확대해 왔다.

재가복지는 1990년대에 들어와서 정부 차원의 지원을 받아 종합적인 프로그램으로 발전하게 되었다. 정부는 가정에서 보호를 요하는 장애인, 노인, 소년소녀가장, 모자가정 등 가족 부양 기능이 취약한 계층을 중심으로 지역사회 내에서 재가복지서비스를 제공하기 위하여 1992년부터 재가복지봉사센터를 설치 · 운영하고 있다. 재가복지봉사센터는 1980년대 이후 정부의 지원사업으로 기존의 사회복지관, 장애인복지관, 노인복지관 등에 전담 인력, 장비 등 사업비를 추가로 지원하여 복지관의 부설 형태로 설치 · 운영되고 있다. 주요 사업 내용은 자원봉사자를 모집, 교육하여 가정에서 보호를 요하는 장애인, 노인, 불우아동, 저소득층 가정 등을 직접 방문하여 간병, 진료, 급식, 정서 지원, 가사 보조 등 일상생활에 필요한 각종 서비스를 제공한다.

또한 지역사회 내에 뜻있는 사람들과 양부모, 의형제를 맺어 주고 후원자를 알선하여 생활용품 및 용돈 등 경제적 지원을 한다. 시설별 사업 내용을 살펴보면 다음과 같다.

- 사회복지관에서는 저소득층가정에 대한 종합적인 재가복지서비스를 제공하고 있다.
- 장애인복지관에서는 장애인에 대한 순회재활서비스를 제공하고 있다.
- 노인복지관은 독거 노인 세대, 거동 불편 노인에 대하여 재가복지서비스를 제공하고 있다.
- 한국사회복지관협회와 사회복지협의회 시 · 도지부에서는 재가복지를 위한 자원봉사자를 양성, 공급한다. 당시에 전개되었던 재가복지

의 특성을 요약하면, 첫째 서비스실천의 장은 주로 재가복지봉사센터로서 민간사회복지관 등에 부설되어 있고, 둘째 서비스실천의 주체는 주로 자원봉사자이며, 셋째 서비스실천의 대상은 가족 기능이 취약한 재가의 노인이나 장애인, 아동 등이다.

지역사회복지의 실천 모델과 관련하여 이 시기에 주목할 것은, 지역사회의 삶의 질 향상과 복지 욕구의 해결을 공식적으로 표방하고 있다는 것이다. 즉, 자주적인 지역사회복지 활동이 구체화되면서 지역사회 개발과 사회행동 모델의 실험과 적용이 이루어졌다. 이러한 조직들은 푸드뱅크사업, 보건의료지원사업 등 저소득층과 빈곤계층 등을 위한 직접서비스 지원사업을 수행하였다. 그리고 지역복지정책개발사업, 각종 빈곤정책 프로그램 등과 관련된 조례 제정 운동을 비롯하여 다양한 사회행동을 실현하고 있다. 이러한 자주적인 지역사회복지사업은 지역주민운동에 뿌리를 두고 있으며, 저소득층에 대한 직접서비스 기능뿐만 아니라 사회행동 등 다양한 지역사회복지 기능을 수행하고 있다.

당시 IMF 구제금융 이후 사회복지 이슈를 매개로 하는 시민사회단체의 증대가 비약적으로 이루어졌다. 지역복지 이슈를 구체화하거나 노인·아동·장애인·청소년 등의 문제를 집중적으로 제기하고 있다. 이는 사회적 약자에 관심을 보이는 등 지역복지의 이슈나 삶의 질 향상과 관련된 지역 중심의 복지 이슈가 시민사회운동의 중요한 영역으로 등장하였음을 보여 준다. 특히 2000년대는 다원주의적 팽창기로서 다음과 같이 몇 가지 특징을 제시할 수 있다(김만호, 2009).

- 국민기초생활보장법 제정으로 지역자활센터가 설립되었다. 2000년 10월에 국민기초생활보장법의 시행으로 지역사회 중심의 자활지원사업이 본격적으로 전개되었다.

- 자활지원사업은 과거와 달리 지역사회 차원에서 빈곤문제의 해결을 위한 보다 구체적이고 전문적인 실천 활동이 요구되었다. 당시 지역사회의 자활지원사업을 담당했던 많은 조직들은 대부분 자활후견기관으로서 2011년 현재 242개소가 설치 · 운영되고 있다.
- 사회복지서비스의 공급주체가 다양화되어 학교사회복지사가 배치되었고, 지역사회복지 차원에서 학교사회복지제도와 교육복지투자우선사업 등이 확대되었다.
- 노인장기요양제도가 2008년 7월에 신설되었으며, 개인에 의한 노인복지센터가 설립되면서 양적으로 지역사회복지가 확대되었다.
- 지역사회복지 차원에서 다문화가족의 증가와 국제결혼이 확대되면서 건강가정지원센터와 다문화센터의 설립이 확대되었다.
- 지방분권화와 함께 지역사회복지사업이 일부 지방으로 이양되었다. 2005년에 137개의 사회복지사업 중에서 67개의 사업이 지방으로 이양되었으며, 지역사회복지협의체가 구성되어 지역사회복지계획을 수립하게 되었다.

지역사회복지협의체는 제1차 지역사회복지계획(2006~2010)을 2005년 6월에 수립하였고, 제2차 지역사회복지계획(2011~2014)은 2010년 6월에 수립하였다. 그러나 지방분권의 영향으로 민 · 관 거버넌스의 의미를 지닌 지역사회복지협의체는 정부 주도하에 민간사회복지 및 보건 영역이 참여하고 있지만 적극성의 부족으로 의도한 성과를 얻지 못하고 있다.

6. 지역사회복지 발달 과정의 함의

지금까지 우리나라의 지역사회복지에 대한 발달 과정을 살펴보았다. 지역사회복지 발달 과정의 함의를 제시하면 다음과 같다.

- 지역사회복지 발달 과정은 1990년을 전후하여 생활시설보호에서 지역사회보호로 사회복지서비스의 중심이 이동되었다. 특히 빈곤운동이 사회운동의 중심으로 이동하면서 주민조직화와 사회행동이 전개되었다.
- 지역사회복지의 형성과 발전이 정부 주도로 이루어짐으로써 국가의 역할이 비대해지고, 사회복지기관이 관료화 혹은 예속화되는 경향이 커지고 있다. 이러한 현상은 지역사회복지 실천기관이 실천이론과 무관하게 정치 과정에 의해 운영된다는 한계를 가지게 되었다.
- 사회복지관, 정신보건센터, 지역자활센터, 건강가정센터, 다문화센터 등이 2000년대 이후 확대되어 지역사회복지 실천기관 간의 업무가 중복되는 경향이 나타나고 있다.
- 지역사회복지 실천기관이 성과에 치중하여 프로그램 개발 및 자원조정 등의 역할을 중심으로 업무를 수행해 왔다. 즉, 주민조직화 및 사회행동에는 관심을 적게 보임으로써 지역사회조직을 기반으로 하는 지역사회복지 실천이론과는 차이를 보이고 있다.
- 노인장기요양제도, 돌봄서비스 등과 같은 사회제도가 확대되면서 국가 주도와 민간의 서비스 제공이라는 혼합적 성격이 확대되고 있다. 이로 인해 지역사회복지의 정체성에 대한 혼란이 가중되고 있다.

생각해 볼 문제

1. 자선조직화운동 시기의 이념적 상황 네 가지를 제시해 보라.

2. 지역공동모금제가 발족하게 된 배경을 순서대로 제시해 보라.

3. 우리나라 지역사회복지의 형성기, 정착기, 발전기의 특징을 제시해 보라.

4. 우리나라 지역사회복지의 다원주의 시기의 특징을 설명해 보라.

5. 한국의 지역사회복지 역사에 대한 함의에 대해 설명해 보라.

제3장

지역사회복지의 기본 이론

지역사회복지의 기본 이론은 지역문제를 해결하기 위한 접근 방법과 지침을 제시한다. 지역사회는 특수한 여건과 환경 속에 주어진 정치적 · 사회적 · 경제적 · 문화적 차원에서 이해하여야 한다. 지역사회복지는 이론적 관점에 따라 다양한 접근이 이루어진다. 즉, 어떤 이론적 관점에서 접근하느냐에 따라 지역사회의 현상과 지역문제에 대한 인식이 달라지며, 그 해결 방법도 달리 모색된다. 그러므로 다양한 이론적 관점과 문제해결의 원칙에 입각하여 바람직한 지역사회복지를 실현할 수 있는 기본적인 이론적 접근에 대한 안목이 필요하다. 따라서 이 장에서는, 첫째 지역사회복지의 이론적 관점, 둘째 지역사회복지의 원칙, 셋째 지역사회복지의 개입 과정 등을 중심으로 살펴보고자 한다.

Community welfare

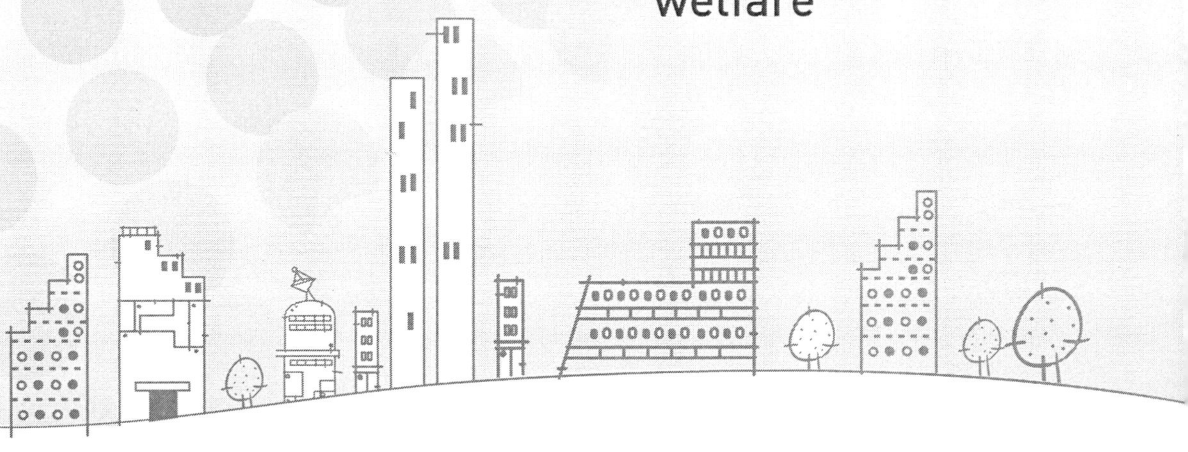

제1절 지역사회복지의 이론적 관점

1. 기능이론

기능이론(function theory)은 지역사회가 다양한 체계로 구성되어 상호 관계성을 이루고 있으며, 이 체계들이 상호 의존성을 유지하면서 바람직한 지역사회가 이루어진다고 본다. 기능이론은 생물학적 유기체의 유추에서 그 근원을 찾을 수 있다. 즉, 지역사회의 각 부분이 체계의 기능에 기여하고 상호작용을 함으로써 모든 체계가 기능할 수 있다는 관점이다. 특히 기능이론은 지역사회의 본질에 대한 변화보다는 오히려 지역사회의 상호 협력과 안정성에 강조점을 두고 있다. 스펜서(spencer)와 뒤르켐(Durkheim)은 사회적 본질에 대해서 기능주의 이론을 발전시킨 최초의 학자다(Appelbaum, 1970: 10). 그리고 머튼(Merton, 1967: 80-86)은 사회에 대한 전통적 기능주의 이론의 세 가지 기본적 입장을 제시하였다.

- 사회의 각 부분들은 서로 조화 있게 작용하고 있다.
- 사회의 모든 부분들은 사회와 각 개인들에게 이익이 될 수 있어야 한다.
- 사회는 기존의 부분들 가운데서 일부만 없어도 잘 기능할 수 없다.

기능이론에서는 지역사회 내의 모든 사회적 현상들을 유익한 것으로 간주한다. 즉, 현존하는 지역사회 자원들이 불평등하게 분배될 경우 지역사회에 더욱 바람직하게 봉사한다는 것을 의미한다. 기능주의자들은 사회의 안정된 특징만을 강조하고 있으나, 지역사회의 각 부분의 마찰과 변화를 완전히 무시할 수 없다는 것을 인정한다. 이러한 변화 요인들의 주장을 몇 가지 제시하면 다음과 같다(Moore, 1963).

- 지역사회의 많은 부분들은 생물학적인 조직체의 부분들과 잘 통합되어 있지 않으며, 지역사회의 어떤 부분들은 독립적인 기능을 한다.
- 지역사회의 독립적인 기능은 다양한 부분들 가운데서 발생하는 긴장으로부터 야기된다.
- 지역사회의 여러 부분들을 수정하는 변화는 긴장 감소와 부분들 간의 균형을 찾게 하며, 지역사회 전체의 운영에 위협 요소를 제거할 수 있다.

미국 사회에 있어서 기능이론은 지배적인 사회사상이 되었으며, 이것은 불평등의 존재와 지역사회복지서비스의 유익한 기능에 초점을 두고 있다. 이 이론에 따르면, 지역사회 내의 빈곤자 중에 극소수는 저항하지만 대부분의 빈곤자들은 자신의 위치가 지역사회에서 도달할 수 있는 최선의 조건임을 수용하고 빈곤의 불가피성을 인정한다. 기능이론에 입각한 지역사회복지는 지역사회의 요보호 대상자가 균형 유지에 필요한 충분한 자원을 공급받는지 또한 지역사회의 균형이 위협을 받을 시 균형 회복을 위하여 이들이 어떤 통로로 자원을 공급받는지 등을 확인하기 위해서 운영되고 있다.

따라서 기능이론의 관점에 의하면, 지역사회의 생존과 지역사회복지가 우선적인 과제이므로 지역사회의 각 구성원들은 자신의 생존과 사회복지를 최고의 관심사로 두고 있다. 기능주의자들은 지역사회의 이익과 개인의 이익 간에는 갈등이 존재한다는 것을 부정하고, 지역사회에 유익한 것은 개인에게도 유익하다는 점을 강조하고 있다. 이에 따라 지역사회복지는 지역주민의 연대감을 형성하고 지역사회를 통합하며 균형을 회복하기 위하여 분열적인 제 요소를 제거하기 위해 노력한다.

2. 갈등이론

갈등이론(conflict theory)은 지역사회 내의 각 계층들이 이해관계에 의하여 형성되어 있고, 지역사회의 이익 또는 자원의 차이가 갈등을 유발한다고 본다. 이 이론은 각 체계들의 갈등을 통해 지역사회복지를 증진한다는 관점이다. 따라서 갈등이론의 네 가지 강조점을 제시하면 다음과 같다(김만두, 1982: 87).

- 사회의 각 부분들 간의 관계는 협동적이기보다는 경쟁적이다.
- 이러한 경쟁적인 관계는 균형보다는 불안정을 나타낸다.
- 상호 불안정은 사회의 다양한 부분들 간에 갈등을 유발한다.
- 사회의 각 부분들 간에 갈등을 통해서 변화가 형성된다.

갈등이론을 주창한 마르크스는 경제조직이 사회조직을 결정하고 문화적 가치, 신념, 종교 등을 결정한다고 본다. 이 이론은 계급구조와 제도적 조정은 경제적 기반의 산물이며, 결국은 혁명적 계급 갈등을 낳는다는 관점이다. 마르크스(Marx, 1959: 25-27)는 이러한 계급들이 끊임없이 투쟁을 하고 있지만, 장기적인 안목에서 보면 더 좋은 사회로 이끄는 요인이라고 주장하였다. 그리고 마르크스는 자본가와 노동자 간의 관계에서 노동자들이 자본가로부터 생산수단을 쟁취하여 '각자 개인의 욕구에 따라' 자원을 재분배함으로써 근본적으로 불평등이 제거되며, 노동자들의 세계가 확립될 것이라고 주장했다.

한편 다렌돌프(Dahrendorf, 1958: 170-183)는 신갈등이론자로서 인간의 개념을 불평등에 대해 투쟁하는 존재로 보았다. 그는 산업사회의 사회갈

등을 마르크스가 지적한 생산관계에서 접근하지 않고, 이는 분배관계에서 일어난다고 강조하였다. 그리고 사람은 더 많이 소유하기 위해서 덜 가진 자는 더 가진 자로부터 착취하려고 하는데, 이러한 이유로 투쟁이 존재하게 된다는 것이다. 이러한 갈등을 통해서 지역사회의 질서가 유지되며, 불평등 과정이 인간 생존의 중요한 요소라고 믿었다.

이상에서 지역사회복지를 바라보는 갈등이론은 두 가지 견해로 제시될 수 있다. 첫째, 마르크스와 같이 폭력갈등을 통한 혁명이 지역사회복지를 성취할 수 있다고 주장하는 견해다. 둘째, 다렌돌프와 같이 산업사회의 갈등은 잠재성이 강하므로 오히려 지역사회 갈등의 제도화, 즉 입법, 정책 등에 의하여 폭력을 예방하고 지역사회복지를 추구할 수 있다는 견해다.

오늘날 갈등이론은 지역사회복지와 관련해서 볼 때, 후자의 견해로서 지역사회의 이익집단 간에 대립 및 갈등이 발생하면 점진적인 지역사회 제도의 개선을 통하여 자원 배분을 재조정한다는 관점이다. 특히 지역사회복지는 지역주민의 이익을 보장하기 위하여 적절한 소득 정책으로 문제 해결에 접근할 필요가 있다.

3. 지역사회복지의 적용

(1) 기능이론의 적용

기능이론은 지역사회가 여러 제도들로 구성되어 있고, 각 제도는 합의된 가치와 규범에 따라 변화되며 균형적이고 안정성을 강조한다. 이 이론의 특징은 사회적 욕구를 충족하기 위한 효과적이고 효율적인 방법과 관련이 있다. 즉, 지역사회는 다수의 상호 연관적이고 상호 의존적인 부분인 경제, 종교, 가족 등으로 구성되며, 각 부분들은 전체가 성공적으로 기능을 발휘하도록 기여한다는 것이다.

기능주의적 관점에서 지역사회는 하나의 사회체계(social system)로 간

주된다. 지역사회의 기능은, 첫째 생산-분배-소비의 기능, 둘째 사회화의 기능, 셋째 사회통제의 기능, 넷째 사회통합의 기능, 다섯째 상부상조의 기능 등으로 구분할 수 있다. 지역사회에 적용되는 기능주의적 접근을 몇 가지로 제시하면 다음과 같다.

- 지역사회는 다양한 사회적 제도로 구성되어 있는 하나의 체계로 이해할 수 있으며, 그 하위체계는 독특한 제도적 체계로서 지역사회에 따라 차이가 있다. 즉, 지역사회의 중요한 제도적 하위체계들은 정치, 경제, 사회, 종교, 가족 등으로 구성되어 있다.
- 지역사회 내의 구성원들과 하위체계들 간에는 상호 관련이 있으며, 각 하위체계들은 다양한 공동체적 집단으로 형성되어 있다.
- 지역사회 내의 모든 체계들은 균형 상태를 향해서 작용하고 있다. 이러한 체계들에서 한 구성 요소의 변화는 다른 구성 요소의 변화를 유도하게 된다. 즉, 지역사회의 체계들은 다양한 부분들 간에 조절, 조정, 통합 등이 이루어지면서 균형 상태를 유지하고 있다.
- 지역사회 내의 하위체계들은 상호 관련성을 지니지만, 이들 역시 하나의 분리된 실체를 이루고 있다. 지역사회의 구성원들은 의식적으로나 무의식적으로 다양한 경계를 유지하면서 활동하게 된다. 이들은 심리적 · 사회적 · 지리적 경계 등을 이루면서 생활에 임하고 있다.

따라서 지역사회의 기능주의적 접근은 지역사회의 유지와 균형에 역점을 두되, 지역사회의 변화와 자원, 권력 등을 둘러싼 괴리(gap)를 해소하는 데 관심을 두어야 한다. 즉, 지역사회를 하나의 사회체계로 파악하면서 체계 간의 조절, 조정, 통합 등이 이루어지도록 기능적인 관점에서 접근할 필요가 있다.

(2) 갈등이론의 적용

갈등이론은 여러 가지 체계의 분파가 있지만, 기본적으로 '갈등'이라는 현상을 사회적 과정의 본질로 간주한다. 즉, 지역사회 내의 갈등과 투쟁의 역동성에 의해 다양한 지역문제 현상들이 표면화된다는 가정에 입각하고 있다. 갈등주의적 접근에서 보면, 지역사회 내의 정치, 경제, 권력, 재산 등의 불평등한 배분관계에 의해 지역주민 간 갈등이 발생하고, 이러한 갈등관계가 지역사회 제도에 변화를 증진한다고 주장한다. 지역사회에 적용되는 갈등주의적 접근을 제시하면 다음과 같다.

- 지역사회 내의 갈등은 경제적 문제, 권력이나 권위의 문제, 문화적 가치의 문제, 신념의 차이로 인한 문제 등에서 발생한다.
- 지역사회를 하나의 역동성 측면에서 보면, 쓰레기 수거 문제와 같은 지역주민과 정부 간의 특정 쟁점에서 일반적인 쟁점으로 변화될 수 있다. 이와 같이 지역사회의 갈등이 지속되면 새로운 쟁점이 제기되거나 특정 쟁점에 대해 상대방에게 직접적인 적대감을 나타내는 경우가 있다.
- 지역사회의 구조에 대한 갈등은 지역사회에 존재하는 사회조직 간의 변화에서 일어나고, 지역사회 지도자와의 의견 조정에 영향을 미칠 수 있다.

이상에서 지역사회의 갈등주의적 접근은 지역문제나 주민 욕구를 해결하기 위해 지역사회에서 존재하는 갈등 요소인 정치, 경제, 사회, 자원, 권력 등의 재분배가 이루어지도록 지역사회행동으로 표출된다는 점을 강조하고 있다.

제2절 지역사회복지의 원칙

1. 지역사회조직의 실천 원칙

지역사회조직의 실천 원칙은 지역복지를 실현함에 있어 바람직한 활동에 대한 규칙을 말한다. 지역사회조직은 지역주민에 의한 자발적이고 조직적인 참여를 의미하며 민주적인 이념과 가치체계를 포함하고 있다. 맥닐(McNeil, 1954: 123)은 지역사회조직의 실천 원칙을 다음과 같이 제시하고 있다.

- 지역주민과 그들의 욕구에 우선적인 관심을 둔다.
- 일차적인 클라이언트는 특정 지역사회다.
- 지역사회를 현존 그대로 이해하고 수용해야 한다.
- 지역주민의 사회적 복리에 역점을 둔다.
- 지역주민의 욕구가 계속 변함을 인식해야 한다.
- 지역사회 내의 사회복지기관과 단체들은 서로 협력해야 한다.
- 지역사회복지는 사회복지의 한 분야이며 과정이다.

지역사회조직은 일반적인 실천 원칙으로서 지역주민의 다양한 욕구를 충족하기 위한 수단(means)으로 접근하되, 지역주민 스스로가 자기결정(self-determination)의 권리를 가지고 문제 해결에 참여하도록 한다. 그리고 지역문제를 해결하는 한 과정으로서 각 분야의 단체들이 광범위하게 참여토록 유도하며, 지역사회의 자원을 효율적으로 동원하고 활용하여 지역주민의 복지를 증진하는 것이 중요하다.

존스와 디마치(Johns & Demarche, 1951: 235-239)는 지역사회조직의 일반적인 실천 원칙에 대한 견해를 다음과 같이 제시하였다.

- 지역사회조직은 문제 해결의 방법으로서 수단을 강조한다.
- 지역사회는 다양한 욕구를 지니며 자기결정의 권리를 갖는다.
- 지역사회복지사업은 지역사회의 욕구에 근거하여 결정하여야 한다.
- 지역사회복지서비스는 공평하고 다양하게 제공되어야 한다.
- 사회복지기관의 효과적인 운영을 위해 집중과 분산이 병행되어야 한다.
- 지역사회 내의 체계들 간에 원활한 의사소통이 이루어져야 한다.
- 지역사회복지를 실현하기 위해 지역주민들의 참여를 적극 유도해야 한다.

2. 지역사회복지의 실천 원칙

지역사회복지를 효율적으로 실현하기 위해서는 지역사회조직을 중심으로 실천 원칙에 따라 접근할 필요가 있다. 로스(Ross, 1967)는 지역사회복지의 실천 원칙을 문제 해결의 주체인 사회조직체로서 '추진회(association)'와 연결하고 있다. 추진회는 지역사회의 문제를 해결하기 위해 지역주민 대표들에 의해 설립된 조직체를 말한다(최일섭, 1996: 161). 추진회를 중심으로 전개되는 실천적인 원칙을 구체적으로 제시하면 다음과 같다.

- 추진회는 현존 지역사회의 불만족으로부터 결성해야 한다. 지역주민들은 지역사회의 불만족에 대한 문제 해결을 위해 추진회의 결성에 앞장서게 된다. 즉, 지역사회의 불리한 조건에 대해 공통적인 불만을

가지게 됨으로써 추진회의 참여에 대한 결속력의 중요한 동기가 될 수 있다.

- 지역사회의 불만족에 초점을 두고 문제 해결을 위한 구체적인 계획과 실천 방안을 모색해야 한다. 즉, 추진회는 특정 문제의 해결을 위해서 주민들의 불만을 집약하여 세부적인 해결 방안을 모색해야 한다. 지역사회 내의 문제들은 주민 각자에 따라 불만이 다를 수 있으므로 이를 규합하여 보다 구체적으로 접근할 필요가 있다.
- 지역사회의 불만을 모든 주민이 널리 인식하도록 한다. 지역사회의 문제는 대부분 특수 집단에 국한되는 경우가 있지만, 이를 대다수의 주민들이 인식하고 문제 해결에 동참할 수 있도록 유도한다. 요컨대, 추진회는 지역사회의 다양한 문제를 발견하여 모든 주민들이 공동의 목표에 합의하여 사업을 전개해야 한다.
- 지역사회의 지도자를 통해 하위집단들의 수용과 변화를 모색해야 한다. 지역사회의 변화와 성장의 주체는 지역주민이다. 지역주민의 다양한 이익을 반영할 수 있는 하위집단인 공식집단과 비공식집단을 찾아내고, 이들 집단을 대표할 수 있는 지도자와 함께 지역의 공통문제에 접근해야 한다. 특히 지역사회의 지도자는 엘리트로서 상당한 정도의 상호 신뢰가 있어야 한다(Janowitz, 1952).
- 지역주민에게 지지를 받을 수 있는 운영 방법으로 이루어져야 한다. 지역사회의 다양한 집단들이 신뢰를 가지고 참여할 수 있어야 하며, 과업 수행도 합당한 운영 절차에 따라 실시되어야 한다. 이에 지역사회활동을 위한 목적과 운영 절차는 실천과 경험을 바탕으로 성문화할 필요가 있다.
- 지역사회활동에는 정서적이고 문화적인 내용들이 포함되어야 한다. 지역주민들이 조직적이고 합리적인 방법으로 지역사업에 참여하되, 특히 주민들의 공통적인 감정, 사고, 전통 등의 방법으로 추진력과

결속력을 갖도록 해야 한다. 이는 지역주민들에게 상호 간 협동심과 유대감을 갖게 하여 지역문제의 해결에 적극 참여하게 만든다.

- 지역주민들의 잠재능력을 최대한 활용해야 한다. 지역주민들은 어떤 지역의 문제를 이해할 때 문제 해결에 상당한 지지와 호의를 갖게 된다. 그러나 이러한 잠재력을 거의 활용하지 못하고 있다. 이에 추진회는 지역주민들과 호소력 있게 대화하며 그들이 소유하고 있는 지혜와 잠재능력을 깨닫고 활용할 수 있도록 배려해야 한다.
- 지역주민 상호 간 효과적인 대화 통로가 이루어지도록 노력해야 한다. 의사소통은 주민들 간의 단순한 대화가 아니라, 지역사회의 공동 이해와 가치의 영역을 확대하는 것이다. 지역주민들의 효과적인 의사소통은 인간관계의 질에 매우 중요하다(Kelly, 1953: 443-461). 추진회는 지역주민들 간의 자유로운 대화 통로를 통해서 서로 간의 불안을 해소하고 편안함과 안정감을 주어 지역문제의 해결에 도움이 되도록 해야 한다.

제3절 지역사회복지의 개입 과정

1. 지역문제 해결을 위한 지침

지역사회복지의 실현은 지역사회 내의 당면 문제를 발견하고 분석하며, 문제 해결의 실천을 강구함으로써 가능하다. 지역문제의 해결 과정은 일률적인 지침과 원리에 따라 이루어지지만 지역사회의 특성과 상황에 비추어 융통성을 갖고 접근하는 것이 바람직하다. 따라서 콕스(Cox et al., 1970: 430-444) 등은 지역사회의 문제 해결을 위한 지침을 다음과 같이 제시하고 있다.

1 사전의 고려 사항

첫째, 사회복지사는 사회복지기관에 소속된 구성원으로서 자신에게 부여된 임무와 역할을 파악하고, 지역사회의 배경과 특성을 숙지하여 당면 문제의 해결을 위해 전문가로서의 마음가짐을 새롭게 한다. 즉, 자신에게 부여된 전문적인 과업을 수행함에 있어서 동기나 능력 등을 점검하는 한편, 전문가로서 역할의 모호성, 갈등과 긴장 등의 여부를 점검해야 한다.

둘째, 사회복지기관의 목적과 운영 등에 대해서 이해한다. 즉, 기관의 정관을 파악하여 공식적 및 비공식적 활동 내용을 파악해야 한다. 특히 기관의 조직구조와 재정적 흐름, 공식적인 행정체계, 지역사회와 여타 기관과의 관계성, 지역주민으로부터의 신뢰성과 사회적 지위 등을 이해해야 한다.

2 제반 문제

첫째, 사회복지사는 객관적인 관점에서 지역사회의 당면 문제를 분석한다. 우선 지역문제의 성격을 심리적 · 지리적 · 사회적 · 제도적 측면에서 체계적으로 파악한다. 그리고 지역문제의 범위로서 현존 문제가 지역주민과 집단에게 어느 정도 영향을 미치고 있는지, 그 지역문제가 미치는 영향이 얼마나 심각한지 등을 분석해야 한다.

둘째, 사회복지사는 지역문제에 대해서 기존에는 어떤 해결 노력이 있었고, 누구에 의해 그 노력이 시도되었는지를 파악한다. 만약 지역문제의 해결 노력이 있었다면 얼마나 효과적이었는지, 실패했다면 그 이유가 무엇인지를 정확하게 제시해야 한다.

셋째, 사회복지사는 당면한 지역문제에 대해 외부의 지역주민과 기관들이 어떤 견해를 가지고 있는지에 관심을 가져야 한다. 즉, 당면 문제를 사회복지사와 동일하게 생각하는 자들은 누구이며 달리 생각하는 자들은 누구인지를 파악할 필요가 있다.

③ 문제의 사회적 맥락

첫째, 사회복지사는 지역문제가 발생한 근원이 무엇이며 어디에서 도출되었는지를 파악한다. 그리고 지역문제를 증가 또는 지속시키거나 감소시키는 사회구조를 이해한다. 지역사회의 규모에 따라 인구적 · 사회적 · 경제적 · 생태적 · 문화적 · 기술적 요인 등을 통해서 문제 상황을 파악할 필요가 있다.

둘째, 지역사회의 당면 문제가 지역주민에게 미치는 영향으로서 어떤 지역주민들이 이익을 보고 어떤 주민들이 피해를 입는가를 이해한다. 특히 지역문제와 관련된 지역주민이나 집단에게 어떤 방식으로 기능하고 또는 역기능하고 있는지를 파악해야 한다.

④ 클라이언트

첫째, 사회복지사의 도움을 필요로 하는 클라이언트가 어디에 소재하고 있으며, 그 규모는 어느 정도인지를 파악한다. 특히 지역사회의 정치적 · 사회적 · 경제적 · 인구학적 특성에 따라 어떤 영향을 받고 있는지를 점검해야 한다.

둘째, 클라이언트의 내부적 갈등과 불화 등을 점검하여 스스로의 자립 여건을 마련하도록 도움을 준다. 클라이언트를 위한 공식적 · 비공식적 기관은 어떤 것이 있으며, 이들 기관이 외부의 사회조직체와 유의미한 관계를 맺고 지원을 받고 있는지를 파악해야 한다.

⑤ 목표 설정

첫째, 사회복지사는 지역사회의 문제 해결과 관련하여 각 체계들의 우선순위를 설정한다. 즉, 사회복지기관이 실천해야 할 서비스에 대한 우선순위를 정하고, 클라이언트가 취해야 할 우선순위를 정하며, 주요 외부기관과 집단들이 개입할 우선순위를 정하는 것이 중요하다.

둘째, 사회복지사는 목표 설정을 위하여 개입해야 할 우선순위를 두 가지 측면에서 설정해야 한다. 즉, '과업 중심의 목표'로서 지역사회의 문제 해결에 초점을 두고 접근해야 할 우선순위를 정한다. '과정 중심의 목표'로서 문제 해결을 위해 각 체계들과 협력하고 지역주민과 관계를 형성하며 문제의 해결 과정 등에 관심을 두고 우선순위를 정한다.

6 전략

첫째, 사회복지사는 당면한 지역사회의 문제 해결을 위해 최소한의 과업으로서 최대의 효과를 나타내는 전략을 세워야 한다. 즉, 행동체계로서 사회복지기관의 개입능력, 클라이언트의 욕구 수준, 외부적 지원 세력 등을 감안하여 구체적인 개입 전략을 수립해야 한다.

둘째, 지역문제 해결의 실천 과정에 있어서 때로는 저항세력과 방해 요소가 존재한다. 이와 같은 반대 집단에게 타협을 통해 어려움을 해소하거나, 적절한 대응으로서 선택된 전략을 활용하는 방법을 강구해야 한다.

셋째, 사회복지사는 바람직한 지역사회복지 전략을 수립하여 활용할 수 있는 능력을 터득해야 한다. 즉, 목표과업을 세우고 수행하는 능력, 필요한 자원을 동원하고 지원집단을 연결하는 능력, 지역주민들을 조직화하여 결속시키는 능력 등이 필요하다.

7 전술

첫째, 사회복지사는 지역사회의 문제 해결을 위해서 이미 수립한 전략에 대해 구체적인 방법으로 단계별 접근을 시도한다. 초기의 전술(tactics)은 문제 해결을 위해 어디에 초점을 두며 누구와 개입할 것인지를 결정한다. 그런 다음 전략을 영속시켜 주는 세부적인 전술들을 수립해야 한다.

둘째, 지역사회복지의 목표전략을 추진하기 위해서 우선 행동체계들의 참여와 조직화에 대한 전술을 세운다. 즉, 당면 문제에 관한 정보와 자료를 수집하고 그 문제의 실체를 도출해야 한다. 그리고 행동체계로서 변화매개자, 사회복지기관, 기타 집단 등의 역할을 분명히 해야 한다.

셋째, 지역사회의 문제 해결에 대한 전술로서 실천 과정은 다음과 같다. ① 행동체계에 대한 지원과 훈련을 실시한다. ② 추진 일정을 설정하고 필요한 자원을 최대한 활용한다. ③ '조치-반응-조치'의 유형을 반복한다. ④ 실천 과정의 방해 요인에 대해 협상 또는 대결로 대응한다.

8 평가

첫째, 사회복지사는 지역사회의 문제 해결에 대한 실천 결과로서 평가(evaluation)를 실시한다. 목표 전략의 성공 여부는 어떠한지, 전술 과정의 효율성과 효과성 등을 평가한다. 그 실천 결과에 따라 기존의 전략과 전술을 지속적으로 활용할 것인지, 새로운 전략과 전술을 수립할 것인지 여부를 결정한다.

둘째, 지역사회복지를 위한 실천 과정과 실천 결과에 대해 지역주민들로부터 종합적인 의견을 수렴하여 사정(assessment)과 결과 평가(evaluation)를 객관적으로 실시해야 한다. 이에 따라 중간 과정의 궤도를 수정하거나 결과에 대한 변화를 모색해야 한다.

9 수정 혹은 종결

첫째, 사회복지사는 평가를 통해 지역사회의 문제 해결에 대한 실천활동을 수정 혹은 종결(modification or termination)하게 된다. 즉, 지역사회의 당면 문제가 실천 과정을 통해 적절히 해결되었다면 종결하여 해결 모델로서 활용하게 된다. 반면 문제 해결이 안 되었다면 단계별로 그 원인을 분석하여 전략과 전술을 수정한다.

둘째, 사회복지사는 지역사회복지를 위한 실천활동이 종결되면 행동체계에서 물러난다. 그리고 다른 사회복지사에게 임무를 이양하여 새로운 각도에서 활동을 수행하도록 한다. 이를 토대로 지역사회복지의 변화 노력을 계속 하거나 제도화해야 하고, 목표 달성을 위해 행동체계를 더욱 활성화해야 한다.

2. 지역문제의 해결 과정

지역사회복지를 실현하기 위해서는 전문적인 지식과 기술, 경험 등을 토대로 합리적이고 체계적이며 의도적인 개입 과정이 필요하다. 던햄(Dunham, 1970: 279-280)은 지역사회의 '문제 해결 과정'을 다음과 같이 몇 가지로 제시하고 있다. ① 문제 인식, ② 문제 분석, ③ 계획 수립, ④ 행동 개시, ⑤ 평가 실시, ⑥ 다음 단계 등이다.

또한 리피트(Lippitt, 1958: 129-143)는 '계획된 변화 과정(planned change process)'으로서 문제 해결을 위해 접근하는 과정을 몇 단계로 제시하고 있다. ① 변화의 필요성, ② 변화 관계의 수립, ③ 문제의 규명, ④ 대안의 검토, ⑤ 의도적인 변화 노력, ⑥ 변화의 일반화, ⑦ 종료 관계의 달성 등이다.

지역사회복지의 과정은 지역주민이 당면한 욕구와 문제를 정확하게 발견하고, 이에 적절한 계획을 수립하여 실천하는 일련의 전개 과정을 말한다. 이상의 내용을 종합하여 지역문제의 해결 과정을 몇 단계로 제시하면 다음과 같다.

1 지역문제의 발견

지역문제(community problems)의 해결 과정에서는 우선 지역사회에서 충족되지 않은 욕구와 문제를 발견해야 한다. 대부분의 지역문제는 전문가나 지역주민들에 의해 인지될 수 있다. 지역문제를 발견하였다면 그것이 '임상적(clinical)'인 문제인가 또는 '구조적(structural)'인 문제인가를 파악해야 한다(Pearl, 1971: 921-928). 지역사회의 정확한 문제 파악의 개념에 따라 구체적인 해결 방안으로서 정책 수립과 실천 전략이 달라질 수 있기 때문이다.

지역문제를 규정함에 있어서 얼마나 객관적이냐 하는 것은 매우 중요하다. 지역문제는 본래 그 가치 판단에 의해 지배되며 지역사회에 따라 그 규정이 다를 수 있다. 전문가는 지역문제와 관련된 가치관에 대해 신중을 기해야 한다. 예컨대, 지역사회의 주어진 문제를 누가 그것을 문제로 보고 누가 문제로 보지 않는가를 분석해야 한다. 지역사회의 어떤 문화와 가치관이 지역문제를 파생시키고 존속시키느냐를 분석해야 한다. 그리고 지역문제에 대해 각 분야 전문가가 판단하는 견해 등을 분석할 필요가 있다.

2 지역사회정책의 수립

사회정책은 사회현상의 다양한 대안 중에서 선택된 분명한 행동노선이며, 현재와 미래의 결정을 가능하게 해 주는 제도다(Mangum, 1969: 130). 즉, 정책은 미래의 결정에 대한 일반적인 지침으로서 기본 계획(standing plans)이라 할 수 있는데, 이러한 지역사회정책을 수립함에 있어서 고려해야 할 요건은 이념관(ideology), 실현 가능성(feasibility), 합리성(rationality) 등이다. 지역사회 내의 전문가들은 정책 수립에서 주변 환경의 가치관에 많은 영향을 받게 된다. 지역문제에 대해 자신이 바람직하다고 생각하는 행동노선과 활용 가능한 여러 대안들 간에 어떤 절충을 해야 한다. 이를 위해 전문가는 다음의 몇 가지 내용을 숙지해야 한다. 즉, 지역문제의 원인과 해결에 관한 지식 상태, 전문가가 소속되어 있는 기관과 후원자의 특성 파악, 관련된 여타 집단들의 가치에 대한 견해의 일치와 불일치 정도 등이다.

지역문제를 해결하기 위한 정책 수립은 추상적인 것이 아니라 실천 가능한 것이어야 한다. 여기에는 문제 해결의 실천에 필요한 인적 · 물적 자원과 전문적 지식 및 기술이 충분하게 뒷받침되어야 하며, 정치적 · 사회적 분위기가 어느 정도 수용적인가 하는 것도 중요한 변수가 된다. 그리고 정책 수립의 강조점을 '과업 중심의 목표'에 둘 것인가 또는 '과정 중심의 목표'에 둘 것인가를 통해 지역사회정책을 실천에 옮길 수 있는 바람직한 프로그램을 개발하게 된다. 따라서 지역사회정책의 수립을 위해 중요한 세 가지 요소를 제시하면 다음과 같다.

- 지역문제에 대한 구체적인 실천의 내용이다. 지역사회의 문제 해결을 위해 어떤 종류의 활동 프로그램을 실시할 것인가, 어떤 순서로 프로그램을 전개할 것인가, 그리고 어떤 전달체계를 통해 프로그램을 제공할 것인가 등에 대한 구체적인 내용들을 제시해야 한다.
- 지역문제의 해결을 위해 필요한 자원의 확보다. 지역사회 내의 어디에 인적 및 물적 자원이 존재하는가, 누가 이러한 자원들을 통제하고 있는가, 그리고 어떻게 자원들을 동원할 수 있는가 등에 대한 정보를 확보해야 한다.
- 지역문제에 대한 프로그램의 실천 가능성이다. 지역사회의 자원이 어느 정도 활용 가능한가, 어떻게 자원을 분배할 것인가, 프로그램의 실천에서 어느 정도의 수용과 저항이 존재하는가, 그리고 어떠한 전략으로 갈등과 타협에 접근할 것인가 등에 대한 가능성을 타진해야 한다.

3 프로그램의 실천

지역사회 프로그램은 포괄적인 지역사회정책을 실천하기 위한 조치들을 구체적으로 표현하는 것을 말한다(Perlman & Gurin, 1972: 73). 지역사회 프로그램의 실천은 정책목표를 성취하기 위해서 이루어지는 일련의 활동을 의미한다. 일반적으로 프로그램의 실천 과정에서는 지역사회복지를 추진하는 기관과 집단들이 상호 간 협력적인 활동을 전개한다(Dunham, 1970: 280). 이러한 프로그램의 실천 내용을 크게 두 가지 영역으로 구분하면 다음과 같다.

- '체제 유지적 실천'으로서 지역주민이 스스로 문제를 인식하고 해결할 수 있도록 능력을 고취시켜 주는 활동이다.
- '과업 중심적 실천'은 지역주민들이 요구하는 다양한 서비스를 직접적으로 제공해 주는 활동을 말한다.

특정 지역사회의 시범사업인 가족계획의 경우는 가족계획협회가 동사무소, 보건소 등을 정기적으로 운영위원회에 참석시켜 사업의 효율성과 효과성을 높이려고 노력한다. 즉, '체제 유지적 실천'은 가족계획을 위해 지역사회에 대한 조사, 훈련, 표본조사, 평가조사 등을 실시하는 것이다. '과업 중심적 실천'은 가족계획을 위해 건강기록부의 활용, 가두캠페인의 전개, 피임 방법의 서비스 제공 등을 실시하는 것이다(최일섭, 류진석, 1996: 199).

그리고 지역사회 프로그램을 실천하는 과정에서 가끔 정책목표에 대한 계획을 수정해야 할 경우를 몇 가지 제시하면 다음과 같다.

- 외부적인 요인으로서 홍수, 가뭄 등의 천재지변이 발생하는 경우다.
- 내부적인 요인으로서 지역사회가 부득이한 사정으로 재개발사업을

실시해야 하는 경우다.

- 자체적인 요인으로서 관계 기관의 비협조와 교육대상자의 불참으로 비롯되는 경우다.

이상과 같은 상황에서는 사업계획 자체를 백지화하든지, 사업계획을 대폭 수정해야 한다. 지역사회전문가는 지역사회 프로그램의 실천 단계에서 상황 변화를 예측할 수 있는 통찰력을 지녀야 하고, 어떤 변화가 발생되었다면 즉각적으로 대처할 수 있는 지식과 기술, 경험 등을 갖추어야 한다.

1 활동 결과의 평가

지역사회활동의 평가는 정책목표에 따라 전반적인 결과 내용을 사정하는 과정이다. 지역문제의 해결 과정에서 마지막 단계인 평가는 모든 과정이 진행된 최종 산물을 측정하는 것이다(Perlman & Gurin, 1972: 74). 즉, 지역사회의 프로그램 과정을 통해서 성취하고자 하는 목표가 어느 정도 달성되었는가에 대한 프로그램의 효과성과 영향을 평가하는 데 목적이 있다. 일반적으로 지역사회 프로그램의 효과성을 평가하는 방법은 실험조사인 전후 실험 방법(before-after experiments) 등을 사용한다. 우선 지역사회의 기초조사를 통해 프로그램을 실천한 후에 다시 조사를 하여 두 결과를 비교함으로써 그 변화 결과를 평가한다.

지역사회 프로그램 실천의 결과에 대한 자료는 여타 지역문제의 해결을 위해 수립된 정책이나 프로그램을 지속적으로 활용할 것인지, 일회용으로서 중단할 것인지, 어느 정도 수정할 것인지 등을 결정하는 데 사용된다. 보완과 수정은 지역사회의 문제 설정, 목표 수립, 프로그램 개발, 프로그램 실천 등의 전 과정에 영향을 미치는 활동이다. 즉, 프로그램의 실천 과정을 수정하는 경우다. 지역사회의 문제 해결을 위한 정책목표를 의도했던 효과성으로 가져오지 못할 수도 있다. 그러므로 프로그램의 실천 과정에서 보완된 자료를 수집하여 실천의 궤도를 수정할 필요가 있다. 예컨대, 지역사회복지에 있어서 행동체계를 구성하는 지역주민들의 대표로 위원회를 조직하고 이들이 정례적으로 평가회의를 거쳐 프로그램의 실천 과정을 면밀히 검토하여 필요에 따라 수정하는 경우다. 따라서 지역사회의 주민들로부터 프로그램에 대한 의견을 수렴하거나, 중간평가(interim evaluation) 등을 통해 추진 과정을 객관적으로 평가할 수 있다. 프로그램 평가의 다음 단계가 필요한 경우는 다음과 같다.

- 계획한 실천 목표가 성취된 경우다.
- 실천 과정을 전체적으로 재설정해야 할 경우다.
- 새로운 문제를 발견한 경우다.
- 실천 과정을 수정하여 계속할 경우다.
- 정책목표의 실천 과정을 포기해야 할 경우다.

생각해 볼 문제

1. 기능이론과 갈등이론의 차이점을 간략히 설명해 보라.
2. 맥닐이 제시한 지역사회조직의 실천 원칙 일곱 가지를 제시해 보라.
3. 로스가 제시한 추진회의 실천 원칙 여덟 가지를 간략히 제시해 보라.
4. 지역문제의 해결 과정을 단계별로 간략히 설명해 보라.
5. 지역문제 해결을 위한 지침 아홉 가지를 간략히 제시해 보라.

제4장

지역사회복지의 개입 모델

지역사회복지의 개입 모델은 지역사회 내의 사회적 약자들에 대한 정신적, 경제적 삶의 질을 향상시키기 위한 다양한 실천적 개입 방법을 말한다. 지역사회복지의 실천적 근원은 인보관운동, 자선조직협회운동, 농촌개발운동, 지역주민조직운동, 다양한 집단조직 등을 들 수 있다. 이와 같은 지역사회활동들은 지역사회조직과 지역사회 개발, 사회계획, 그리고 사회행동 등에서 발전해 온 지역사회복지실천의 직접적인 근거가 된다. 이에 지역사회복지의 문제를 효과적으로 해결하기 위한 개입 모델이 다양하게 제시되고 있다. 이 장에서는, 첫째 지역사회복지의 기본 유형, 둘째 지역사회복지의 모델, 셋째 지역사회복지모델에서 사회복지사의 역할 등을 중심으로 살펴보고자 한다.

Community
welfare

제1절 지역사회복지의 기본 유형

지역사회복지를 실천하는 과정에는 다양한 개입 방법이 존재한다. 지역사회의 당면 문제는 지역의 특성, 가치관 등에 따라 차이가 있으며, 그 문제의 추진기관이 정부인가 민간인가에 따라 개입 방법도 차이가 있다. 특히 지역사회는 규모나 수준, 존재기간 등에 따라 여러 가지 특징을 지니기 때문에 지역문제를 해결함에 있어서 독특한 상호작용을 감안한 개입 기술이 필요하다. 여기서는 로스만(Rothman)의 실천 모델로서 지역사회복지에 대한 기본 유형인 지역사회 개발, 사회계획, 사회행동 등을 살펴보고자 한다.

1. 지역사회 개발 모델

지역사회 개발 모델(Community Development Model)은 지역사회의 변화를 효과적으로 실천하기 위해서 지역주민들의 자발적인 참여와 조직화를 통해 개입하는 모델이다. 이 모델의 전형적인 형태는 지역사회 개발에 관한 문헌에서 도출되었으며, 지역주민들이 중심을 이루면서 스스로 문제해결에 참여하여 지역사회복지를 실현한다는 것이다. UN에서는, 지역사회 개발은 지역주민들이 적극적으로 참여하고 이들 스스로가 주도력(initiative)을 발휘하여 지역사회의 경제적 · 사회적 · 정치적 여건을 향상시키는 실천 과정이라고 제시하였다(United Nations, 1955: 6).

지역사회 개발 모델의 특징은 지역사회 내에서 이루어지는 제반 사항들의 민주적인 절차를 강조하고 지역주민들의 자발적인 협동을 요구하며 토착적인 지도자를 육성하여 지역사회를 변화시키는 데 있다. 지역사회

개발 모델의 활동 내용은 지역사회복지관(community welfare center), 인보관(settlement houses), 평화봉사단(Peace Corps) 등에서 펼치는 지역사회개발사업과 성인교육, 기타 지역활동 등을 들 수 있다.

2. 사회계획 모델

사회계획 모델(Social Plan Model)은 지역사회의 사회적 복리문제, 즉 소득, 주택, 건강, 교육, 복지 등의 제반 문제를 해결하기 위해 기술적인 방법으로 개입하는 모델이다. 이 모델에서의 강조점은 지역사회의 문제해결을 위한 구체적인 계획 수립, 합리적인 절차, 통제된 변화 등이다. 특히 지역사회의 변화를 위해서는 사회복지사가 통찰력을 가지고 계획된 변화(planned change)를 모색하되, 지역사회 내의 행동체계들을 활용하는 능력이 필요하다.

사회계획 모델의 특징은 지역주민들의 참여 정도와 기관들의 관여 여부에 따라 차이가 있지만, 지역문제에 대한 고도의 기술적 과정, 인적 · 물적 자원의 동원, 구체적인 서비스 제공 등을 위한 계획에 초점을 두고 있다는 점이다. 사회계획 및 정책 모델의 활동 내용은 정부의 기획부서, 지방자치단체의 도시계획부서, 사회복지협의회와 관계기관의 기획담당자 등을 통해 지역사회계획, 도시계획, 농촌개량 등에 개입하는 것이다.

3. 사회행동 모델

사회행동 모델(Social Action Model)은 지역사회의 불우계층과 사회적 약자들에게 사회적 정의에 입각해서 적절한 자원과 향상된 처우를 대변하고 보장하기 위해 개입하는 모형이다. 이 모형에서는 지역사회의 기존 제도들, 즉 정치적 · 사회적 · 경제적 제도들의 불합리성에 대한 근본적인 변화에 강조점을 둔다. 특히 사회복지사는 지역사회의 정책 결정에 있어서 사회적 약자들의 권익 보호와 재분배 정책 등의 변화를 주도해야 한다.

사회행동 모델의 특징은 사회적 불이익을 받고 있는 소외계층과 저소득층들의 부당한 권익을 대변하고 이들을 중심으로 합당한 물리적 행동을 주도하는 데 있다. 사회행동 모델의 활동 내용은 환경보호단체, 소비자보호단체, 여성단체, 노동조합, 기타 활동단체 등을 통해 환경보호운동, 소비자보호운동, 여권신장운동, 노동운동, 학생운동, 복지권운동 등에 개입하는 것이다.

이상에서 제시한 지역사회복지 실천 모델들은 지역문제에 대한 적용범위에 대해 설명하고 있다. 로스만에 의하면, 지역사회복지의 실천은 다양한 모델의 여러 측면들이 결합한 것이며 연속적으로 지역사회조직에서부터 경제적 · 사회적 개발에 이르기까지 심도 있는 개입활동으로 성장하거나, 사회적 소외계층에 대한 권익옹호 등 지역사회에 필요한 대안적 서비스체계를 확립할 수 있다는 것을 강조하고 있다. 지역사회복지는 점차로 지역사회의 현안문제와 주민 욕구를 파악하고, 그들의 조직화와 연계성에 관심을 두고 접근하고 있다. 따라서 각 모델들은 지역사회복지의 실천적 안내자가 될 수 있으며, 지역적이고 전국적인 현안문제와 지역사회의 내적 · 외적인 사회복리 등에 반응하면서 변화를 계속 시도하고 있다.

제2절 지역사회복지의 모델

1. 로스만의 모델

로스만의 모델은 지역사회복지의 실천 모델 중 지역사회 문제를 해결하는 데 가장 적합한 모델로 많이 활용되고 있다. 로스만은 지역사회복지의 지역사회 개발, 사회계획, 사회행동 등의 세 가지 지역사회복지 모델을 제시하고 있다. 지역사회 개발 모델은 광범위한 주민을 참여시켜야 한다는 전제에서 나온 지역사회조직사업의 한 형태이고, 사회계획 모델은 지역사회의 문제해결을 위해 전문가에 의한 합리적 계획 수립과 통제된 변화를 추구하며, 사회행동 모델은 지역사회의 불우계층 주민에 대한 향상된 처우를 그 지역사회에 요구하는 행동을 강조한 모델이다.

(1) 지역사회 개발 모델

① 지역사회복지의 목표

지역사회 개발 모델은 지역사회의 변화를 위해 지역사회복지의 목표를 과정 중심에 둔다. 즉, 지역사회의 각 기능들이 통합을 이루고 자발적인 협동으로 문제해결에 참여하며 민주적인 절차를 통해 지역주민의 능력배양에 목적을 둔다. 기존의 새마을운동에서 강조한 근면, 자조, 협동과 지역사회 개선을 위한 지역사회치료(community therapy) 등은 지역사회의 과업 완수보다는 지역주민의 의식 변화라는 과정에 중심을 둔 사례다(Walker, 1961: 20-28). 예컨대, 지역사회의 발전을 위한 방법론적인 관점에서 성인교육으로서의 시민교육, 집단역동성(group dynamics)을 활용한 주민과 지역사회의 성장, 지역사회의 정신건강을 위한 지역개발 프로그램 등이 있다.

표 4-1 로스만의 모델

구 분	지역사회 개발	사회계획	사회행동
지역사회의 활동목표	지역사회활동 능력과 통합(과정 목표)	지역문제 해결을 위한 계획 수립(과업 목표)	권력관계와 자원의 변화(과업 및 과정 목표)
지역사회구조와 문제 상황	지역사회의 상실, 아노미, 민주적 문제해결 능력의 결여	실질적인 사회문제, 정신 및 신체적 건강문제, 주택, 여가	사회적 고통을 당하고 있는 사람, 박탈, 불평등
변화 전략	문제 결정 및 해결에 다수의 사람 참여	문제에 관한 자료 수집과 최적의 합리적 행동 조치 결정	표적 대상에 대해 조치를 취할 수 있도록 주민 동원
변화 전술과 기법	합의, 상호 의사소통, 집단토의	합의 또는 갈등	갈등, 대결, 직접행동, 협상
사회복지사의 역할	조력자, 격려자	계획가, 분석가	행동가, 옹호자
변화의 매개체	과업 지향적인 소집단 활용	공식조직과 객관적인 자료 활용	대중조직과 정치 과정 활용
권력구조에 대한 지향성	협력자로서 권력구조의 구성원	고용주와 후원자로서 권력구조	외부 표적으로서 권력구조
수급자체계의 범위	지리적 측면에서 전체 지역사회	지역사회 전체 또는 지역사회 일부	지역사회 일부
지역사회 하위 부분의 이해관계	공통의 이해관계 및 조정 가능한 차이	이해관계의 조정 가능 또는 갈등	쉽게 조정할 수 없는 갈등적 이해관계
수급자 개념	시민(citizen)	소비자(consumers)	희생자(victims)
수급자 역할	상호작용적 문제해결 과정에 참여	소비자 혹은 수령자(recipients)	고용주, 지역사회 구성원, 회원
임파워먼트의 활용	주민의 개인적 주인의식 고취	소비자의 서비스 선택의 정보 제공	참여자의 주인의식 고취

자료: Rothman (1995), pp. 44-45.

2 지역사회의 문제 인식

지역사회의 문제 인식은 지역주민 간에 유익한 인간관계를 통한 문제해결의 기술과 능력이 결여되어 있다는 데 초점을 둔다. 즉, 이들이 고립된 상태에서 아노미(anomie) 상태와 정신병적인 증상 등을 나타내고 있다는 것이다.

산업화와 도시화로 인한 지역사회의 문제를 제시해 보면, 지역주민들의 소속감 결여, 공통적인 가치관의 상실, 이기적인 소집단의 난무, 주민참여의 저해 요인 등이다(Ross, 1955: 80-83). 따라서 지역사회의 문제를 인식할 때, 지역주민들이 인간의 존엄성을 상실하고, 사회적 역할이 감소되며, 소외된 자들로서 문제해결능력이 상실된 자로 간주한다.

3 기본 전략

지역사회의 변화를 위한 기본 전략은 '우리가 함께 모여서 문제를 논의해 보자(Let's all get and talk this over).'라는 접근 방법이다. 즉 지역사회의 문제해결을 위해 모든 주민들이 협력하고 참여하여 변화를 이루며, 지역주민들이 자신의 욕구를 파악하고 스스로 해결하도록 타협한다. 사회복지사는 조정자로서 문제해결의 타협을 모색하고 바람직한 방향으로 유도해 나간다.

4 전술과 기법

당면 문제를 구체적으로 접근하기 위한 전술과 기법은 합의(consensus)에 초점을 두고 있다. 즉, 지역사회 내에서 다양한 개인, 집단, 단체, 파당(factions) 등이 상호 간 토의와 의사교환을 통해 합의점을 도출한다.

5 전문가의 역할

사회복지사는 조력자(enabler)와 격려자(encourager)로서의 역할을 수행한다. 조력자로서 지역주민의 당면 문제를 발견하고 이들을 조직화하여 그 문제의 해결 과정을 용이하게 처리하도록 도움을 제공한다. 또한 사회복지사는 격려자로서 지역주민들이 스스로 주도력과 책임감을 가지며 민주적 역량을 통해 목표를 성취할 수 있도록 위로해 준다.

6 변화의 매개체

지역사회의 변화를 위한 매개체는 과제지향적인 소집단 간의 조종(manipulation)이다. 즉, 지역주민들의 사회적 복리를 위해서 각 소집단 간의 합리적인 조작의 매개가 필요하다고 본다.

7 권력구조에 대한 견해

권력구조에 대한 견해는 지역사회 내의 권력을 가진 자가 지역사회를 향상시키는 데 공동의 노력을 한다고 간주한다. 즉, 지역사회 자체를 클라이언트로 간주한다. 지역사회의 변화를 모색함에 있어서 지역주민들 상호 간의 의견 일치가 있을 때는 변화를 추진하지만, 이들의 의견이 상충된다면 무시하는 경향이 있다.

8 클라이언트 집단의 범위

클라이언트 집단의 범위는 부락, 동 · 리, 읍, 시, 도 등을 구분하여 전 지역사회를 규정한다. 즉, 지역사회는 지리적 영역으로서 소규모 지역에서 대규모 지역사회에 이르기까지 전부 포함하며, 이들 각 영역을 클라이언트 집단으로 간주한다.

9 하부집단 간의 이해관계

지역사회의 상이한 집단들이 기본적으로 상호 조화를 이룬다고 본다. 즉, 지역사회의 하부집단들이 합리적인 설득이나 대화를 통해 상호 간의 신뢰로서 서로 규합할 수 있다고 간주한다. 지역주민들은 가끔 이기심에 동조하기도 하지만, 이타주의에 호응하는 마음을 갖기도 한다. 이들 집단 간에는 갈등이 있을 수 있으나 지역사회의 이익을 위해 합의점에 도달하는 경우가 대부분이다.

⑩ 공공이익에 대한 관점

공공이익에 대한 관점은 합리주의적이고 중앙집권적인 관점을 강조한다. 즉, 지역사회의 공공이익은 지역주민들의 협동적인 결정 과정과 중앙의 정책적 결정 과정을 통해 성취된다고 본다.

⑪ 클라이언트 집단에 대한 개념

클라이언트 집단을 지역사회 내에서는 불완전하지만 어느 정도 잠재력을 지닌 자로 간주한다. 즉, 사회복지사의 도움이 필요한 사회적 약자로 보고, 적절히 개입하면 정상적인 삶을 영위할 수 있다고 본다.

⑫ 클라이언트 역할에 대한 견해

클라이언트의 역할에 대해 지역사회의 문제해결에 적극적으로 참여하는 자로 본다. 클라이언트 자신이 스스로 욕구를 표출하고 바람직한 목표를 세워서 문제해결을 모색해 나간다고 본다.

(2) 사회계획 모델

① 지역사회복지의 목표

사회계획 모델에서는 지역사회복지의 목표를 과업 중심에 두며, 특정 지역사회의 문제해결에 역점을 둔다. 지방자치단체 및 사회복지기관과 단체 등은 구체적인 지역문제를 해결하도록 지역사회로부터 특별한 임무를 위임받고 있다. 이에 각 조직체의 사회계획을 담당하는 전문가는 지역문제의 해결 과정으로 과학적이고 합리적인 계획을 수립하여 체계적인 접근 방법을 강구한다. 예컨대, 지방자치단체의 도시계획담당자, 사회복지기관과 단체 등의 기획담당자가 지역사회의 변화를 위한 사회계획에 참여한다.

2 지역사회의 문제 인식

이 모델은 지역사회의 문제 인식에 대해 사회적 복리문제로서 주택, 고용, 보건, 교육, 여가 활용 등에 초점을 둔다. 이 모형에서 지역사회의 문제는 보편적인 특성을 지니고 있으며 소규모 지역사회에서 나타나고 있다. 예컨대, 지역사회의 부채 증가, 슬럼지역의 확장, 주택의 부족 상태, 수혜대상자의 증가, 비행과 범죄의 증가, 노인문제의 심각성, 이해집단 간의 갈등, 도심의 교통혼잡 등이 현실적인 문제다.

3 기본 전략

지역사회의 변화를 위한 기본 전략은 '당면 문제의 진상을 파악하여 논리적인 조치를 강구하자(Let's get the facts and take the logical next steps.)'라는 접근 방법이다. 이 모델은 지역사회의 문제해결을 위해 관련 자료를 수집하고 계획을 수립하여 합리적인 방법으로 방안을 모색한다. 이에 사회복지사는 계획가로서 관련 자료를 수집하고 분석하여 적절한 프로그램과 서비스를 결정하는 데 중심적인 역할을 수행한다.

4 전술과 기법

당면 문제의 해결을 위한 전술과 기법으로 갈등과 합의를 강조한다. 즉, 현실적인 문제의 사실 발견과 세부적인 계획 및 분석의 기술을 중요시한다.

5 전문가의 역할

사회복지사는 계획가(planner)와 분석가(analyst)의 역할을 수행한다.

계획가로서 당면 문제의 사실을 발견하고 구체적인 계획으로서 문제해결의 절차를 수립한다. 또한 분석가로서 당면 문제의 자료 수집을 근거로 제반 요인들을 분석하여 효과적인 문제해결의 방향을 제시해 준다.

6 변화의 매개체

지역사회의 변화를 위한 매개체는 공식조직 내 전문가에 의한 관련 자료의 조종이다. 즉, 지역사회의 문제해결이 정부기관, 지방자치단체, 사회복지기관 및 단체 등 전문가의 구체적인 자료 수집과 분석을 통해 가능하다고 본다.

7 권력구조에 대한 견해

권력구조에 대해 지역사회에서 활동하는 전문가를 위한 고용 기관이나 후원자(sponsor) 등으로 간주한다. 즉, 권력의 소재로는 정부기관이나 사회복지기관 및 단체 등이 될 수 있고, 권력자로서 후원자는 각 기관의 이사회가 될 수 있다.

8 클라이언트 집단의 범위

클라이언트 집단의 범위를 지역사회 내의 특수한 개인이나 계층 등으로 규정한다. 이 모델에서 지방자치단체의 도시계획과와 사회복지기관의 기획부서 등은 지역사회 내의 불우아동, 비행청소년, 지체장애인, 독거노인, 정신질환자, 영세민 등을 위해 이익을 대표한다.

9 하부집단 간의 이해관계

하부집단 간의 이해관계는 특정 문제의 해결을 위해 갈등적인 요소에 개의치 않는다고 본다. 즉, 다양한 집단들 간의 갈등적인 요소에는 별로 관심을 두지 않고 오직 당면 문제의 해결에만 관심을 집중한다. 이에 전문가는 지역사회의 문제해결을 위해서 하부집단들의 분파와 이익에 대해 미리 충분한 연구와 분석을 해 두어야 한다.

⑩ 공공이익에 대한 관점

공공이익에 대한 관점은 이상주의적이고 중앙집권적인 관점을 강조한다. 지역사회의 공공이익은 관련된 이론과 지식에 입각하고 전문적인 행정가의 개입으로 이룩된다고 본다.

⑪ 클라이언트 집단에 대한 개념

클라이언트 집단을 지역사회 내에서 서비스 혜택을 받는 소비자로 간주한다. 즉, 사회복지 프로그램이나 서비스를 제공받는 자들로서, 공적부조의 수혜자, 공공주택 이용자, 기타 프로그램의 이용자 등을 지칭한다.

⑫ 클라이언트 역할에 대한 견해

클라이언트 역할에 대한 사회복지서비스를 통해 자립을 도모하는 자로 본다. 즉, 클라이언트가 지역사회의 정책 수립과 계획을 담당하는 전문가에게 귀속되어 적절한 사회복지서비스의 수혜자로서 자활이 가능한 자로 생각한다.

(3) 사회행동 모델

① 지역사회복지의 목표

사회행동 모델은 지역사회복지의 목표를 과업 중심과 과정 중심의 양면에 둔다. 지역사회의 문제해결을 위해 지역정책의 변화에 초점을 둔 과업 달성뿐만 아니라, 지역주민들의 정치적 영향력을 증대시키려는 과정 수행에도 역점을 둔다. 특히 사회행동은 지역사회의 변화를 추구함에 있어서 단기적이고 소규모적인 문제에도 관심을 두지만, 주로 대규모적 방법인 체제의 변화에 목표를 둔다. 예컨대, 지역사회와 주민들의 보호와 권익을 위해 전개되는 지역환경운동, 노동조합운동, 복지권운동 등이 있다.

2 지역사회의 문제 인식

지역사회의 문제에 대해 사회적 약자로서 억압받고 무시당하고 박탈당하며 고통받고 있는 자들에게 초점을 둔다. 즉 지역사회를 통해 권한의 분배(distribution)와 혜택(priviledge)을 받아야 함에도 불구하고, 억압자들의 불의와 착취에 의해 고통받는 자들을 문제 상황으로 본다. 그리고 지역사회 내에서 주민들이 누려야 할 사회적 정의, 문화적 혜택, 교육여건의 제공 등이 불평등하다든지, 관공서, 병원, 학교, 교도소, 극장, 터미널 등에서 차별대우를 받는 경우도 포함된다.

3 기본 전략

지역사회의 변화를 위한 기본 전략은 '우리들의 억압자를 타도하기 위해 서로 규합하자(Let's organize to destroy our oppressors.)'라는 접근 방법이다. 불이익을 받고 있는 지역주민들을 위해서 억압하고 착취하는 표적집단(target group)에 대해 압력적인 행동을 주도한다. 이 표적집단은 개인, 집단, 단체 등이 될 수 있다. 사회복지사는 행동가로서 불이익집단을 중심으로 힘을 모아서 권익을 요구하도록 행동을 주도한다.

4 전술과 기법

당면 문제의 해결을 위한 전술과 기법은 갈등과 대결을 활용한다. 즉 불이익집단의 권익보호를 위해 정면대결을 하거나 직접적인 실력행사의 방법을 사용한다. 대상자 집단을 규합하여 보이콧(boycotts), 피케팅(picketing), 성토(rallies), 시위(marches) 등으로 이들의 목표를 성취하도록 한다.

5 전문가의 역할

사회복지사는 행동가(activist)와 옹호자(advocate)의 역할을 수행한다. 행동가로서 지역사회 내에서 불우계층의 이익을 위해 제 세력을 규합하여 대중운동을 전개한다. 옹호자로서 지역사회 내의 갈등적 상황에서 전문적 역량을 발휘하여 클라이언트의 권익을 대변해 준다.

6 변화의 매개체

지역사회의 변화를 위한 매개체는 정치적 과정과 대중조직의 조종이다. 불합리한 지역사회를 개혁하기 위해서 정치적 타협 또는 대결로 대응하며 불이익집단의 욕구 해결을 위해 대중조직을 주도해 나간다.

7 권력구조에 대한 견해

권력구조에 대해 클라이언트 집단에 대한 억압세력이나 반대세력 등으로 간주한다. 이 모델은 권력구조를 사회적 약자의 외부에 존재하여 이들을 무시하고 착취하는 외적 표적(outside target)으로 본다.

8 클라이언트 집단의 범위

클라이언트 집단의 범위는 현 체제하에서 억압받고 고통을 당하는 불이익계층으로 규정한다. 이 모델에서 불이익계층은 정치적 · 경제적 · 사회적으로 억압을 당하는 자들이며, 이들은 지역사회의 한 구성원으로서 사회복지사의 동료(fellow partian)로 인식된다.

9 하부집단 간의 이해관계

이 모델은 지역사회의 상이한 집단들이 서로 조화를 이룰 수 없다고 본다. 즉, 하부집단들의 힘을 규합하여 강한 영향력을 행사함으로써 이들의 이해관계가 절충된다고 본다. 이에 사회복지사는 상이한 집단들의 의견을 수렴하여 사회행동을 주도하되 합리적인 절차를 통해 지역사회의 변화를 모색해야 한다.

⑩ 공공이익에 대한 관점

공공이익에 대해 현실주의적이고 개인주의적인 관점을 강조한다. 지역사회의 공공이익은 지역주민들의 갈등을 해소하고 타협하며 다양한 집단들의 상호 관계를 통해 성취된다고 본다.

슈버트(Schubert, 1960)는 『공공의 이익(The Public Interest)』이라는 저서에서 세 가지 견해를 제시하였다.

- '합리주의적 견해(rationalist view)'로서 지역사회의 공공이익은 지역 내 다양한 집단들의 이익을 의도적으로 반영함으로써 가능하며, 이들의 이익을 표현함으로써 성취된다.
- '이상주의적 견해(idealist view)'로서 공공이익은 올바른 지도자의 판단과 양심에 따라 이루어지며, 전문가의 지식과 정치가의 도덕심 등을 통해 성취된다.
- '현실주의적 견해(realist view)'로서 공공이익은 불이익집단들의 갈등과 불만을 해소하고, 상호 간의 타협과 힘의 균형을 반영함으로써 성취된다.

마이어슨과 밴필드(Meyerson & Banfield, 1955)는 공공이익에 대한 개념을 두 가지로 제시하고 있다.

- '중앙집권적 개념(unitary conception)'으로서 공공이익은 중앙의 결정을 통해 정책 결과를 도출하되, 정책결정자는 사소한 이익보다도 공익을 위해 노력한다.

- '개인주의적 개념(individualist conception)'으로서 공공이익은 개인적인 사소한 이익의 타당성을 인정하며, 집단 간의 사회적 선택을 위한 상호 관계를 통해 나타난다.

⑪ 클라이언트 집단에 대한 개념

클라이언트 집단을 현존 체제의 희생자로 간주한다. 체제는 사회제도, 조직체, 기업체 등이 될 수 있으며, 희생자는 사회적 제반 체제와 여건에서 불이익으로 고통을 받는 소외계층으로 본다.

⑫ 클라이언트 역할에 대한 견해

클라이언트를 자신들의 불만을 표출하여 사회행동에 동참하는 자로 본다. 즉, 클라이언트를 사회적 불이익을 당하는 계층들이 자신들의 힘을 규합하여 현존 체제의 변화를 주장하며, 자신들의 욕구 해결을 위해 직접 행동화하는 자로 생각한다.

2. 웨일과 갬블의 모델

웨일과 갬블(Weil & Gamble, 1995)은 기존 지역사회복지의 실천 모델에 관한 문헌을 검토한 후, 목표, 변화의 표적체계, 일차적인 구성원, 관심 영역, 사회복지사의 역할 등을 중심으로 지역사회실천 모델을 여덟 가지 유형으로 구분하였다.

3. 테일러와 로버츠의 모델

테일러와 로버츠(Taylor & Roberts)는 자신들의 저서 『Theory and practice of community social work』(1985)에서 로스만의 기본 모델을

중심으로 두 가지 모델을 새로 추가하여 다섯 가지 모델을 제시하였다.

테일러와 로버츠의 지역사회복지 실천 모델을 제시해 보면, 실천 방법의 각 변인, 대안적 전략, 의사결정의 영향정도 등에서 후원자와 클라이언트가 어느 정도의 결정 권한이 있느냐에 따라 구분한다.

첫째, 프로그램 개발 및 조정은 지역사회복지의 모체인 인보관운동과 자선조직협회운동에 근거하고 있다. 이 모델은 주로 공공기관, 지리적 지역사회를 대상으로 서비스를 제공하는 민간기관, 기능적 지역사회, 기관협의회 등에서 수행되는 실천에 초점을 두고 있다.

둘째, 계획 모델은 로스만의 초기 사회계획 모델을 인간지향적인 측면에서 강조하도록 수정한 것으로서 합리적인 기획 모델에 기초한 조사전략 및 기술을 강조하고 있다.

셋째, 지역사회 개발 모델은 조력, 리더십 개발, 자조, 상호 부조, 지역성 등에 바탕을 둔 지역사회 연구 및 문제해결을 강조하고 있다. 이 모델은 시민 참여와 교육과정을 매우 중요시하고 있으며, 전문가는 조직가의 역할보다는 주로 조력자의 역할을 담당하게 된다.

넷째, 정치적 역량 강화 모델은 로스만의 사회행동 모델과 밀접히 관련된 것으로서 갈등이론과 다원주의 사회에서의 다양한 이익집단의 경쟁원리에 기초하고 있다.

다섯째, 지역사회 연계 모델은 로스만의 모델에 포함되어 있지 않는 것으로서 사회복지기관의 일선 스태프나 행정가들에 의해 수행되는 기능을 중심으로 설명하고 있다.

표 4-2 웨일과 갬블의 모델

구분 \ 모델	근린지역 사회조직	기능적인 지역사회 조직	지역사회의 사회·경제 개발	사회계획	프로그램 개발과 지역사회 연결	정치·사회 행동	연합	사회운동
목 표	조직화를 위한 구성원의 능력 개발, 지역계획과 외부 개발에 대한 영향과 변화	변화에 초점을 둔 사회정의를 위한 행동, 서비스 제공	지역주민 관점에 입각한 개발계획 주도, 사회경제적 투자를 주민이 이용할 수 있도록 준비	선출된 기관 또는 인간서비스 계획협의회가 행동을 하기 위한 제안	지역사회서비스의 효과성을 증진하기 위한 기관프로그램의 확대와 방향 수정	정책 또는 정책형성자의 변화에 초점을 둔 사회정의를 위한 행동	프로그램의 방향 또는 자원을 최대한 끌어낼 수 있는 다조직적인 권력 기반 형성	특정 대상 집단 또는 이슈에 대해 사회정의를 위한 행동
변화의 표적체계	외부 개발자, 지역사회 주민	일반 대중, 정부기관	은행, 재단, 외부 개발자, 지역사회 주민	지역사회지도자의 관점, 인간서비스 지도자의 관점	기관프로그램의 재정충원자, 기관 서비스의 수혜자	선거권자, 선출된 공무원, 잠재적 참여자	선출된 공무원, 재단, 정부기관	일반 대중, 정치제도
일차적인 구성원	이웃 지역사회 주민	동호인	지역사회의 저소득계층, 불이익계층	공무원, 사회기관과 기관 간의 조직	기관위원회 또는 행정가, 지역사회 대표자	특정 정치적 권한이 있는 시민	특정 이슈에 이해관계가 있는 조직	비전과 이미지를 창출할 수 있는 조직과 지도자
관심 영역	지역사회 주민의 삶의 질	특정 이슈와 대상을 옹호	소득, 자원, 사회적 지원개발, 교육과 리더십 기술 향상	지역계획에 사회적 욕구 통합, 인간서비스 관계망 조정	특정 대상자를 위한 서비스 개발	정치권력의 형성, 제도의 변화	사회적 욕구 또는 사회적 관심과 관련된 특정 이슈	사회정의
사회복지사의 역할	조직가, 교사, 코치, 촉진자	조직가, 옹호자, 집필자, 정보전달자	협상가, 증진자, 교사, 계획가, 관리자	조사자, 목표 제안자, 정보전달자 관리자	대변인, 계획가, 관리자, 목표 제안자	옹호자 조직가, 조사자, 조정자	중개자 협상가, 대변인	옹호자 촉진자

자료: Weil & Gamble (1995).

● 표 4-3 ● 테일러와 로버츠의 모델

로스만 모델	테일러와 로버츠 모델	결정 권한
사회계획 모델	프로그램 개발 및 조정	전적으로 후원자가 결정 권한을 가짐
	계획	7/8은 후원자가 결정 권한을 가짐
지역사회 개발 모델	지역사회 개발	7/8은 클라이언트가 결정 권한을 가짐
사회행동 모델	정치적 역량 강화	전적으로 클라이언트가 결정 권한을 가짐
	지역사회 연계	후원자와 클라이언트가 1/2씩 결정 권한을 가짐

제3절 지역사회복지 모델에서 사회복지사의 역할

지역사회복지사는 지역사회복지에 관한 전문적인 지식, 가치, 기술을 갖추고 이를 바탕으로 하여 지역사회의 복지 증진과 문제해결을 위해 노력하는 자를 말한다. 지역사회복지사는 지역사회복지의 목표 달성을 위해 다양한 역할을 수행해야 하는데, 지역사회의 환경적 요인이나 사업의 목적과 유형에 따라 역할의 형태는 약간 차이가 있다. 그러나 지역사회복

● 표 4-4 ● 지역사회조직가 역할의 분류

지역사회 개발 모델		사회계획 모델		사회행동 모델	
로스(Ross)	리피트(Lippitt)	모리스와 빈스톡(Morris & Binstock)	샌더스(Sanders)	그로서(Grosser)	그로스만(Grossman)
• 안내자(guide) • 조력자(enabler) • 전문가(expert) • 치료자(therapist)	• 촉매자(catalyst) • 전문가(expert) • 실천가(implementer) • 조사자(researcher)	• 계획가(planner)	• 분석가(analyst) • 계획가(planner) • 조직가(organizer) • 행정가(administrator)	• 조력자 • 중개자(broker) • 옹호자(advocate) • 행동가(activist)	• 행동조직가(organizer)

지의 진행 과정이나 방법에 있어서 강조하는 바가 다르지만, 그 의미하는 바에 있어 공통적인 요소를 찾을 수 있다. 지역사회조직가가 수행하는 역할의 분류를 제시하면 〈표 4-4〉와 같다.

1. 지역사회 개발 모델에서의 역할

(1) 로스의 역할

1 안내자의 역할

안내자의 역할은 일차적인 역할로서 문제해결을 위한 목표를 설정하고 해결방안을 마련하도록 돕는 것이다. 문제해결 과정에서는 주도적인 능력을 발휘해야 한다. 지역사회의 조건에 대하여 객관적인 입장이어야 하고 지역사회와 동일시하면서 자기 역할을 수용하고 역할에 대한 설명을 해야 한다.

2 조력자의 역할

조력자의 역할은 촉매자로서 불만을 집약하는 일을 하는 것이다. 조직화를 격려하는 일을 해야 한다. 항상 좋은 인간관계를 조성하는 일을 해야 하고, 지역사회의 공동목표를 강조해야 한다.

3 전문가의 역할

전문가의 역할은 자료를 제공하고 직접적인 충고를 하는 것이다. 즉, 지역사회의 단체가 사업을 운영하는 데 필요한 조사자료, 기술적인 경험, 자원에 관한 자료, 방법상의 조언 등을 제공한다. 지역사회의 조사 방법에 대한 지식과 기술을 활용하여 지역사회가 필요로 하는 조사를 계획하고 수행할 수 있어야 한다. 그리고 지역주민들은 조직을 결성하는 절차와 방법에 대해 전문적 지식을 갖고 있어야 한다.

④ 치료자의 역할

치료자의 역할은 지역사회문제에 대한 적절한 진단을 통해 규명된 성격과 특성을 주민들에게 제시하여 그들의 이해를 돕는 것이다. 특히 지역주민들이 문제에 대한 성격을 이해함으로써 긴장을 해소하게 하며, 협력적인 작업을 방해하는 요인을 제거하도록 돕는다.

2. 사회계획 모델에서의 역할

(1) 샌더스의 역할

① 분석가의 역할

분석가의 역할은 지역사회의 계획된 변화를 이룩하기 위해서 사실 발견과 분석을 실행하는 것이다. 즉, 분석은 조사를 토대로 이루어져야 한다. 분석가의 조사 영역은 사회문제와 영향을 미치는 요인들에 관한 조사, 사회 변화를 위한 프로그램의 과정에 관한 조사, 계획을 수립하는 과정에 대한 조사, 유도된 변화에 대한 평가 등이 있다.

② 계획가의 역할

계획가의 역할은 사업을 계획함에 있어서 물리적이고 물질적인 면보다는 인간적인 측면에 관심을 두는 것이다. 사업목표는 향후 사업의 추진에 있어서 성패를 평가하는 근거가 되는 것이기에 구체적인 목표를 설정해야 한다. 특히 계획가의 철학은 목표를 성취하기 위한 수단에 반영되어야 한다.

③ 조직가의 역할

조직가의 역할은 지역사회의 계획 수립과 실천 과정에서 지역주민이나 단체를 행동체계에 적절히 참여시키는 것이다. 지역사회 내에 있는 다양한 집단이나 단체들을 참여시키기 위해서, 그들의 역할을 분명히 하고 효과적으로 수행할 수 있도록 훈련시킨다.

④ 행정가의 역할

행정가의 역할은 지역사회의 계획을 수립하고 프로그램을 실제로 운영하며, 지역주민들이 인식하고 반응을 보이도록 개입하는 것이다. 사업계획이 추진되는 자체보다는 계획을 수행하기 위해서 마련된 프로그램이나 기관의 운영에 주로 관심을 갖는다. 특히 사업계획에서 설정한 목표의 효율적, 효과적 달성을 위하여 인적, 물적 자원을 적절히 관리한다.

3. 사회행동 모델에서의 역할

(1) 그로서의 역할

① 조력자의 역할

조력자의 역할은 서비스 제공자인 기관이 아닌 서비스 수혜자의 입장에서 돕는 것이다. 불우계층의 복지를 증진하기 위해서 그들의 입장에 서서 활동을 전개해야 한다. 그리고 지역주민이 자체의 욕구분석을 토대로 스스로 선정하여 추진한 사업이 외부로부터 부과된 사업보다 가치 있고 지속성 있게 진행되도록 도와준다.

② 중개자의 역할

중개자의 역할은 지역주민들이 필요로 하는 자원이 어디에 있는지 알려 주고 자원에 접근할 수 있도록 중개해 주는 것이다. 지역사회 개발에 있어서 지역주민들이 스스로 자원의 소재를 파악하여 활용하도록 적극적으로 개입한다.

3 옹호자의 역할

옹호자의 역할은 지역사회의 필요한 정보를 도출하고, 지역주민에 대한 입장의 정당성을 주장하도록 돕는 것이다. 특히 사회적 약자들을 옹호하기 위해서 그들의 권익을 찾고 도전할 목적으로 지도력과 자원을 제공해야 한다.

4 행동가의 역할

행동가의 역할은 지역사회 내 갈등적인 상황에서 중립적이거나 수동적인 자세를 거부하며 직접적인 행동을 조직화한다. 지역사회 내 학교 근처 나이트클럽, 러브호텔의 신축공사 반대 서명운동이나 가두시위를 벌이는 행동 등을 들 수 있다.

생각해 볼 문제

1. 지역사회복지의 모델 세 가지를 간략히 설명해 보라.
2. 로스만 그리고 웨일과 갬블 모델을 간단히 비교해 보라.
3. 로스만 그리고 테일러와 로버츠 모델을 간단히 비교해 보라.
4. 지역사회복지 모델에서의 사회복지사의 역할을 간단히 제시해 보라.
5. 로스의 지역사회 개발 모델에서 사회복지사의 역할을 설명해 보라.

제5장

지역사회복지의 실천 방법

지역사회복지의 실천은 지역사회의 특성에 따라 문제, 욕구, 자원 등을 중심으로 개입하고 실천하는 과정을 말한다. 지역사회복지의 실천은 지역주민의 삶의 질을 향상시키고 지역사회의 자립을 기본 원칙으로 한다. 지역사회 내의 정상화와 사회정의 등 사회복지의 기본 이념을 토대로 지역주민들의 기본적 욕구를 충족시키고자 한다. 이에 지역사회복지의 실천 과정은 문제를 발견하고, 문제를 중심으로 사정하며, 지역자원을 효율적으로 활용하는 데 초점을 두어야 한다. 이 장에서는, 첫째 지역사회복지의 실천 접근, 둘째 지역사회복지의 실천 원칙, 셋째 지역사회복지의 실천 과정 등을 중심으로 살펴보고자 한다.

Community
welfare

제1절 지역사회복지의 실천 접근

1. 지역사회복지의 기초 접근

(1) 삶의 질 향상

지역사회복지는 지역사회 중심의 삶의 질 향상을 위해 포괄적인 접근이 요구된다. 이러한 접근은 조직화된 노력의 특정 목적을 반영한다. 지역사회복지의 실천은 이러한 접근을 통해 이루어지며, 지역사회의 현안문제에 중점을 둔다. 지역사회복지의 접근 노력은 단일적 현안에서부터 지역주민들의 교육과 기회를 향상시키는 데까지 이루어진다. 이는 지역사회의 지속적인 발전과 지역사회복지의 전략을 통해 폭넓게 삶의 질을 향상시키려는 노력이다. 또한 지역주민은 물론 지역사회 내의 심각한 정서적 · 행동적 문제를 가진 아동 및 장애인, 저소득층의 자립문제, 사회적 약자의 인권문제, 기타 지역사회의 현안문제 등을 전문가의 개입을 통해 해결하는 것이다.

(2) 지역사회조직의 형성

지역사회복지는 지역사회 내에서 주민조직의 형성과 인간서비스의 계획 및 조정에 이르기까지 넓은 실천 영역을 포함한다. 지역사회조직의 형성은 주민 참여를 강화하기 위한 역량 강화와 다양한 개입 방법을 이용하여 주민 욕구를 해결하고, 사회정의를 실현하는 과정이다. 특히 지역사회를 보조하며 인간서비스체계의 효과성과 반응성을 향상시키고자 한다. 지역사회복지를 위한 주민조직화는 개개인의 지역사회지도자, 선출된 공식기관, 사회복지전문가, 이들의 합으로 구성된 표적집단 등의 연대감

형성에 초점을 둔다. 지역사회복지의 실천 과정으로서 지역사회조직을 통해 지역사회의 인적 · 물적 자원을 동원하여 당면 문제를 해결해야 한다.

(3) 지역사회 프로그램의 개발

지역사회 프로그램의 개발은 테일러와 로버츠(Taylor & Roberts, 1985)에 의해 확립된 두 가지 측면의 조직 노력에서 제시된다. 지역사회의 연계활동이 프로그램 개발의 필수적인 측면이라는 데 정당성을 둔다. 지역사회 프로그램의 개발과 연계의 목표는 지역사회의 인구조직과 새로운 서비스 또는 개선된 서비스를 설계하고 실천하는 데 있다. 지역사회 프로그램의 개발과 서비스의 효과성을 향상시키기 위해서는 기관 프로그램의 확대나 방향의 재설정에 우선순위를 두어야 한다. 지역주민, 잠재적 클라이언트, 기관스태프 간의 상호작용 등이 중요한데, 지역사회와 프로그램 간의 상호작용은 다양한 방법으로 이루어진다. 이는 지역주민의 욕구 사정, 클라이언트의 잠재적 서비스, 지역주민의 직접적 개입, 전문가와 클라이언트 간의 동의, 대상자 초점화의 활용, 자문기관의 개발, 정책 결정 시 지역사회지도자의 개입 등을 들 수 있다. 지역사회 프로그램이 개발되고 실행됨에 따라 지역사회로부터의 피드백 작용을 수행하는 메커니즘으로 인해 신규 프로그램을 적극 활용하는 것이 중요하다.

(4) 정치사회적 행동

지역사회 내의 정치적 · 사회적 행동 추구는 경제적으로 어려운 지역주민들에게 참여의 힘을 고취시키기 위한 활동이다. 저소득층의 자립 유도, 평등을 위한 제도적 변화 장려, 정치사회적 조직의 활성화, 지역주민의 기회와 평등 증진, 지역사회복지를 위한 연구와 조직활동 등이 여기에 포함된다. 특히 지역사회 정의로서 지역사회에서 성별, 빈부, 학력, 활동 등 지역주민의 평등과 기회를 보장하고, 남녀동등권의 확립, 빈부 해소를 위한 분배정책, 모든 지역주민들에게 활동 기회 부여 등이 포함된다. 따라서 사회경제적 개발 활동에 있어 전문가는 기관의 구성원이 되거나 조직단체를 구성해야 한다. 지역주민의 욕구조사에 관한 기술과 지역사회의 개입 기술은 물론, 지역사회 자원을 규명하기 위한 분석 방법을 숙지해야 한다. 지역사회 개발의 계획, 관리, 협상 등이 전문가의 필수적 역할이 되며, 이를 위해 지역주민들과 함께 개입하고 실천 과정과 과업에 고도의 기술을 활용해야 한다.

2. 지역사회복지의 실천 계획

(1) 지역사회복지의 초기 계획

지역사회복지의 초기 계획은 인간서비스기관 간의 협정이나 인간서비스 개발을 위한 지역사회 내의 기관 차원에서 수립될 수 있다. 정부기관이나 지방자치단체, 사회복지기관 등은 도시지역이나 농촌지역 수준에서 계획 수립에 개입하게 된다. 지역사회복지의 계획 과정은 공적 또는 사적 이익과 지역사회 자원을 연결하고 활용하려는 과제로 이루어진다. 지역사회복지의 계획은 지역사회서비스와 정책을 개발하고 조정하여 지역사회 수준에서 조직적이고 합리적인 문제해결의 실천과 개입 방법이 되고 있다(Lauffer, 1981: 583).

로퍼(Lauffer)는 지역사회복지의 초기 계획에서 전문가의 역할을 네 가지로 제시하였다.

- 직접적인 서비스 내용
- 사회서비스의 영역
- 종합적인 지역사회의 계획 구조
- 지역적 혹은 영역 간의 구조 계획

미국의 경우 캔자스, 웨스트 버지니아와 매사추세츠 주의 '지방계획위원회'의 부활이나 '지역노인복지기관(Area Agency on Aging)' '종교단체연합(sectarian federation)' '특수자금지원협의회(Women's Way or United Black Fund)' 그리고 '지역사회정신보건위원회'와 '인간자원위원회' 등을 들 수 있다.

(2) 지역사회의 지지계층

지역사회의 변화를 위한 전문가는 표적화된 외부체계와 관계를 형성하고 사회 자원을 동원하고 활용하는 사람이다. 또한, 사회 자원을 소유한 사람들에게 지역사회복지의 결정을 전적으로 보장하는 방식으로 지역사회의 사회경제적 개발사업에 투자하도록 설득하는 것이 중요하다. 지역사회의 지도자와 프로그램 참여자는 지역주민들이 지역사회복지에 재투자하도록 유도하고, 지역사회의 지지계층에게 도움이 되도록 노력해야 한다.

사회경제적 개발에 있어 주요 지지계층은 도시지역과 농촌지역의 저소득층, 불우계층, 억압받는 집단 등이다.

지역사회복지를 위한 조직체나 법인은 성인 부모와 장애아를 위한 주택사업, 직업개발과 훈련사업, 보육문제의 개입사업 등은 물론, 교육과 훈련서비스를 지지하는 특정 인구집단의 욕구를 충족시키기 위해 노력해야 한다. 특히 '지역사회행동 프로그램(Community Action Program)'은 지역사회에 광범위하게 거주하는 저소득 인구집단의 욕구를 충족시키기 위해 개입한다. 정부나 지방자치단체가 개입하지 못한 매우 깊숙한 농촌지역이나 오지에 대해서는 '농촌경제개발센터(Rulal Economic Development Center)'가 그 역할을 담당하여 지역사회복지 구현에 일조해야 한다.

(3) 지역사회의 관심 범위

지역사회의 사회경제적 발전에 있어 관심 범위는 지역주민의 교육수준과 지도력, 기술 향상뿐만 아니라, 사회경제적 영역의 균형적 발전이다. 지역사회복지는 사회서비스와 경제개발계획을 위한 능력의 확립에 주로 관심을 두되, 지역사회 내에서 기본적인 교육과 기술, 지도력 기술의 향상 등에 관심을 두어야 한다. 최근에 지역사회복지는 개인과 집단을 위한 소득을 증진시킬 수 있는 경제개발계획은 물론, 더욱 기능적이고 자조적인 지역사회를 건설하기 위한 하부구조를 창출하고 사회적 지지와 서비스 프로그램 개발 등에 초점을 두고 있다.

지역사회의 관심 범위는 특정 인구집단이나 지역에 대한 서비스의 개발이다. 대부분의 전문가는 관련 기관과 외부지지자들과 상호작용의 과정에서 계획가, 대변자, 중재자, 촉진자 등의 역할을 수행한다. 예컨대, 미국의 아동복지국(Children's Bureau)은 지역사회의 가족보호 및 지지모델의 개발을 위해 심화활동(intensive work)을 수행하였는데, 이는 새로운 지역사회 프로그램의 개발을 강조하는 지역사회의 연계활동에 대한 모델이라 할 수 있다.

또한 지역사회전문가는 관리자, 감독자, 평가자로서 지역사회 프로그램이 계획되면, 프로그램이 정해진 방향으로 실천되며, 지역사회와 변화하는 환경에 계속 반응하는지 확인해야 한다.

3. 지역사회복지의 실천 목표

(1) 지역사회의 기본 목표

지역사회의 기본 목표는 지역사회의 지지와 경제적 지속성을 확인하고 주민 참여를 유도하며 지역주민의 연대성을 확립하는 데 있다. 이러한 접근 방법들로는 미국의 원주민 지역사회에서 주민 협조와 사업 개발, 여성들의 주장에 의한 그린벨트 재건, 지속적인 경제적 발전을 위한 지방자치 단체의 청사진 이행 등을 들 수 있다. 이에 새롭게 인식되거나 인지된 욕구와 지역문제에 대한 서비스와 프로그램을 제공하는 것 등이 지역사회복지 실천의 기본 목표가 되고 있다. 따라서 지역사회의 기본 목표로서 지역사회 내의 욕구를 가진 집단을 위한 인간서비스를 체계화하고, 지역사회복지를 위한 서비스 프로그램의 통합을 이루어야 한다. 이에 지역사회 내에서 활동하고 있는 각 분야의 단체들은 공통된 목표를 달성하기 위해 서로 협력하고 통합할 필요가 있다.

지역사회의 기본 목표는 사회경제적 개발에 있다. 이는 로스(Ross, 1955), 로스만(Rothman, 1995) 등에 의해 연구된 지역개발의 초기 모델과 관련이 있다. 이 모델은 지역사회의 저소득층이나 억압받는 자들을 위해서 효과적인 조직과 개발을 통해 사회 개발이 경제 개발과 함께 수행되어야 한다는 것이다. 즉, 사회 개발과 경제 개발이 동시에 성공을 거둘 수 있다는 인식하에 사회경제적 개발을 포함한다. 지역사회복지는 저소득층 또는 억압받는 지역주민을 위한 삶의 질과 기회의 향상을 위한 것으로서 지역주민을 위해 계획을 세우고 개발을 시작해야 한다. 즉 지역주민들로 하여금 사회적, 경제적 투자를 하도록 준비시키고, 지역사회의 내적 및 외적 자원을 개발하고 활용하면서 지역사회의 목표를 이루도록 한다.

(2) 지역사회의 중심 과제

지역사회 실천 현장의 중심 과제는 인간서비스, 지역사회계획, 서비스 통합 과정 등에 합리성을 부여하는 것이다. 자선조직협회는 지역사회 자원을 더욱 잘 활용하고 욕구가 있는 주민들에게 적절한 서비스를 제공할 수 있도록 인간서비스를 위해 노력해 왔다. 지역사회복지의 계획은 특정 기술에 입각하여 지역사회활동에 대한 인간서비스 계획에 따라 구체적으로 수립한다. 또한 지역사회서비스와 개발을 위한 방향에 대해 지역주민들을 교육하는 노력은 물론, 특정 프로그램을 개발하고 자금 동원과 평가에 이르기까지 지역사회의 지도자나 인간서비스 지도자의 관점에서 계획을 세운다.

최근에는 지역사회복지의 계획 과정을 공유하고 지역사회서비스의 대상자나 지역사회의 참여를 강화하는 노력이 증가하고 있다. 예컨대, 미국의 노스캐롤라이나 주에서 실시한 '오늘과 미래의 아동(Our Children Today and Tomorrow)'의 계획 과제는 가족에게 적절하고 친근한 아동서비스를 계획하기 위해 수년간 프로젝트 과정에 부모와 아이들을 참여하게 하였다. 지역사회의 중심 과제는 지역사회 통합을 이루기 위해서 지역주민의 의식 변화와 지역사회 자원을 동원하여 통합프로그램을 잘 활용해야 한다.

(3) 지역사회의 실천 사례

지역사회의 실천 사례에는 지역사회의 계획활동을 위한 사회복지사, 선출직 공무원, 사회기관의 지도자, 기타 조직체의 구성원 등이 참여하게 된다. 사회복지사의 관심 영역은 계획가로서 인간서비스 연계망의 계획과 조정 기능, 그리고 공공영역에서 지리적 계획으로 사회적 욕구를 통합하는 것 등이다. 계획가에게 있어 필수적인 기술로는 지역사회의 연구, 주민 욕구의 사정, 분석, 평가, 사업계획의 개발 등이 요구된다. 계획가는 개인이나 조직체에 다양한 방법으로 개입하기 때문에, 의사소통의 관계에서 과학적이고 전문적인 기술이 필요하다. 예컨대, 지역계획위원회(Community Planning Council)가 지역사회의 아동을 위한 서비스를 계획하고 조화시키며 통합하는 경우다. 미국의 '피닉스 미래포럼(Phoenix Futures Forum)'은 급속한 경제성장과 인구 급증으로 21가지의 주요 신규사업에 많은 포럼 참여자를 개입시켰으며, 그 결과 수백 명의 지역주민들이 폭넓은 지역사회의 장기계획과 건설 과정에 참여한 사례가 있다.

지역사회복지의 실천을 위한 지지집단은 새로운 서비스와 잠재적 혜택의 서비스를 위해 후원하는 사람들이다. 지지집단은 표적체계로서 지역사회 내의 프로그램 설계자, 계획가, 기관스태프 등이며, 지역주민들과 함께 효과적인 상호 계획과 전략을 개발하여 지역사회의 변화와 전환을 경험할 수 있다. 지역사회복지 프로그램을 개발함에 있어서 주요 지지집단은 기관운영위원회 지역사회대표자 등이다. 이들 지지집단은 사회복지기관의 방향 설정과 지역사회조직체의 책임자이며, 지역사회의 계획된 변화와 프로그램 개발의 과정에 직접 개입하는 자들을 말한다.

지역사회복지의 실천 목표는 지역사회 내의 제반 문제에 대한 계획을 수립하고 실천하는 것 등을 포함한다. 지역사회복지의 실천 목표를 구체적으로 제시하면 다음과 같다.

- 지역주민과 주민집단의 조직화된 기술과 능력을 개발한다.
- 지역사회 내의 문제해결을 위해 실천 계획이 용이하고 포괄적인 것이 되도록 한다.
- 지역사회조직체에 대한 사회적 · 경제적 투자에 지역주민을 연결한다.
- 지역문제를 해결하는 데에 있어 폭넓은 연대를 옹호한다.
- 사회정의의 관점에서 지역사회계획의 과정을 고취한다.

제2절 지역사회복지의 실천 원칙

1. 일반적 원칙

지역사회복지는 지역주민들이 필요한 서비스를 자급자족할 수 있는 이상적 지역사회를 구현하는 것이다. 이러한 이상적인 지역사회를 구현하는 것은 쉽지 않다. 지역사회가 다른 지역사회와의 교류를 통해 서로 간에 필요한 서비스를 공급받는 체계를 형성할 수밖에 없는 의존적 특성을 가지고 있기 때문이다. 이에 오하시 겐사쿠(大橋謙策)는 지역사회복지의 전개 원칙을 전체성, 지역성, 접근성, 사회성, 주체성, 문화성, 협조성, 교류성, 쾌적성, 신속성의 열 가지로 제시하고 있다(박태영, 2003: 89). 여기서는 지역사회복지의 일반적 원칙으로서 중복적인 것을 정리하여 전체성, 지역성, 접근성, 사회성 네 가지로 제시하고자 한다.

1 전체성

지역사회에는 다양한 형태의 조직과 체계가 존재하며, 상호작용을 통해 관계가 이루어진다. 즉, 지역주민의 생활은 다양한 상호작용을 통해 이루어지며 지역주민 상호 간에 의존적인 관계를 형성한다. 그러므로 지역사회의 전체성은 기본적으로 그 지역사회 구성원의 개별성에서 시작된다. 전체성은 지역사회 내에서 개인의 문제와 욕구로 표출되고, 각 욕구는 지역사회의 다양한 형태로 인지된다. 이러한 욕구가 지역사회 전체의 욕구로 규정될 때, 비로소 그 욕구들은 이슈화되고 사회문제로 도출될 수 있다. 따라서 지역사회와 지역주민은 서로 분리된 것이 아니므로 전체적으로 파악하고 사정하여 종합적인 계획과 서비스를 제공하는 것이 필요하다.

2 지역성

지역사회는 여타 지역과 구분되는 특수성(uniqueness)을 가지고 있다. 즉, 지역사회의 특수성을 중심으로 여타 지역과 구분되는 특성을 지역성이라고 한다. 지역성은 경계를 가지고 있으며 그들만의 독특한 의식, 문화, 생활양식 등을 형성하고 유지하는 특성이 있다. 또한 지역성은 지역사회 구성원의 소속감, 응집력, 심리적 동질감 등을 형성하여 다른 지역과 구분 짓는 특성이 된다. 이러한 지역적 특성 때문에 지역사회는 배타적이고 폐쇄적인 특성을 갖는다.

지역사회는 지역성을 중심으로 자신들만의 수단과 방법을 사용하여 지역사회문제를 해결해야 한다. 지역주민은 자신들의 문제해결을 위해 주도적인 참여를 통해 역량 강화에 힘써야 한다. 따라서 지역사회에는 지역성을 기반으로 지역의 특수성에 부합하는 사회복지서비스의 전개가 필요하다.

3 접근성

지역사회복지서비스는 모든 지역주민이 쉽고 간편하게 이용할 수 있어야 한다. 특히 노인, 장애인 등 신체적으로 불편함이 있는 사람들을 충분히 고려하여 접근성을 충분히 보장해야 한다. 지역사회복지서비스는 불편을 겪는 사람들의 급박한 상황에 대처하기 위한 긴급연락체계와 대응체계를 갖추어 그들에게 신속하게 서비스를 제공해 주는 시스템이 필요하다. 지역사회복지의 접근성은 다음과 같이 세 가지 형태로 제시할 수 있다.

- 심리적 접근성으로서 낙인, 피해의식, 죄의식 등을 배제한다.
- 비용적 접근성으로서 경제적 능력에 따른 서비스 제한을 철폐한다.
- 거리적 접근성으로서 편리하고 가까운 지역을 중심으로 서비스를 제공한다.

4 사회성

지역사회는 사회 변화에 따라 도시가 형성되어 발전하고 쇠퇴하는 과정을 겪게 된다. 이러한 변화 과정을 통해 지역주민들은 다양한 경험을 하게 되고, 이에 적응하기 위해 상호 의존적 관계를 형성한다. 즉, 새로운 구성원은 기존의 사회체계에 적응할 수 있는 적절한 과정이 필요하고, 기존 구성원은 변화에 적응하기 위한 체제의 변화를 요구하게 된다. 이처럼 지역사회복지의 사회성은 사회적응성을 의미하며 문화성, 교류성 등으로 설명할 수 있다. 그리고 지역사회문제는 개인적 차원에 한정되지 않으므로 다양하고 복잡한 문제를 해결하기 위해 공공기관에서 실시하는 서비스와 민간 혹은 이웃주민 등이 연대하고 협력하는 참여 노력이 필요하다.

지역사회복지의 사회성은 중앙정부와 지자체 간의 역할, 지자체와 지역사회에서 활동하고 있는 민간단체 간의 역할이 강조된다. 즉, 중앙정부는 지자체에 권한과 재정을 이양하고, 지자체는 민간단체가 개입하고 실천할 수 있는 토대를 마련해 주는 체제의 전환이 필요하다. 이상에서 지역사회복지는 지역주민이 필요한 서비스를 제공할 수 있는 자립적 조직이라는 이상적 지역사회를 위한 실천 과정을 거친다. 이러한 과정은 지역사회복지가 지역사회에 있어서 지역주민의 참여에 의한 조직적 실천 노력임을 의미하는 것으로서, 그 원칙도 사회복지의 이념과 가치체계에 합당해야 한다.

2. 전문적 원칙

지역사회복지는 지역사회의 일반적인 특성은 물론 사회복지의 이념과 가치체계에 합당한 것이어야 한다. 지역사회복지의 전문적 원칙은 지역사회복지사업을 수행하는 데 있어서 올바른 행동과 규칙, 즉 무엇이 바람직하고 이상적인 지역사회복지인가에 대한 기준을 제시하고 있다. 지역사회복지의 전문적 원칙에 대해서 많은 학자들이 다양한 견해를 제시하였지만, 여기서는 로스(Ross)의 원칙, 맥닐(McNeil)의 원칙, 존스와 디마치(Johns & Demarche)의 원칙을 중심으로 살펴보고자 한다(최일섭, 류진석, 1996: 154-158).

1 로스의 원칙

로스(Ross)는 지역사회복지의 원칙에서 특정 구조나 체계를 강조하고 있으며, 특히 '추진회'를 통한 지역주민들의 광범위한 참여를 유도하는 특징이 있다. 이에 추진회의 활동 원칙을 제시하면 다음과 같다.

- 추진회는 지역사회에 나타나는 현존 문제와 조건에 대한 불만으로부터 이루어져야 한다.
- 현존 문제에 대한 불만은 그 문제에 대해 구체적인 계획을 세우고 실천에 옮길 수 있도록 집약되어야 한다.
- 지역사회에 나타난 현존 문제와 불만을 모든 지역주민들에게 널리 알려 새로운 인식을 갖도록 해야 한다.
- 추진회에는 지역사회의 주요한 하위집단에 의해 지목되고 수용될 수 있는 공식적 및 비공식적 지도자를 참여하게 해야 한다.
- 추진회는 지역주민으로부터 고도의 지지를 받을 수 있는 목표와 운영 방법 등 운영 단계를 거쳐야 한다.
- 추진회의 사업에는 지역주민들이 참여할 수 있도록 정서적 내용을 지닌 활동이 포함되어야 한다.
- 추진회의 활성화를 위해서 지역사회에 존재하는 현재적 및 잠재적 호의를 지역주민에게 적극 활용한다.
- 추진회는 회원 상호 간과 지역사회와의 활발하고 효과적인 의사소통의 통로를 개발해야 한다.

- 추진회는 지역사회의 협동적 노력을 위해 참여하고 있는 여러 집단을 지원하고 강화해야 한다.
- 추진회는 정상적 업무상의 결정 과정을 해치지 않는 범위 내에서 절차상에 있어서 융통성을 지녀야 한다.
- 추진회는 지역사회의 현존 조건과 특성에 따라 수행되는 복지사업에 적절한 보조를 맞추어야 한다.
- 추진회는 지역주민들의 의식 변화와 참여를 유도하는 효과적인 지도자를 개발하는 데 힘써야 한다.
- 추진회는 지역사회문제를 해결할 수 있는 능력을 갖춰야 하고 안정성이 있어야 하며 지역사회로부터 신망을 얻어야 한다.

이상에서 로스가 제시한 전문적 원칙은 현대사회의 도시화, 산업화 등으로 인한 지역이기주의로 인해 지역주민의 저조한 참여가 예상된다. 따라서 추진회를 통해 지역문제를 해결하기 위한 계획을 수립하고, 지역사회단체 간에 서비스활동을 조정하는 사회적 노력이나 계층 간의 불평등한 상황을 시정하려는 사회행동적 노력이 필요하다.

2) 맥닐의 원칙

맥닐(McNeil)은 지역사회복지의 전문적 원칙으로 다음과 같이 일곱 가지를 제시하고 있다.

- 지역사회복지는 지역주민과 그들의 욕구에 관심을 가져야 한다.
- 지역사회복지에 있어서 일차적 클라이언트는 지역사회이어야 한다.
- 지역사회는 현존 상태 그대로 이해되고 수용되어야 한다.
- 지역사회의 모든 주민이 보건과 복지서비스에 관심을 갖게 해야 한다.
- 지역사회는 계속 변한다는 사실과 지역주민의 욕구와 집단 간의 관

계도 계속 변한다는 현실을 인식해야 한다.

- 지역사회복지의 실현에 있어서 모든 지역사회단체는 상호 의존적이고 협력적이어야 한다.
- 지역사회복지는 과정으로서 사회복지의 한 분야로 인식해야 한다.

맥닐의 원칙은 일반적인 사회복지의 원칙을 지역사회복지에 맞게 적용했다는 것에 의미가 있다. 즉, 지역사회를 클라이언트로 인정하고 복지와 보건의 통합에 관심을 보이고 있으며, 지역사회에 존재하는 사회복지단체와의 연계와 협력을 강조하고 있다.

3 존스와 디마치의 원칙

존스와 디마치(Johns & Demarch)는 지역사회복지의 전문적 원칙을 수단과 방법적 측면에서 다음 열세 가지로 제시하고 있다.

- 지역사회복지는 목적이 아니라 수단을 강조한다.
- 지역사회는 특성에 따라 효과적으로 돕기 위해서 개별화해야 한다.
- 지역사회는 자기결정의 권리를 갖는다.
- 지역사회복지의 토대에서 사회적 욕구를 이해한다.
- 지역사회단체의 이익보다 지역주민을 위한 사업의 선정을 먼저 고려해야 한다.
- 지역사회단체의 조정은 성장을 위한 과정이어야 한다.
- 지역사회복지를 수행하기 위한 구조는 가능한 한 단순해야 한다.
- 지역사회복지는 공평하게 분배되고 평등하게 이용해야 한다.
- 지역문제 해결의 접근 방법에 다양성이 존중되어야 한다.
- 지역사회복지협의체에는 광범위한 집단의 이익이 반영되어야 한다.
- 지역사회단체의 운영과 사업에 집중과 분산 간 균형이 있어야 한다.

- 지역사회단체 간 의사소통을 가로막는 장애가 제거되어야 한다.
- 지역사회복지는 반드시 전문가의 도움이 있어야 한다.

이상에서 여러 학자들의 전문적 원칙을 종합적으로 정리하여 제시하면 다음과 같다.

- 지역사회복지는 지역주민의 욕구와 문제를 우선적으로 반영하여야 한다. 지역사회복지의 원칙은 지역주민의 욕구를 충족시키고자 하는 사회복지사업의 한 과정이다. 따라서 지역주민의 욕구는 자발적이어야 하며 사회복지기관의 이익을 위해 조작되거나 강요되어서는 안 된다.
- 지역사회의 문제해결에는 지역주민의 광범위한 참여가 있어야 한다. 주민 참여는 자발적으로 일어나야 하며, 주체적인 지역주민의 입장에서 권한과 책임감을 가지고 이루어져야 한다.
- 지역사회복지는 전통적인 사회복지 실천 원칙에서와 마찬가지로 지역사회를 있는 그대로 수용하고 그 특성을 개별화해야 한다. 그리고 지역사회복지를 증진하기 위해 결성된 지역사회복지협의체는 사회복지서비스의 조정을 통해서 제한된 복지 자원을 효율적으로 활용하고 연계해야 한다.

제3절 지역사회복지의 실천 과정

지역사회복지실천은 일련의 과정을 통해서 이루어지는데, 그 과정은 학자마다 약간씩 차이가 있다. 지역사회복지의 실천 과정은 지역사회의 환경적 특성과 대상자의 특성을 파악하는 과정을 통하여 지역사회의 문제를 발견하고 사정한다. 그리고 지역사회의 문제해결을 위한 목표를 수립하고, 목표 달성을 위한 대안을 선정하여 실행하며, 종결과 평가 과정을 거친다. 여기서는 지역사회복지의 실천 과정을 네 단계로 구분하여 살펴보고자 한다.

1. 지역사회의 문제 발견과 사정

(1) 지역사회 사정의 정의

지역사회 사정은 지역주민이 고통받고 있는 문제를 중심으로 그들에 의해 표출된 불만과 당면 문제를 발견하는 것을 말한다. 지역사회는 사회적 안정과 질서 유지를 위하여 사회적 규범을 정하는데, 사회적 규범을 위반하는 것이 사회문제라고 할 수 있다. 그리고 지역사회 사정은 지역사회의 욕구와 이것을 해결할 수 있는 역량에 대한 정보를 수집, 분석, 보고하는 과정이다. 과거의 지역사회 사정은 욕구사정(need assessment)에 한정되어 결핍 모델(deficiency model) 혹은 전문가 모델이라고 비판을 받았다. 이 모델은 지역사회가 지닌 욕구를 지역사회 내부에서 해결할 수 없기 때문에 외부전문가의 도움이 필요하다고 주장한다. 즉, 지역사회가 자신의 문제를 해결할 역량을 지니고 있지 못하다는 가정에서 출발하였다.

최근의 지역사회 사정은 지역사회의 자산과 자원을 강조하며, 역량 모델(capacity model)로서 지역사회가 문제해결의 주체가 되어야 한다는 점을 강조한다. 지역사회 사정은 지역사회를 변화하려는 실천활동으로서 종합적이고도 정확한 정보를 요구한다. 따라서 지역사회 사정은 사회복지사를 비롯한 실천가들에게 자신감과 정확한 판단의 기초를 제공해 준다. 사정 준비 과정이 지역주민의 관심과 참여를 높이는 계기가 되기도 한다.

(2) 지역사회 사정의 유형

지역사회에 나타나는 문제를 도출하여 해결하기 위해서는 우선 당면 문제에 대한 구체적인 사정이 있어야 한다. 지역사회 사정의 유형을 몇 가지 제시하면 다음과 같다.

- 포괄적인 사정(comprehensive assessment)이다. 이 사정은 지역문제를 철저한 방법론에 기초하여 포괄적으로 조사한다. 즉, 일차적 자료의 생성과 함께 전체 지역문제를 포함한다.
- 문제 중심의 사정(problem-oriented assessment)이다. 이 사정은 전체 지역사회와 관련되지만, 지역사회의 주요 문제에 초점을 두고 조사한다. 즉, 아동 보호, 정신건강 등 지역사회의 특정 문제를 중심으로 접근한다.
- 하위체계의 사정(subsystem assessment)이다. 이 사정은 전체 지역사회를 사정하는 것이 아니라, 지역사회의 특정 부분을 조사한다. 학교, 종교기관, 보호기관 등 클라이언트와 관련된 지역사회의 하위체계에 초점을 둔 사정이다. 특히 하위체계의 역동성을 고려하여 옹호지향적 하위체계의 사정, 서비스지향적 하위체계의 사정 등이 있다.
- 자원의 사정(resource assessment)이다. 이 사정은 지역사회에서 이용할 수 있는 네 가지 영역인 권력, 전문기술, 재정, 서비스 등을 조사한다. 즉, 자원의 사정은 지역사회의 자원을 활용할 수 있도록 할당하고 클라이언트에 대한 자원의 연결, 클라이언트의 욕구와 관련하여 자원의 효과성 등을 사정한다. 특히 자원의 사정은 클라이언트의 욕구보다 이용 가능한 자원의 본질, 운용, 질 등에 초점을 둔다.
- 협력적인 사정(collaborative assessment)이다. 이 사정은 지역문제의 해결을 위해 참여한 자들이 협력적으로 조사한다. 즉, 모든 참여자들이 완전한 파트너로서 지역문제에 대해 조사 계획, 참여 관찰, 자료

분석, 실행 국면 등의 사정에 역점을 둔다.

(3) 지역사회 사정의 내용

1 지역사회의 욕구 파악

지역사회 사정에서는 지역사회의 문제와 지역주민의 욕구를 우선적으로 파악해야 한다. 지역사회의 문제와 욕구는 공통적 형태로서 집단가치를 보유하며, 현 상황에 대한 불만의 표현이라 할 수 있다. 브래드쇼(Bradshow)는 지역사회의 욕구를 네 가지로 구분하여 제시하였다.

- '규범적 욕구'는 지역사회의 전문가나 기존 자료에서 제시한 목표기준에 의거한 욕구를 말한다. 즉, 이 기준에 미달하면 욕구가 존재한다고 본다. 욕구에 대한 계량화가 쉽기 때문에 객관성을 확보할 수 있으나, 욕구의 상대성을 무시한다는 지적을 받고 있다.
- '인지적 욕구'는 지역사회의 누군가의 의견이나 관찰에 바탕을 둔 욕구 개념을 말한다. 이는 구체적인 자료를 통해 입증된 것은 아니다. 지역주민들이 자신의 욕구를 느낌에 따라 규정되는 것으로서, 흔히 느껴진 욕구라고도 한다. 지역사회의 욕구에 대한 다양한 기준이 존재할 가능성을 염두에 두어야 한다.
- '표출적 욕구'는 지역사회의 인지적 욕구가 구체적인 행동으로 표현된 것을 말한다. 여기에서 욕구란 요구하는 사람들의 수에 의해 결정되며, 표출적 욕구는 지역사회복지의 분야에서 가장 일반적으로 사용하는 욕구의 기준이 될 수 있다.
- '상대적 욕구'는 지역사회에서 제공되는 서비스의 수준과 양의 차이로 나타난다. 이는 비교욕구라고 지칭하며, 여타 지역사회와의 비교를 통한 상대적인 불평등 욕구라고 할 수 있다.

2 지역사회의 자원 파악

지역사회는 당면한 지역문제를 해결하기 위해서 먼저 지역사회 자원을 파악해야 한다. 지역사회 자원으로서 인적 자원, 물적 자원 등을 파악하여 지역문제의 해결에 적절히 활용할 필요가 있다. 지역사회 자원을 파악하기 위해서는 지역사회의 유기적 협력과 연대를 통한 상호 의존적 관계를 형성해야 한다. 지역사회의 문제는 한 개인의 노력만으로는 해결이 불가능하며, 지역주민들이 참여하여 자원 확보를 통해 접근해야 한다. 지역주민들은 지역사회를 통해서 생활에 필요한 자원을 확보할 수 있다. 그리고 지역사회의 문제는 지역주민의 공통 문제이기 때문에 문제해결에 동참할 수 있는 지지자들의 후원이 매우 중요하다.

3 지역사회의 특성 파악

지역사회의 특성은 인구사회학적 특성, 주민의 가치 및 의식구조, 권력구조 및 지역사회 자원의 확보 등에 있다. 즉, 지역사회는 여타 지역과 구분되는 동질적 특성이 있으며, 이를 통해 지역주민들이 소속감과 집단응집력을 높일 수 있다. 또한 지역사회는 개방성이라는 특성이 있다. 이러한 개방성은 지역주민의 역동성과도 관련이 있으며, 상호작용의 범주를 통해 파악할 수 있다.

따라서 지역사회의 특성을 잘 이해하고 지역사회의 동질성과 역동성을 파악하기 위해서는 지역사회의 특수성에 대한 이해뿐만 아니라, 지역사회 내 구성원들의 중심된 가치와 신념체계를 파악하는 것도 중요하다. 이를 통해 지역사회에 당면한 문제들을 지역 특성에 따라 적절히 대처하고 예방할 수 있다.

2. 지역사회의 목표 수립

(1) 목표 수립의 원칙

목표 수립은 지역주민의 기대 결과나 원하는 미래에 대한 일반적 기술이라 할 수 있다. 지역사회의 목표는 일을 수행하기 위한 방향으로서 구체적으로 해결해야 할 내용이 무엇인지, 어느 정도 진행되고 있는지 등을 분명하게 명시해야 한다. 목표 수립은 구체적인 사업 내용을 담아야 하고, 사업 결과에 대한 측정이 가능해야 하며, 목표는 성취할 수 있는 것이어야 한다. 특히 지역사회의 목표 수립에 적합한 것이어야 하고, 시간적 틀이 분명하며 도전적인 내용이어야 한다.

(2) 목표의 내용

목표는 해결해야 할 사업과제를 명시하는 과정으로서, 변화 가능성을 예측할 수 있어야 한다. 지역사회의 목표는 변화를 위한 사회적 자원을 명시하여 동원할 수 있어야 한다. 이를 위해 지역사회의 목표를 기획하는 지역사회복지사는 다양한 경험을 축적하는 것이 필요하며, 유사한 지역문제를 해결한 사례를 다양하게 분석하는 것이 바람직하다. 목표는 행태적 목표, 결과적 목표, 과정적 목표 등으로 제시할 수 있다.

- 행태적 목표는 지역주민들의 행태와 행태의 산물을 바꾸는 것에 역점을 둔다.
- 결과적 목표는 성과적 목표로서 구체적인 결과를 얻는 것에 초점을 둔다.
- 과정적 목표는 목표 계획을 수립하는 과정 자체에 역점을 둔다.

(3) 대안 모색 및 선택

대안 모색과 선택은 지역문제와 상황을 파악하여 이를 해결할 수 있는 다양한 방법을 찾기 위한 탐색 과정을 의미한다. 즉, 지역사회의 설정된 목표에 대한 여러 가지의 대안을 모색하고, 가장 합당한 선택을 통해 당면 문제를 해결하고자 한다. 따라서 지역사회의 대안 모색과 선택은 지역문제의 해결 방안을 제시하고, 가장 현실적이며 실현 가능한 최선의 방안을 모색하는 과정이라 할 수 있다.

3. 지역사회의 목표 실행

지역사회의 목표 실행은 계획된 목표에 개입하는 과정을 말한다. 즉, 지역사회의 주요 인력을 확보하고 조직화된 집단의 집행부를 구성하고, 목표 실행에 필요한 재원을 확보하여 프로그램 실천 과정이 이루어진다. 이에 목표 실행은 홍보활동, 조직화, 연계협력, 사회행동 등으로 제시할 수 있다.

1 홍보활동

지역사회의 홍보활동은 일차적으로 모든 지역주민의 당면 문제를 알리고, 궁극적으로 이슈화된 지역문제를 지역주민들과 공유하는 것을 말한다. 여기에서는 지역주민의 적극적인 참여를 통해 스스로의 문제의식을 공유하고 문제를 어떻게 해결할지 나누는 의사소통의 과정이 반드시 필요하다. 즉, 의사소통의 과정을 통해 지역문제를 알리고, 문제해결의 당위성을 지역주민뿐만 아니라 지역사회 전체에 알려야 한다. 따라서 가장 효과적인 홍보 방법은 매스컴이다. 신문, 텔레비전, 라디오, 잡지, 주민소식지, 리플릿, 인터넷 등을 최대한 활용하여 지역주민과 공감대를 형성하려는 노력이 홍보활동이다. 그 외에도 주민좌담회, 반상회, 각종 모임, 비공식적 모임 등이 있다.

2 조직화

지역사회의 조직화는 지역문제와 욕구의 발견과 그에 대한 해결 방법을 모색하기 위한 지역주민의 참여를 말한다. 현대사회는 지역이기주의로 인해 지역주민들의 참여가 소극적인 것이 사실이다. 따라서 지역주민의 조직화를 위해서는 우선 지역주민의 의식 변화를 유도하고, 참여를 독려하며, 주민조직과 단체를 육성하고 강화해야 한다. 조직화는 무엇보다 지역사회 내의 지도자를 육성하고 민주적 의사수렴의 과정을 수립하여 지역주민에게 신뢰를 형성하는 것이 중요하다.

3 연계협력

지역사회의 연계협력은 지역문제를 해결하기 위해 하나의 조직으로 충분한 효과를 발휘하기 어렵기 때문에 지역문제와 관련된 다양한 조직체를 연계하여 활동하는 것을 말한다. 즉, 지역사회의 다양한 조직체는 하위조직 간에 의사가 일치해야만 각 조직에 도움이 될 수 있는 협력체제를 구성할 수 있다. 따라서 지역사회의 하위조직 간 연계활동은 지역문제 해결을 위한 공감대 형성과 목표를 공유할 수 있다는 점에서 매우 필요하다.

4 사회행동

지역사회의 사회행동은 지역문제를 해결하는 과정에서 다양한 협상을 이끌어 내는 활동이다. 사회행동은 지역사회의 다양한 욕구와 이익관계에 따라 지역주민들의 적극적 호응을 얻어 내는 것이 중요하다. 즉 지역사회의 약자들 편에 서서 그들을 옹호하고 권익을 대변해 주는 활동을 말한다.

4. 프로그램의 종결 및 평가

프로그램의 종결 및 평가는 구체적인 목표가 수립되고 실행된 이후, 활동 내용을 중심으로 한 목표 달성의 정도와 추진 과정 등을 말한다. 이에 프로그램의 종결 및 평가를 평가의 목적, 평가의 유형, 평가의 기준으로 제시하고 있다.

(1) 평가의 목적

평가의 목적은 수행한 프로그램이 얼마나 성과가 있는가를 측정하는 데 있다. 평가의 목적을 구체적으로 몇 가지 제시하면 다음과 같다.

- 책임성의 재고다. 이는 정책결정자가 프로그램의 질과 효과에 대해서도 적극적으로 책임을 져야 한다는 것이다.
- 프로그램의 향상이다. 프로그램이 최선의 방법으로 수행되고 있는가에 대한 여부를 판단하거나 문제해결을 위한 새로운 대안 마련을 위한 것이다.
- 기초지식의 발전이다. 사회현상에 대한 새로운 지식을 발전시키고 장기적으로 이를 지역문제의 해결에 응용하는 것이다.

(2) 평가의 유형

평가의 유형은 지역사회의 특성에 따라 다양하게 제시할 수 있다. 여기서는 평가의 유형을 크게 총괄평가와 형성평가로 구분하여 제시하고자 한다.

- 총괄평가(summative evaluation)는 프로그램이 달성하고자 하는 목표를 얼마나 잘 성취했는지 여부에 대한 평가를 말한다. 즉, 프로그램

의 결과와 효과를 평가하는 데 초점이 있으며, 대개 프로그램 시행이 종료된 이후에 실시한다.

- 형성평가(formative evaluation)는 프로그램이 수행되고 전달되는 과정 중에 실시하는 평가를 말한다. 즉, 프로그램의 문제점을 관찰하여 수정, 확대, 개선 등에 도움이 되는 정보를 제공하는 데 목적이 있다.

(3) 평가의 기준

평가의 기준은 평가를 위한 척도라 할 수 있다. 프로그램의 성패를 판단하기 위해서 어떤 측면을 평가의 초점 또는 대상으로 설정할 것인가에 대한 기준을 말한다. 이에 평가기준과 평가요소의 예는 〈표 5-1〉과 같다(한동우, 2001: 131-132).

표 5-1 평가기준과 평가 요소의 예

평가기준	정 의	평가 요소의 예
노력 (effort)	프로그램 활동의 양	프로그램의 투입 요소와 전환 과정 -단위활동의 수 -이용자의 수 -전문지식과 기술의 소유와 활용 정도(전문인력의 수) -프로그램 예산 및 자원 -프로그램 기간 및 하위활동의 단위기간 -프로그램 활동에 대한 전문인력의 투입시간
효율성 (efficiency)	산출대비 비용 정도	서비스 단위 산출당 소요비용 -프로그램 노력(위의 요소들)에 대한 비용 -프로그램 결과에 대한 비용
효과성 (effectiveness)	프로그램 목표의 달성 정도	목표 달성과 프로그램 노력과의 인과관계 -이용자의 인지적 · 감정적 변화 -이용자의 행동상 변화 -이용자집단(clientele)의 사회적 변화

(계속)

영향 (impact)	사회문제나 이용자 욕구 변화에 미친 영향	프로그램 노력과 사회적 지표 변화 간의 관계 –위기집단과 표적집단 내의 변화 정도 –사회지표상의 변화에 대한 실증적 기대 정도
품질 (quality)	프로그램의 전문성	프로그램 제공자의 전문성 –서비스 인력의 전문자격 소유 여부와 정도 –프로그램 활용의 전문지식과 기술의 발전 상태
과정 (process)	프로그램 결과의 정도	프로그램 운영상의 매개체 –세부목표(수단적 목표)들의 달성 정도와 연계성 –세부목표와 프로그램 결과 사이의 영향 정도의 차이
형평성 (equity)	프로그램 배분의 공평성	프로그램 접근성 –대상집단에 동일한 접근 기회의 여부와 정도 –프로그램 활동이 균등하게 배분되는 정도

생각해 볼 문제

1. 지역사회의 기초적 접근과 사회·경제적 접근 관점을 간략히 설명해 보라.

2. 지역사회복지의 일반적인 실천 원칙 네 가지를 제시해 보라.

3. 지역사회복지의 전문적 원칙을 학자별로 간략히 설명해 보라.

4. 지역사회복지의 실천 과정 네 가지를 설명해 보라.

5. 지역사회복지의 평가기준 및 평가 요소를 제시해 보라.

제 2 부

Community welfare

지역사회복지 개입론

제6장

지역사회복지와 주민조직화

지역사회복지에서 지역사회의 욕구나 문제의 해결은 참여주체들의 조직화 정도에 따라 큰 영향을 받게 된다. 주민조직화는 각 개인이 해결하기 어려운 문제를 공동으로 대처함으로써 보다 효과적이고 효율적으로 해결할 수 있는 방법이다. 주민조직화는 사회복지운동으로서 주민 참여가 핵심 가치이며, 지역주민들이 전달하는 사회 현실의 경험들을 직접 반영할 수 있어야 한다. 특히 사회행동의 전략과 대응으로서 지역주민이 참여할 수 있는 통로를 확보할 필요가 있다. 이 장에서는, 첫째 주민조직화의 개념, 둘째 지역사회복지와 주민 참여, 셋째 주민조직화의 방안 등을 중심으로 살펴보고자 한다.

Community welfare

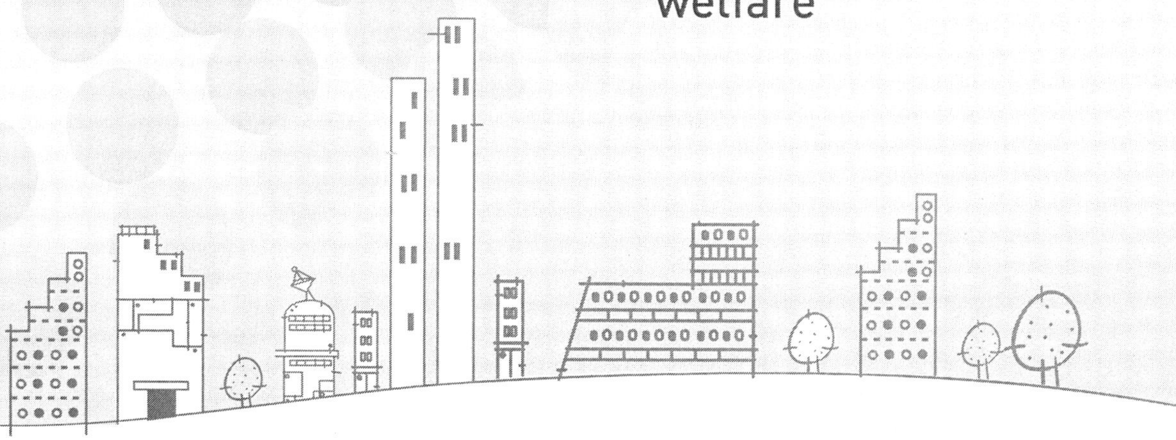

제1절 주민조직화의 개념

1. 주민조직화의 정의

주민조직화는 지역사회 내에서 지역사회 자원을 동원하여 지역문제를 해결하고 생활의 질을 향상시키기 위하여 주민 참여를 촉진하기 위한 활동을 말한다. 즉, 지역사회복지 실천의 하위개념으로서 지역사회조직화(community organizing)와 동일하게 사용하고 있다. 비클렌(Biklen, 1983: 56)은 주민조직화를 지역주민들의 욕구를 발견하고 지역문제로 이슈화함으로써 그들을 참여시키는 활동의 과정이라고 정의하였다. 루빈과 루빈(Rubin & Rubin, 1992: 10)은 지역사회활동의 목표가 지역주민들이 겪고 있는 당면 문제들을 집단적으로 해결하는 것이며, 중요한 임무는 개인적 문제를 공공의 문제로 전환하는 것이라고 정의하였다. 이에 주민조직화의 목표는 민주적인 조직을 건설함으로써 지역주민들의 능력을 키우는 것이며, 이를 통해 그들의 삶을 통제하는 권력을 보다 강화시키는 것이라고 강조하였다.

지역사회조직은 지역사회에 존재하는 문제를 예방하고 해결하기 위한 조직적이고 체계적인 개입이며, 지역주민들의 삶의 질을 향상시키기 위한 사회복지의 지식과 기술을 활용하는 실천 방법이라고 할 수 있다(최일섭, 류진석, 1996: 35). 지역사회조직의 목표는 다음과 같다.

- 지역주민과 주민집단의 조직화된 기술을 개발한다.
- 지역주민을 지역사회단체의 사회경제적 투자에 연결한다.
- 지역문제를 해결하는 데 폭넓은 연대를 옹호한다.

- 사회정의의 관점에서 지역사회계획 과정을 고취하고자 한다. 즉, 지역사회조직은 민주적 과정에 참여를 강화하고 지역사회의 욕구를 대변하며 사회정의를 위한 조직을 형성하는 것을 의미한다(NASW, 1995).

이상의 내용을 종합해 보면, 주민조직화는 지역주민을 조직하여 지역사회를 변화시키기 위한 운동이며, 특정한 조건들을 이슈화시켜 여타 사람들도 깨닫도록 하는 참여운동이라 할 수 있다. 특히 주민조직화를 실천하기 위해서는 지역사회에서 발생하는 문제를 공동의 문제로 인식하고, 사회문제화되는 것을 단기적으로 해결해야 한다. 그리고 주민조직화를 통해 참여한 지역주민들이 공동체의식 및 변화 의지 등의 역량을 강화하며, 그들의 자립의지로써 삶의 질을 개선하고 고취하는 것이 중요하다.

2. 주민조직화의 목표

주민조직화는 지역문제를 해결하기 위해 지역주민과 사회적 약자를 참여시키고 지속적으로 조직을 강화하는 과정에 개입되는 전략이다. 루빈과 루빈은 성공적인 지역사회조직화가 지역문제의 해결, 복지와 권력 배분의 불평등 해소, 민주적 가치와 실천의 이행 및 향상, 개인의 잠재력 성취, 지역사회 강화 등의 목표를 강조한다고 하였다. 지역사회조직화의 목표를 구체적으로 제시하면 다음과 같다(Rubin & Rubin, 1992: 10-16).

- 지역문제의 해결은 지역주민의 삶의 질에 영향을 주는 당면 문제를 공동으로 대처함으로써 접근해야 한다.
- 복지와 권력 배분의 불평등 해소는 지역주민들에게 복지와 권력을 더욱 공정하게 분배해야 이루어진다.

- 민주적 가치와 실천의 이행 및 향상은 지역주민들의 삶에 영향을 미치는 결정 과정에 그들을 참여시킴으로써 민주주의를 향상시키는 것이다.
- 개인의 잠재력 성취는 지역사회조직을 통해 지역주민들의 일상생활 향상과 효율성을 증대시키고 잠재력을 성취할 수 있도록 도움으로써 이루어진다.
- 지역사회 강화는 지역주민을 조직화하여 힘 있고 유능한 존재가 되도록 역량을 강화하는 것이다.

이상에서 주민조직화는 지역문제를 해결하는 과정에 지역주민들이 참여하여 자신의 잠재력을 발휘하고 소속감과 공동체의식을 고양하는 것을 의미한다. 이를 통해 자신이 지역사회의 존재임을 확인하고, 공동의 노력을 통해서 지역문제 해결이 가능함을 인식하는 것으로 해석할 수 있다. 또한 주민조직화는 많은 지역주민들의 힘을 집약하고 배가시키는 민주적 조직들을 구축함으로써, 그들의 문제해결능력을 강화하고 조직을 구축하는 중요한 함의를 지닌다.

던햄은 주민조직화의 목표를 과업 중심의 목표(task goals), 과정 중심의 목표(process goals), 관계 중심의 목표(relationship goals) 등으로 구분하여 제시하였다(Dunham, 1970). 첫째, 지역사회의 광범위한 욕구를 충족하고 욕구와 자원 간의 조정과 균형을 도모한다. 둘째, 지역주민들의 참여, 자조, 협동능력 개발, 강화 등을 유지하고 효과적으로 대처하도록 한다. 셋째, 지역사회와 집단들 간의 관계와 의사결정권의 분배와 변화를 초래한다.

한편 로스만(Rothman, 1995: 27-33)은 주민조직화의 목표를 과업 중심의 목표와 과정 중심의 목표로 제시하였다.

- 과업 중심의 목표는 구체적인 사업을 성공적으로 수행하거나 지역사

회의 기능과 관련된 문제를 해결하는 데 관심을 두고 있다. 즉, 서비스를 제공하거나 새로운 서비스를 모색하고 특수사회입법을 통과시켜 문제를 해결할 수 있도록 하는 내용 등을 담고 있다.

- 과정 중심의 목표는 체제의 유지와 기능을 강화하는 일에 초점을 두고 있다. 즉, 다양한 집단들 사이의 협력적 관계 수립, 자기유지적(self-maintaining) 구조의 확립, 문제해결에 필요한 역량 강화, 지역주민의 참여 유도, 자생적인 지도력의 강화 등을 주된 내용으로 하고 있다.

이상에서 살펴본 것과 같이 주민조직화란 지역사회의 문제를 보다 효과적으로 대처하기 위해 개인과 지역사회의 역량 강화를 목표로 하고, 지역주민을 대상으로 주민이 주체가 되는 조직을 형성하며, 이를 통해 지역사회의 지속적인 변화를 추구하기 위한 지역사회 참여 활동으로 정의할 수 있다.

3. 주민조직화의 사회적 기능

지역사회복지의 증진을 위해서는 주민 참여의 실제적인 전략으로서 주민조직화의 중요한 가치가 요구된다. 즉 지역사회복지는 자발적인 주민조직화를 통해 실제적으로 사회적 기능이 이루어져야 한다. 우리나라 지역사회복지관은 영국과 미국에서 처음 시작되었을 당시와 같이 사회개혁의 이념을 상실하고 있다. 즉, 지역주민들의 다양한 문제에 대해 그들을 둘러싼 사회환경의 개선에 초점을 맞추기보다는 그동안 권위주의적 정권의 이데올로기에 순응해 클라이언트의 개인적인 직접 서비스에 치중해 왔다. 이를 통해 지역사회조직사업이 활성화되어 있지 않았던 것으로 볼 수 있다.

의사결정의 과정에 수혜대상자인 지역주민이 참여함으로써 복지관의 기능을 대폭 활성화해야 함에도 불구하고, 지금까지는 지역사회복지관이 지역주민을 위한 프로그램의 개발과 실천을 시행하는 과정에서 지역주민을 배제해 온 것이 사실이다. 그러나 지역사회복지관과 민간복지활동의 한계가 시민단체의 사회복지활동을 통해 상당 부분 극복되고 있다. 특히 시민단체의 사회복지활동은 지역주민 참여를 기반으로 하고 있는 것은 물론, 개인의 문제에 있어서 개인과 사회의 책임을 동시에 요구하는 이중적 초점을 견지하고 있다. 이와 같은 시민단체의 정체성을 반영하는 사회적 기능에는 지역사회복지를 쟁점으로 하는 사회적 제안, 행정 참여, 중재·조정, 감시·통제 등의 기능이 있다(윤경환, 1999).

- 사회적 제안의 기능은 지역사회단체의 본질적 활동으로서 다양한 이슈를 제안하는 것을 말한다. 이는 지역사회의 많은 문제를 사회적 쟁점 혹은 관심사로 부각시켜 지역사회로 확산시키거나 정책문제로 전환하는 것을 의미한다. 지역문제를 사회적 쟁점으로 부각하기 위한 적극적 방법의 하나로서 교육적 기능이 포함될 수 있다. 이에 시민단체는 간행물, 캠페인, 언론보도 등을 통해 지역주민들이 알지 못하는 사실들을 알려 주고, 그들의 지식을 넓혀 주면서 지역사회를 기반으로 여러 문제들을 쟁점화시켜 나가게 한다.
- 행정 참여의 기능은 지역주민의 참여를 활성화하여 참여민주주의를 실현하는 것을 말한다. 즉, 정치와 행정 참여를 통해 정부의 정책 과정에 많은 정보가 전달되도록 하여 정책 능력을 고양하고, 행정 참여의 과정을 통하여 지역사회의 갈등이나 분쟁 등을 해소해 나갈 수 있도록 한다.
- 중재조정의 기능은 고도로 분업화, 전문화, 다양화된 현대사회에서는 지역사회 내의 집단 간, 계층 간에 많은 이해관계들이 서로 얽혀

있으므로 이를 중재하는 것이 필요함을 말한다. 지역사회의 이해관계는 복잡한 역학관계를 가지고 있기 때문에 해결이 쉽지 않다. 그러므로 객관적이고 공정한 해결을 위해서는 중립적인 제3자의 중재나 조정이 필요하다. 즉, 지역주민들의 신뢰를 바탕으로 형성된 시민단체가 이 기능을 담당하여 모든 사안을 공정하고 합리적으로 처리해 나감으로써 계층 간의 갈등을 해소해야 한다.

- 감시 · 통제의 기능은 정부가 국가권력의 주체로서 정책활동의 당사자이므로 민간이 정부활동을 감시하는 것을 말한다. 감시자로서 대표적인 집단은 시민단체가 될 수 있다. 그러므로 시민단체는 정부의 부정과 무사안일한 태도를 감시하고 고발하며 공공정책을 비판해야 한다. 또한 시민단체는 적합한 대안을 제시하는 역할을 수행하되, 감시자로서 지역주민의 신뢰와 이해의 바탕으로 통제의 기능을 수행해야 한다.

따라서 시민단체는 복지국가의 시대에 공공부문이 이룩할 수 없는 지역사회복지의 기능을 수행할 필요가 있다. 즉, 시민단체는 지역사회에서 요구되는 사회복지 수요에 대한 공급원으로서 큰 역할을 할 수 있다. 이러한 기능을 가진 시민단체의 역할, 정체성에 대한 중요성 등은 지방자치의 정착으로 인해 점점 증대되고 있다. 지방자치제가 제 기능을 발휘하기 위해서는 지역 단위의 시민단체가 형성되고 지역주민들의 자발적인 의사로 지역문제에 대한 문제 제기가 있어야 한다. 그것이 지방자치기구에 수용되고 정책화되어야 지역문제의 근본적인 해결이 가능하다. 즉, 지역사회를 중심으로 시민단체를 활성화하여 지역주민의 삶의 질 향상을 도모할 수 있다.

제2절 지역사회복지와 주민 참여

1. 주민 참여의 정의

주민 참여는 정치사회적 환경의 변화로서 지역사회복지의 활성화를 위해 가장 많이 사용되고 있다. 즉, 주민 참여는 지역주민의 복지 실현을 위한 핵심 요소로서 주민 참여가 '바람직하다'는 점에 대해 대체로 합의가 이루어져 있다. 그러나 개념, 본질, 방법 등의 문제에 대해서는 다양한 의견이 제시되고 있다. 주민 참여에 대한 주요 학자들의 정의를 살펴보면 다음과 같다.

커닝햄(Cunningham, 1972: 595)은 주민 참여란 "지역사회의 일반 주민이 그 지역사회의 일반적 사항과 관련된 결정에 대하여 권력을 행사하는 과정"이라고 정의하였다. 헌팅톤과 넬슨(Huntington & Nelson, 1976: 5)은 주민 참여를 "정부의 정책 결정에 영향을 미칠 의도를 가진 일반 주민의 행위"라고 정의하였다. 그리고 최일섭과 류진석(2005)은 주민 참여란 "지역주민들이 정부의 공식적인 의사 결정 과정에 관여하여 주민들의 욕구를 정책이나 계획에 반영되도록 하는 적극적인 노력"으로 정의하고 있다.

이상에서 주민 참여는 지역주민들이 자발적으로 참여하여 국가의 정책 결정에 적극적으로 주민의 의사를 반영하고, 그들의 욕구를 충족시킬 수 있는 정책 입안을 결정하여 지역주민들의 문제를 해결하고자 하는 노력의 과정이라 할 수 있다. 따라서 주민 참여의 특징을 몇 가지 제시하면 다음과 같다(박태영, 2003).

- 지역주민이 주체가 되어 지역문제를 해결함으로써 그들의 생활상 욕구에 즉각적으로 대응하게 한다. 즉, 지역주민들이 환경문제나 교통

문제는 물론, 일상생활에 밀접한 영향을 미치는 사항과 관련하여 상호 이해관계나 의견의 상충 및 대립을 조정할 수 있다.

- 지역문제와 욕구를 해결하는 과정에 지역주민이 직접 참여함으로써 공동체의식을 고취시킨다. 즉, 지역주민들이 당면한 지역문제에 대해 자신감과 책임감을 가지고 서로 공동체감을 가질 수 있다.
- 주민 참여는 지역주민의 다양한 의견과 욕구, 민간 차원을 파악할 수 있는 기회를 제공한다. 즉, 지역사회와 지역주민에 관한 정보 수집으로 지역 특성에 적합한 사업을 계획하고 수립하는 데 용이하다.
- 주민 참여는 정부나 지방자치단체 또는 민간단체 등에서 실시하는 지역복지사업에 많은 도움을 준다. 지역복지사업에 관한 자료나 정보를 지역주민에게 직접적으로 알리고 홍보함으로써 지역주민이 수혜 받을 기회를 더 많이 갖도록 한다.
- 지역사회복지와 관련된 새로운 정책의 계획이나 입안 등에 지역주민이 직접 관여한다. 지역사회의 정책 결정에 참여하여 동의와 승인을 함으로써 지역사회복지에 대한 지역주민의 협조와 지지를 확보할 수 있다.
- 주민 참여는 지역주민뿐만 아니라 타인과의 상호작용을 통하여 삶의 터전을 유지하고 주민 상호 간 신뢰감을 확보하도록 한다. 지역사회복지와 관련된 제반 문제나 지역주민의 생활상 문제가 대부분 지역사회에서 나타나므로, 지역주민의 주체적인 역할과 적극적인 참여로 지역문제의 해결과 지역주민의 욕구를 충족시켜 줄 수 있다.

2. 주민 참여의 배경

주민 참여는 지역주민들의 기능성과 목적성에 근거하여 공공문제에 대한 영향력을 행사한다. 이는 지역사회복지에 직접적 또는 간접적으로 개입하려는 단순한 인식이나 태도가 아닌 명시적인 활동이라 할 수 있다. 지역사회복지의 실천에서 주민 참여가 부각된 주요 배경을 살펴보면, 1987년 6·29선언 이후 활발해진 시민운동과 시민단체의 증가, 지역주민의 의식 고양에 따른 복지 욕구의 증대, 지역사회복지관과 민간기관의 증설, 자원봉사활동 등을 들 수 있다(박태영, 이성희, 김윤경, 2000). 이에 주민 참여의 주요 배경을 구체적으로 제시하면 다음과 같다.

- 초기 시민운동은 노동운동과 같이 저항적이고 투쟁적인 성격을 띠었으며 점차 주민참여운동이 시작되었다. 우리나라의 시민운동은 1987년 6월 민주항쟁을 계기로 시민들의 폭발적인 정치 참여가 이루어짐으로써 시작되었다. 이후 1989년 경제정의실천시민연합을 시작으로 시민단체활동이 본격화되었다. 1990년대에 활기를 띠기 시작한 환경운동, 주거운동 등은 시민의 권리 찾기 의식을 점차 확산시켰다. 즉, 1990년대에는 많은 시민단체가 설립되면서 운동의 영역도 다양화되고 참여 계층도 확대되는 등 외형적으로 급성장하게 되었다.
- 지역주민들이 의식 고양에 따른 복지 욕구가 증대되면서 주민참여운동이 대두되었다. 우리 사회가 점차 발전되고 새로운 사회문제들이 발생됨에 따라 사회복지는 일반적으로 도움이 필요한 사람들을 보호하는 입장보다 '공동참여에 의한 공동의 복지' 라는 입장을 견지하였다. 특히 지방자치제 이후 지역사회를 중심으로 사회적 욕구의 증대, 지역의 특색있는 문화, 교육적 욕구의 증대, 일상생활과 관련된 생활환경 등을 개선하고자 하는 주민참여운동이 이루어졌다. 특히 환경적 욕구의 증대 등으로 인하여 지역주민들은 지역사회복지에 관심을 가지고 직접적 및 간접적으로 참여하기 시작하였다(이정호, 1993).
- 지난 1980년대 이후 지역복지를 증진하기 위해 저소득층 밀집지역을 중심으로 주민참여운동이 이루어졌다. 지역사회에 사회복지관의

설치를 권장하여 사회복지대상자는 물론, 지역주민의 욕구를 바탕으로 그 지역 특성에 맞는 다양하고 포괄적인 서비스를 제공하게 되었다. 특히 지역주민들은 지역사회의 각 단체와 상호 신뢰를 기반으로 자신들의 문제를 스스로 해결하고 예방하기 위해 직접 참여하게 되었다.

- 자원봉사활동이 확대되면서 주민 참여가 활발해지기 시작하였다. 지역주민 상호 간에 서로 돕고 협력하는 것은 공적 서비스의 한계를 보완할 뿐만 아니라, 지역사회의 공동체의식을 통하여 주인의식을 고취하는 데 의의가 있다. 특히 자원봉사활동은 무보수의 자선적인 측면으로만 이해되었지만, 지역사회복지에 있어서는 남을 돕는 개인적인 동기에 의한 행위라기보다는 지역복지공동체를 이루려는 한 형태로 발전하여 주민 참여가 자발적인 분위기에서 이루어졌다고 볼 수 있다.

이상에서 살펴본 바와 같이 주민 참여의 확대라는 배경을 통해 지역주민의 참여활동은 본격적인 지방자치시대를 맞아 지역사회의 중요한 가치로 등장하게 되었다. 이제는 지역사회를 중심으로 시민단체와 지역사회단체 등의 민간기관에서 나아가 공공기관에 이르기까지 주요한 관심의 대상으로 다룰 필요가 있다.

3. 주민 참여의 형태

주민 참여는 정책의 결정으로 인해 영향을 받게 될 사람들이 관료조직의 정책 결정과 집행 과정에 참여하는 제도라 할 수 있다. 여기서 참여란 행동을 실행함에 있어 역할을 분할하고 타인과 공동의 지분을 가지는 활동을 의미한다. 참여의 주체는 자발적 협력, 역할의 분담, 결정에 대한 공동책임 등을 전제조건으로 하고 있다. 일반적으로 주민 참여는 각종 운동, 민원 교섭, 업무 분담, 주민자치 등 다양한 방법으로 나타나며, 저지, 저항, 항의, 요구, 점검, 변호, 지원, 원조, 개척, 제언, 교류, 제공 등 다양한 수단이 동원된다. 그러나 지역사회복지의 관점에서 주민 참여는 생활보호와 지역 발전, 생활 향상, 지역문화, 시민의식, 공동체 형성 등에 기반을 둔 각종 주민운동으로서의 참여, 행정 과정에의 참여, 지역활동으로서의 참여 등의 형태로 나타날 수 있다(Korpi & Shalev, 1979: 164-187).

(1) 운동으로서의 주민 참여

운동으로서의 주민 참여는 정책적 성격이 강하지만, 기존 제도에 대해서 부정적이고 방위적, 요구적, 대결적인 성격을 갖는다. 즉 환경오염 문제와 물가의 등귀에 있어서 반복지에 대해 파업과 데모 등의 항의적 방법을 취하게 된다. 그리고 저항적, 방위적 운동, 법의 불비에 대한 소송운동, 장애인이나 노인의 입장에서 생활이나 환경 개선 정비 등을 요구한다. 특히 지역사회의 시설로서 어린이집, 놀이터, 소공원, 사회복지관 등의 증설 요구 등 사회운동을 포함하고 있다. 그러므로 운동으로서의 주민 참여는 법이나 제도의 신뢰에 기초한 참여라기보다는 구조를 변혁하고자 하는 활동이라 할 수 있다.

(2) 행정 과정에서 주민 참여

행정 과정에서 주민 참여는 진정한 지역사회복지를 실현하기 위해 자치단체가 행하는 기획과 정책 결정 및 행정 과정에 주민이 주체적으로 참여하는 성격을 갖는다. 지자체의 법이나 제도 결정에 참여하여 지역복지의 극대화를 직접 실현하고자 하는 형태다. 이러한 방법은 대결보다는 협력, 운동보다는 기획에 참여, 감상보다는 합리적 실리 등에 역점을 두고 있다. 주민 참여는 정치적 성격과 자치에 대한 긍정, 협력적 태도를 지향하며, 행정과 지역주민과의 공통된 이해와 신뢰의 틀이 유지되는 참여 체계를 구축할 수 있다.

(3) 지역활동으로서 주민 참여

지역활동으로서 주민 참여는 생활 개선과 복지 향상을 위한 적극적인 참여로서 다양한 활동 프로그램에 의해 전개된다. 물론 일상활동 중에서 법이나 제도 혹은 환경문제에 대해 관심을 갖고 비판하며 제안하는 등 주민운동의 한 형태로 추진되는 경우도 있다. 그러나 지역사회의 주부봉사활동 모임, 노인 모임, 스포츠활동 모임 등의 운영이나 프로그램 참여, 지역어린이회 육성, 문화재 보호, 보이스카웃 활동, 노인과 주민의 사귐의 장 만들기, 노인을 위한 배식 서비스, 재가장애인 가정이나 복지시설을 위한 방문활동, 복지마을 만들기 운동 등과 같은 자원복지활동의 형태로 나타날 수도 있다.

다양한 종류의 주민 참여는 일상성을 기반으로 지역사회단체에 있어서 제도나 전문종사자만으로 충족되지 않는 부문을 지역주민으로부터 충족하며 지역에 활력을 고취시키게 된다. 따라서 지역주민과 전문가와의 협력관계가 중요시되며, 지역사회 발전을 위한 바람직한 방향이 설정되어야 한다. 특히 지역사회에 지역주민의 여가, 기술, 노력, 물품, 경험, 지식, 시설 등이 적절하게 제공되어야 한다. 그리고 지역사회에서 지역주민들 간에 인간관계가 형성되며, 지역의식이 강화되어 자발적인 시민의식 육성이 이루어져야 한다.

제3절 주민조직화의 방안

주민조직화의 논의를 바탕으로 지역사회복지를 위한 주민조직화 방안이 요청된다. 이에 주민조직화 달성을 위한 과정과 효과적인 주민조직화를 위한 사회적 기능 등을 살펴보고자 한다.

1. 주민조직화 달성을 위한 과정

주민조직화는 그 자체가 하나의 목표가 될 수 있다. 모든 지역주민들이 공감하는 명분을 가지고 다양한 계층이나 사고를 가진 개인이나 집단의 조직화가 매우 중요하다. 지역사회의 다양한 이해관계로 인하여 지역주민들의 공감을 확보하는 것은 쉽지가 않다. 그러므로 주민조직화의 핵심은 지역주민의 관심과 참여이며, 그들의 참여가 적극적이고 지속적으로 이루어지도록 하는 것이 과제라 할 수 있다(Rothman, 1995: 29).

로스(Ross)에 의하면, 공동사회는 스스로 그 필요성과 목표를 발견하고 지역 자원을 내부에서 추구하여 실제 행동을 요구한다. 즉, 공동사회가 단결하고 협력하여 실행하는 태도를 육성해 가는 과정으로서 지역사회의 문제해결능력과 자원 활용을 통해 사회통합을 이룬다고 주장하였다. 또한 이러한 공동체의식의 함양을 위한 노력은 다양하게 이루어지고 있으나, 의도한 목적을 제대로 충족하려면 지역주민의 적극적인 참여가 중요하다고 하였다(Ross, 1975: 39).

현대사회의 산업화, 도시화가 지속적으로 이루어짐에 따라 인간의 소외현상은 더욱 심각해지고 있다. 이러한 현상은 자기중심적이고 개인주의적 경향을 가지게 하며, 지역사회에 대해서 더욱 무관심하게 만든다. 이에 주민조직화의 초기 단계에서 지역주민의 능동적이고 주체적인 역할이 기대된다. 특히 지역주민을 조직화하는 데 있어 사회복지사의 적극적인 초기 개입이 무엇보다도 중요하다. 주민조직화를 달성하기 위한 필수적인 요소로는 사업목표의 공동체의식 함양, 명확한 계획 설정, 지역문제의 이슈화, 여론의 형성, 지역주민의 결집, 지역사회지도자의 발굴, 지도자들 간의 협력체계 구축 등이 요구된다.

(1) 공동체의식의 함양

주민조직화에서 선행되어야 할 것은 지역주민의 공동체의식의 함양이다. 해그스트롬(Haggstrom, 1995: 341)은 주민조직화의 시작이 그 지역문제에 대한 인식에서 출발한다고 하였다. 즉, 지역주민은 지역문제로 인하여 자신들이 불편을 경험하게 될 때, 비로서 문제해결의 필요성을 인식하게 된다. 따라서 사회복지사는 생활의 불편함을 느낀 지역주민에게 의미를 부여하거나 목표를 설정하기 위하여 자신의 전문성을 발휘해야 한다. 공동체의식 함양에 대한 사회복지사의 인식을 몇 가지 제시하면 다음과 같다.

- 지역사회의 구조, 특징, 문화 등을 충분히 파악하여 지역주민의 사회적 특성을 충분히 이해하고 있어야 한다.
- 지역사회복지에 관한 전반적인 지식과 대인관계 중심의 기술을 갖추어 지역주민에게 적절한 원조를 제공할 수 있어야 한다.
- 지역사회 자원을 동원하기 위하여 지역사회의 여건을 충분히 파악하고 여론을 형성하여 주도하는 능력이 있어야 한다.
- 지역주민들이 지역문제에 대해서 명확하게 파악하고 해결할 수 있도록 지역공동체의식을 고취해야 한다.

따라서 성공적인 주민조직화는 지역주민에게 공통된 목표에 대한 중요성과 의미를 부여해서 어떻게 공동체의식을 함양하느냐와 정확하고 명확한 목표 설정을 통해 얼마만큼 지역주민들을 결속시키는가에 달려 있다.

(2) 지역문제의 이슈화

주민조직화를 위해서 지역주민의 공동체의식을 함양하고 지역문제에 대한 목표를 정하여 문제에 대한 이슈화 및 여론을 형성하는 것은 매우 중요하다. 지역사회에서 무엇이 잘못되었다고 판단되는 문제가 이슈가 되기 위해서는 지역주민들이 그 문제에 대하여 무엇인가 강한 느낌을 받아야 한다. 특히 지역문제의 이슈화는 지역주민의 결집 과정에서 지역사회지도자들이 집단 구성에 참여해야 하며, 지역사회의 여러 부류에 속한 지역주민들이 참여할 수 있도록 해야 한다. 지역사회의 바람직한 이슈는 많은 지역주민들에게 영향을 미치며, 주민들을 끌어들이고 그들을 결합시키는 기능을 한다.

지역사회의 바람직한 이슈가 되기 위해서는 우선 그것이 달성 가능해야 하고 단순한 것이어야 한다(Kahn, 1991: 114-117). 그리고 지역사회의 여론 형성은 지역주민의 지지와 합의를 이끌어 내는 중요한 수단이다. 따라서 여론 형성은 텔레비전을 통한 토론회, 공청회, 신문의 사설이나 기사 등을 통하여 지역문제의 심각성을 알리고 해결의 필요성을 강조함으로써 이루어지는 것이 바람직하다. 이는 지역주민이 정보를 언론을 통해 얻는 경향이 강하기 때문이다. 궁극적으로 여론 형성은 적극적인 홍보전략을 통해서 이루어질 수 있다. 지역사회의 피해자인 지역주민이 당면 문제를 해결하기 위한 전략으로 적극적인 홍보가 필요하다(김남선, 2000: 194-196). 이를 통해 지역사회의 당면 문제로 주민들이 어떠한 직접적 및 간접적인 혜택을 받는지, 그리고 그 문제가 지역사회의 발전에 얼마나 기여하는지를 지역주민 스스로가 인지하고 참여 동기를 유발하는 수단으로서 여론 형성이 이루어진다.

(3) 지역주민의 결집

지역사회복지는 지역주민에 의해 진행되어야 하며, 지역주민의 결집이 가장 핵심적인 것이라고 할 수 있다. 즉, 지역주민의 결집은 지역사회복지의 성장을 위한 핵심 가치임에도 불구하고 지역주민들의 실질적인 참여를 방해하는 장벽이 현실적으로 엄연히 존재한다. 카프만(Kauffman, 1995: 3-54)은 주민 참여를 어렵게 하는 요인으로서 세 가지 차원의 장벽을 제시하고 있다.

- 제도 장벽으로서 지역주민들의 실질적 참여를 제도적으로 불가능하게 하는 것이다. 즉, 지역주민들이 참여한 회의에서 정책결정이 이루어지는 것이 아니라, 결정된 정책을 홍보하는 경우다.
- 정보 장벽으로서 지역주민의 정보 이용에 대한 부적절성, 접근성 문제, 단기간에 많은 양의 정보에 대한 이해 어려움, 기술적 난점 등이다.
- 대인관계 장벽으로서 지자체의 무관심, 불친절한 태도 등에 의해 지역주민들의 대인관계가 소원함을 의미한다.

주민 참여의 장벽들은 지역사회에서 일어나는 다양한 문제에 대해서 큰 변화를 줄 수 있는 서비스의 내용과 전달체계 등에서 나타난다. 지역사회의 수요자 입장에서 문제해결을 하고자 하는 목소리보다 여전히 공급자 입장에서 대안이 마련되고 선택이 이루어지고 있다. 이에 실질적인 주민 결집과 참여가 이루어지기 위해서 가장 중요한 것은, 지역주민이 서비스의 대상자라는 전통적인 사고에서 벗어나 지역사회 자원으로서 지역주민이 공급자, 즉 지역사회의 주인이라는 점을 인식하면서 지역주민 결집의 장벽을 해소하기 위한 대안을 적극적으로 모색해야 한다. 특히 지역주민의 결집은 관 주도로 이루어지거나 특정 사안의 발생에 따라 간헐적으로 이루어져서는 안 되며, 지역주민이 주체가 되어 지속적으로 이루어져야 한다. 조직화된 주민 결집을 이루기 위한 방안으로서 지역사회복지운동을 전개하는 시민단체들의 역할이 강조되고 있다.

(4) 지역사회지도자의 발굴

지역사회의 문제를 해결할 수 있는 주체가 바로 지역주민이며, 지역주민에게 커다란 영향력을 가진 지역사회지도자의 발굴이 중요하다. 지역사회지도자는 지역주민에게 심리적, 정신적, 사회적, 경제적 영향력을 미치게 되며, 이들의 참여는 지역주민의 참여를 위한 강력한 요소라 할 수 있다. 특히 지역사회의 공적 · 사적 지도자로서 주민 참여를 유도하고 지역문제 해결에 일조하게 된다.

21세기는 지식정보화 사회로서 변화가 빠르게 진행되고 있다. 지역사회가 사회 변화에 뒤지지 않고 발전하기 위해서는 지역사회를 둘러싸고 있는 국내의 상황 변화에 항상 관심을 가지고, 지자체의 복지행정에 접목시켜야 한다. 지역사회 변화에 적절하게 대처하기 위해서는 사회복지전문가 집단과 부단한 접촉과 협력이 이루어져야 하며, 지자체의 행정조직과 유기적이고 유연한 관계 형성을 재구조화하는 것이 필요하다.

현재 사회는 환경 변화의 물결 속에서 사회적 이념, 지역성, 계층 간 이견, 세대 간의 갈등 등이 만연되어 있다. 이러한 사회 현상은 불확실성의 시대로 접어들면서 수요자 중심 사회로 변모되어야 하며, 미래를 예측할 수 없는 시대적 흐름 속에서 지역사회를 이끄는 지도자의 역량이 절대적으로 중요시되고 있다. 이에 지역사회를 구성하고 있는 지역주민의 참여와 요구에 따라 지역사회의 리더십이 새롭게 변화되어야 한다. 즉, 지역사회의 발전을 위한 지역주민의 자발적 참여를 이끌어 내는 것은 지역사회지도자의 역량이라 할 수 있다. 지역사회 발전에 있어 지역주민의 참여가 그 지역사회의 발전을 도울 수도 있고, 저해할 수도 있다는 점에서 지역사회의 리더십은 매우 중요하다고 하겠다.

이상에서처럼 효과적인 주민조직화를 위하여 리더십을 가진 지역사회 지도자를 발굴하고 주민조직체를 결성하는 것은 필수적인 요건이다. 지역사회지도자는 리더로서 모든 지역주민의 인정이 필요하므로 민주적 과정을 통하여 선정되어야 한다. 지역사회단체의 조직 운영에 있어서 무엇보다 중요한 것은 조직구성원 간의 민주적 의사소통이다. 특히 지역주민들 간의 충분한 의사소통은 주민의 문제와 해결 방법에 대한 다양한 의견을 수렴할 뿐만 아니라, 지역주민들의 갈등을 사전에 예방할 수 있는 기회를 제공할 수 있다. 그러므로 지역사회단체의 지도자는 조직의 성패를 결정하는 요소이지만, 특정인에 과도하게 의존하기보다는 다양한 리더십을 개발할 필요가 있다.

2. 주민조직화를 위한 사회적 기능

효과적인 주민조직화를 위한 사회적 기능은 사회복지의 전문성 확보와 연대, 자치단체와의 관계성 유지, 주민조직화를 통한 지역사회복지운동 등을 중심으로 제시할 수 있다.

(1) 사회복지의 전문성 확보와 연대

지역사회복지는 사회복지의 전문성과 각 단체들의 연대성에 입각하고 있다. 기존 지역사회운동의 성격과 함께 사회복지 직접서비스의 실시는 지역사회의 사회복지기관 등에서 다양하게 이루어지고 있다. 특히 지역사회의 사회복지대상자들이 서비스 혜택을 받고, 지역주민들이 사회복지단체를 통해 봉사하기 위해서는 먼저 사회복지의 전문성이 확보되어야 한다. 즉, 지역사회복지의 화두인 사회복지에 대한 전문성을 확보하고 사회복지기관과의 연대를 형성할 필요가 있다. 따라서 주민조직화를 통한 사회복지

전문성과 사회복지기관과의 연대는 지역사회 프로그램을 실시함에 있어서 지역사회복지의 실현과 지역사회 통합을 극대화할 수 있을 것이다.

(2) 지방자치단체와의 관계성 유지

지역사회 내에 있는 시민단체들은 주요 사업으로 복지행정과 의정 등에 대한 견제와 감시 역할을 담당하고 있다. 이는 지역사회에서 시민단체의 정체성이라고 할 수 있다. 이러한 활동들은 지역주민들로 하여금 지역사회문제에 대한 이중 초점을 견지하게 하는 데 영향을 미칠 수 있다. 따라서 지방자치단체와 적절한 긴장관계를 경험하게 하는 것도 도움이 되지만, 지자체와 올바른 관계를 유지하여 지역사회단체들과 협력체계를 구축함으로써 지역사회복지의 구현에 역점을 두어야 한다.

(3) 주민조직화를 통한 지역사회복지운동

주민조직화를 위해서 지역주민을 대상으로 하는 사회교육은 중요한 부분이다. 지역주민의 사회교육은 주민의 의식 변화와 연대감을 형성하게 하며, 지역사회 변화에 대한 적극성을 갖게 하는 데 도움이 된다. 지역사회복지운동은 지역주민이 직접적인 참여가 아니더라도 잠재적 참여자로서 언제든지 주민조직을 통한 지역사회 통합을 이룰 수 있다. 따라서 주민조직화를 통한 지역사회운동을 활성화하기 위해서는 지역주민을 대상으로 하는 교육 프로그램의 개발이 이루어져야 한다. 그리고 주민조직화를 위한 참여자의 유형과 성격에 따라 차별화된 참여 프로그램을 개발할 필요가 있다.

생각해 볼 문제

1. 주민조직화의 개념을 정의해 보라.
2. 로스만의 주민조직화의 목표 두 가지를 간략히 제시해 보라.
3. 주민 참여의 주요 배경을 간략히 설명해 보라.
4. 주민조직화를 달성하기 위한 필수적인 요소들을 제시해 보라.
5. 주민조직화를 위한 사회적 기능 방안 세 가지를 간략히 설명해 보라.

제7장

지역사회복지와 사회행동

지역사회 내에서 사회행동은 사회적 약자들의 결정사항과 통제력을 향상시키고 지역사회 복지를 실현하는 집단적인 활동이다. 사회행동은 지역주민의 여론 형성을 통해 공식적인 절차를 밟아 공식적 정책에 영향을 주려는 체계적인 노력을 의미한다. 특히 사회행동은 지역사회를 기초로 하며 사회적 약자의 문제해결을 추구하되, 지역주민이 주체가 되어야 하고, 상호 간 조직화를 통해 정치적 영향력으로 사회적 권리를 확보하는 것이다. 이에 바람직한 사회행동은 지역사회의 근본적인 이념에 도전하는 가치지향적 행동보다는 상호 간의 괴리(gap)를 좁혀 가는 규범지향적 행동이 되어야 한다. 이 장에서는, 첫째 지역사회에서 사회행동의 개념, 둘째 지역사회에서 사회행동의 전략, 셋째 사회복지사와 사회행동 등을 중심으로 살펴보고자 한다.

Community welfare

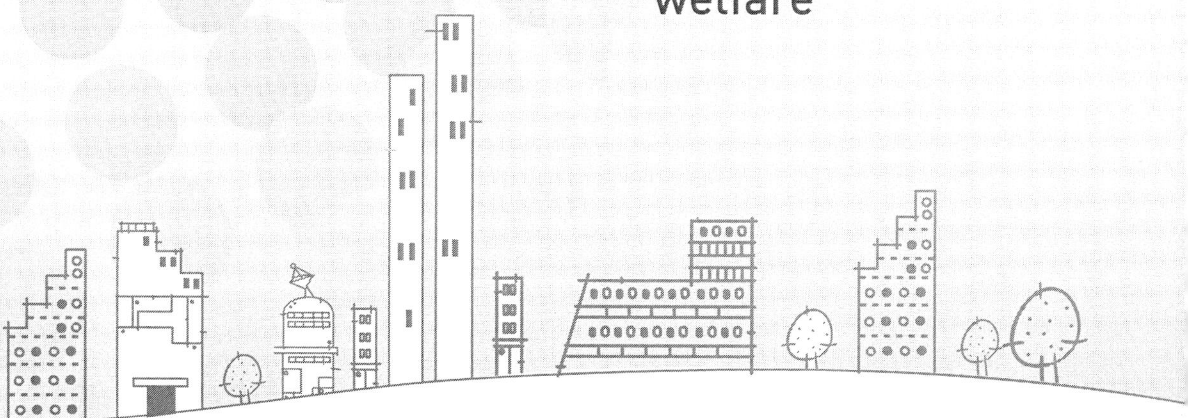

제1절 지역사회에서 사회행동의 개념

1. 사회행동의 정의

지역사회에 있어서 사회행동(social action)이란 지역주민들의 생활에 영향을 미치는 중요한 결정에 대해 자신들의 통제력을 향상시키기 위한 집단적인 노력을 말한다. 그러나 지역사회복지와 관련된 지역사회의 주요한 정책이나 결정들은 지역주민들의 복지에 반하거나 도움을 주지 못하는 경우도 있다. 사회행동은 불합리한 지역사회의 문제상황에 대해서 지역주민들이 단합된 힘을 과시하고, 그들에게 유리한 결정을 도출하도록 영향력을 행사하고자 하는 파당적(partisan) 활동을 말한다(Herbert & Irene, 1986: 209). 그러므로 사회행동은 다수의 지역주민들에게 영향을 미치고 사회문제에 대해 바람직한 변화를 가져오며, 그와 같은 사회적 관계에 영향을 미치는 사회복지활동의 과정이라 할 수 있다.

일반적으로 사회행동은 지역사회의 개인이나 집단을 동원하여 여론 형성, 공식적 정책 대안, 행정적 행동 등에 영향을 주려는 조직화된 노력을 포함한다(Dunham, 1970: 248). 사회행동은 크게 '절차적인 접근 방법'과 '직접적인 접근 방법'의 두 가지로 구분된다. 즉, 절차적인 접근 방법은 의회나 공식적 조직의 절차를 밟아 수행되는 사회행동을 말하고, 직접적인 접근 방법은 절차적인 행동과는 달리 개인적인 행동을 지칭한다. 직접적인 행동에는 지역사회 참여자의 입장에서 볼 때 보다 물리적이고 감정적인 것이 함축되어 있다.

스키드모어와 태커레이(Skidmore & Thackeray, 1976: 337)는 사회행동이란 지역사회문제에 직면하여 그것을 경감시키고 해결하려는 전문가와 일반인에 의해서 이루어지는 구체적인 노력이라고 설명하였다. 그리고 사회행동의 대가인 앨린스키(Alinsky, 1969: 132)는 사회행동을 통해 하나의 시민조직(people's organization)을 만드는 것으로서, 지역사회의 새로운 권력집단을 조직하는 것이라고 강조하였다.

사회행동은 본질적으로 지역사회에 변화를 일으키거나 문제를 사전에 방지하기 위한 한 방법으로서, 지역사회문제를 완화하거나 해결하기 위한 집중적인 집단행동이라 할 수 있다. 특히 사회행동의 본질은 사회복지사로 하여금 사회적 약자들이 지역사회의 목표를 성취함에 있어서 보다 정확하게 초점을 맞출 수 있도록 도와주는 데 있다.

또한 사회행동은 평등과 정의와 같은 추상적인 주제에 대한 철학적인 논쟁이 아니라, 사회행동의 집단과 상대 집단 간의 힘겨루기라고 할 수 있다. 사회행동에 있어서 승리는 힘이 있는 편에 서는 것을 말한다. 그리고 사회행동은 지역사회의 근본적인 철학이나 목표에 도전하는 가치지향적 행동이라기보다는, 오히려 지역사회 내의 행정적 배치와 허락된 목표 간의 간격을 줄이려는 규범지향적 행동이라고 할 수 있다.

따라서 사회행동은 현재 지역사회의 구조나 체제를 뒤엎는 것이 아니라, 현재 체제의 실제를 수정하고 개혁하기 위해 노력하는 것이다(김상규, 전재일, 1990: 159). 그러므로 지역사회복지에 있어서 사회행동은 지역사회의 현존하는 제도적 준거틀을 그대로 수용하면서 점진적인 변화와 개선을 가져오게 하는 것이 중요하다.

2. 사회행동의 특징

지역사회복지를 실현함에 있어서는 지역사회를 중심으로 다양한 사회복지의 실천 방법이 모색되어야 한다. 이러한 사회복지의 실천 방법 중 간접적인 접근 방법인 사회행동의 특징을 몇 가지 제시하면 다음과 같다

(Dunham, 1970: 249-253).

- 사회행동은 항상 지역사회의 변화를 위한 제안과 그 제안에 대한 저항이나 옹호를 포함하고 있다. 예컨대, 지역사회제도로서 의료보험을 개선하기 위한 캠페인은 지역주민의 시민권을 입법화시키거나 보장된 연간 수입을 확립할 필요가 있다. 이와 같은 사회행동은 지역주민을 위한 방어적인 것으로 볼 수 있다.
- 사회행동은 지역사회의 관련 전문가들이 바람직한 것으로 생각하는 목표를 포함하고 있다. 즉 사회행동가는 지역사회 내에서 현실적으로 제한된 목표를 가지고 있다. 또한 그들은 지역사회 내에서 자신이 무엇을 원하는지 알고 있으며, 건전한 해결책이 무엇인지를 알고 있다. 따라서 사회행동가는 지역사회복지의 계획된 목표를 성취하기 위해 행동하게 된다.
- 사회행동은 지역사회 내에서 항상 개인이나 주민들의 행동을 올바르게 고취하고자 한다. 사회행동가는 지역사회의 목표를 인식하고 있고, 이러한 목표는 행동을 취할 수 있는 권위를 가진 집단에 의해서만 성취할 수 있다. 따라서 사회행동이 지향하는 개인과 주민들은 바람직한 행동을 취할 수 있는 힘을 가진 자들이다. 그리고 사회행동은 지역사회 내의 어떤 개인이나 집단에서 특별한 행동노선을 따르도록 최선의 노력을 포함하고 있다.
- 사회행동은 지역사회복지의 실현을 위해서 교육, 설득, 선전, 압력 같은 방법을 채택한다. 지역사회 내의 사회행동에 있어서 물리적 강압이나 강요는 아니지만, 본질적으로 지역주민의 선전적이고 호전적인 정신이 바탕이 된 다양한 형태의 심리적 · 사회적 압력 등을 포함한다. 예컨대, 가두시위, 군중폭동, 시민반란 등의 물리적 행동은 반대자에게 수용에 대한 선택의 여지가 없지만, 행동가에게는 상대

방에게 강제적으로 부여하려는 것이 현실적인 상황이다. 따라서 사회행동가는 중립적이고 공적인 위치에서 특별한 행동노선을 수용하는 사회적인 지도자로 활동하게 된다.

- 사회행동의 방법과 목표는 합리적 또는 비합리적일 수 있다. 지역사회 내의 사회행동은 어떤 경우에서는 합법적이나, 다른 경우에서는 비합법적일 수 있다. 예컨대, 미국의 경우 특정 사회행동이 어떤 주에서는 수용되고 다른 주에서는 비합법적인 것으로서 배제되고 있다. 그렇다면 사회행동의 진정한 의미를 파악하기 위해서는 지역사회의 본질적인 측면에서 정의되어야 한다. 일반적으로 사회행동의 과제상 위법문제는 절차적 사회행동보다는 직접적 사회행동에서 제기되고 있다. 따라서 지역사회복지와 관련된 사회행동은 현존의 법률 제정적 변화에 목적을 두고 전개해야 한다.
- 사회행동은 사회적 가치보다는 어떤 방법이나 절차로 파악해야 한다. 지역사회 내의 사회행동은 그 자체가 좋거나 나쁘다고 할 수 없다는 말이다. 사회행동은 지역사회 개혁과 같은 의미가 아니라는 것이다. 즉, 지역사회 개혁은 사회행동을 바람직한 것으로 미리 정해 놓은 입장이므로, 지역사회의 가치와 관련지어서 중립적 개념으로 인식할 필요가 있다.

3. 사회행동의 기능

지역사회에서 사회행동은 지역주민조직화에 기초하여 특정 지역문제의 해결이나 사회적 약자의 권익 보호를 추구하는 것이 목적이다. 사회행동은 지역사회 내에서 집합적인 대응의 특징을 지닌다. 지역사회에서 사회행동이 갖추어야 할 몇 가지 기능을 제시하면 다음과 같다(오정수, 류진석, 2004: 287-289).

- 지역주민들이 지역사회활동에 주체적으로 참여하는 기능이다. 지역사회복지를 실현함에 있어서 지역주민들의 적극적이고 주체적인 참여는 모든 것에 우선하는 기본적인 것이라 할 수 있다. 지역주민들의 삶의 질을 높이는 것은 다른 사람들에 의해 주어지지 않는다는 점에서 지역주민들의 참여는 가장 기본적인 요소라 할 수 있다. 지역주민들은 단순한 지역사회의 정보를 접하는 수준에서부터 기획과 집행에서 책임과 권한을 가지는 단계까지 지역사회복지의 실천에 다양하게 참여한다. 지역사회의 어떤 행사나 프로그램에 주민을 동원하는 것을 주민 참여로 인식하는 경우가 많은데, 이는 기존의 지역주민들이 조직 운영의 주체로 나서지 못했기 때문이다. 지역주민들의 참여를 지역사회에서 제반 활동의 계획과 의사 결정의 과정에까지 확대할 필요가 있다.
- 지역주민들이 조직화하여 정치적 영향력과 사회적 권리를 확보하는 기능이다. 지역주민들의 참여는 단순히 주민들에게 자존감을 주기 위한 것이 아니라, 지역사회에서 영향력을 획득해 가는 과정이어야 한다. 즉, 지역사회에서 이루어지는 제반 정책 결정에 영향력을 발휘할 수 있어야 하고, 지역사회의 삶의 질과 복지 욕구의 충족은 실질적인 문제해결을 도모할 수 있어야 한다. 그리고 지역주민들이 공적인 의사결정 과정에서 자신의 입장을 관철시킬 수 있는 조직적인 힘을 지녀야 한다.
- 지역주민들이 자신의 역량으로 공동체의식을 강화하는 기능이다. 지역주민들은 조직화를 전략으로 지방자치단체와 협력하여 사회연대성을 형성하고 지역사회통합을 이룩할 수 있다. 즉, 지역사회의 다양한 프로그램과 실천활동을 통해 지역주민들의 참여와 지방자치단체의 협력이 이루어져야 한다. 이를 위해서는 지역주민들의 의사소통 구조와 이웃 상호 간에 긴밀한 관계를 맺고 생활하는 공동체적 소

모임이 활성화되어야 한다.

- 지역주민들의 적극적인 참여로 지역사회의 제반 환경을 변화시키는 기능이다. 지역사회 내에서 발생하는 여러 가지 문제와 여건들을 지역주민 스스로가 인식하고 참여하여 바람직한 지역사회로 변화시키는 데 일조해야 한다. 이를 위해 지역주민들의 참여를 보장하고 그들에게 공적인 권위를 부여해 주는 제도를 정립해야 한다. 즉 사회활동을 통해 추구하고자 하는 내용을 제도화하는 것과 관련된 환경을 변화시키는 참여가 전제되어야 한다.

이상에서 살펴본 바와 같이 지역사회에서 사회행동의 기능은 지역주민들이 스스로 지역사회의 현안들을 파악하고 적극적으로 참여하여 행동화하는 데 있다. 지역주민의 조직화는 사회적 권리로서 정치적 영향력을 행사할 수 있을 뿐만 아니라, 지역주민의 공동체의식으로서 지역연대성을 형성하며 지역통합을 이루게 된다. 따라서 사회행동의 기능은 지역사회의 제반 여건을 변화시켜 지역사회복지를 이룩하는 것이다.

제2절 지역사회에서 사회행동의 전략

1. 사회행동의 기본 전략

사회행동은 지역사회 내 사회적 약자들의 생활에 영향을 미치는 중요한 결정에 대해 이들의 통제력을 향상시키기 위한 집단적 노력을 말한다. 다시 말해서 지역사회의 사회적 약자들에게 유리한 결정을 가져오도록 영향력을 행사하는 집단적인 행동이라 할 수 있다(Rubin & Rubin, 1986:

209-210). 따라서 사회행동을 보다 효과적으로 전개하기 위해서 몇 가지 기본 전략을 제시하면 다음과 같다.

(1) 힘의 결집

사회행동은 현존 지역문제의 해결로서 행동집단과 반대집단의 힘겨루기라고 할 수 있다. 힘(power)이란 자신의 목적을 달성할 수 있는 능력을 의미한다. 힘의 원천은 권위, 명예, 완력, 지식 등과 같이 다양한데, 지역사회 내에서 사회행동을 원만하게 전개하기 위해서는 어떠한 힘의 원천에 의존해야 할 것인가를 결정하는 것이 매우 중요하다. 따라서 사회행동의 토대가 될 수 있는 힘의 원천을 몇 가지 제시하면 다음과 같다.

1 정보력

정보력(informational power)은 지역사회 내에서 발생하는 지역문제에 관한 지식을 정부당국이나 지방자치단체, 전문가와 관련 당사자에게 제공할 수 있는 힘을 말한다. 사회행동을 주도하는 지역사회 내의 집단은 시위나 집회 등을 통해서 지역주민들에게 지역문제의 중요성과 심각성을 주지시켜야 한다. 그리고 정부당국이나 지방자치단체에서는 이러한 지역문제를 논의하여 적절한 결정을 내릴 수 있도록 힘을 과시할 수 있다. 예컨대, 지역사회 내의 노인이나 장애인 등이 처해 있는 어려운 상황에 대한 정보를 공개하여 정치인과 지역주민들을 자극함으로써 이들을 위한 사회행동의 목적을 관철시킬 수 있다.

2 동원력

동원력(mobilizational power)은 사회행동을 통해 지역사회 내에서 힘의 원천으로서 많은 지역주민들을 참여하게 하는 것이다. 정부당국이나 지방자치단체의 정책에 대해 지역주민의 저항이 강하다는 것을 보여 줄 수 있어서, 각종 지방선거에 의해서 선출되는 정치인들에게 간과할 수 없는 힘의 존재로 인식될 수 있다.

③ 잠재력

잠재력(potential for disruptin)은 지역사회 내 소수의 착취자에게 실제로 피해를 입히는 것보다 피해를 입힐 수 있는 힘을 주지시킴으로써 지역사회의 문제해결에 있어서 효과적인 전술이 되고 있다. 그리고 사회행동을 주도하는 집단은 자기들의 활동과 결정에 반대하는 집단에 대해 불편과 손해를 증가시킴으로써 힘을 과시할 수가 있다. 예컨대, 사회행동의 집단이 지역사회의 현장에서 시위를 예고한다거나 법원에 건축 중지 요청을 하는 등의 행동으로 공사의 지연을 요구할 수 있다.

(2) 합법성의 확보

사회행동에 대한 합법성은 지역주민과 상대집단에게 보편적으로 수용될 수 있는 전술을 선택하는 일이다. 어떤 행동전략이든 장기적인 승리는 사회행동의 집단 이외의 사람들이 그 조직의 행동에 대해 합법성을 인정하느냐에 달려 있다. 다시 말해서 사회행동의 영속적인 성공이라는 것은 지역사회의 지지가 없이는 성취될 수 없다는 것이다. 사회행동이 사회적인 합법성을 확보하기 위해서는 지역사회 내 행동집단의 목적에 맞는 전술을 선택해야 한다. 예컨대, 시위나 연좌데모 같은 전술은 그것이 폭력을 유발하는 과격한 것이 되지 않도록 유의해야 한다. 과격한 전술은 공격대상의 집단으로부터 역공격을 자초하여 행동집단이 추구하는 목표를 무산시키는 결과를 낳을 수 있기 때문이다.

일반적으로 사회지도층이 적절하다고 인정하는 전술을 택하는 것이 합법성을 확보하는 데 바람직하다. 사회행동에 있어서 사회적인 합법성을 확보하는 것은 그 행동조직의 목적에 적합한 전술을 선택하는 것이다. 사회행동의 전술은 기존의 법과 질서를 위배해서는 안 되며 정당한 합법성에 따라 실시되어야 한다.

(3) 여타 조직과의 협상

사회행동을 전개함에 있어서 지역사회의 여타 조직과 연계하는 것이 어느 정도 이익이 되고 손해가 되는지를 분석하여 접근해야 한다. 지역사회의 여타 조직과 협력관계를 유지하는 몇 가지 유형을 제시하면 다음과 같다.

① 협조

사회행동에서 협조(cooperation)는 여타 조직과 최소한의 협력을 유지하는 관계 유형을 말한다. 이러한 협조관계 속에서 각 조직들은 자체의 계획대로 사회운동을 전개하여 필요에 따라 일시적으로 협력을 한다. 예컨대, 어떤 영세지역의 주민들이 여타 영세지역의 사회복지서비스에 대해 불만을 갖고 시위를 계획할 때, 각 조직들이 일시에 동일한 장소에서 유사한 슬로건을 내세워 시위를 한다면 각 조직이 단독으로 하는 것보다 훨씬 더 큰 효과를 거둘 수 있다.

② 연합

사회행동에서 연합(coalition)은 참여하는 지역사회조직들 간에 합동으로 이슈와 전략을 선택하는 보다 조직적인 관계 유형을 말한다. 만약 어떤 지역문제가 개별적인 사회행동의 노력만으로 쉽게 해결될 수 없는 장기적인 성격의 지역문제라면 상호 연합관계를 맺어 사회행동을 극대화할 수 있다.

3 동맹

사회행동에서 동맹(alliance)은 가장 고도의 조직적인 협력관계를 맺는 관계 유형을 말한다. 이는 지역사회에서 유사한 목적을 지닌 조직들이 영구적이고 전문적인 직원을 둔 대규모의 조직관계망을 갖는 것이다. 이와 같은 동맹관계는 지역사회단체들의 회원을 훈련하고 캠페인을 준비하는 등 전문적인 활동을 필요로 하는 경우에 매우 바람직한 협력관계라고 할 수 있다.

(4) 전술적인 연결

사회행동을 전개할 수 있는 전술은 다양한 방법으로 접근할 수 있다. 즉, 사회행동의 전술 활용은 언론의 관심을 유도하기 위해서 항의전술을 사용하다가 장기적인 변화를 위해 압력전술을 사용할 수 있다. 그리고 처음에는 법적 전술로서 온건한 전술을 사용하다가 이후에는 항의전술을 사용하는 경우도 있다. 여기서 중요한 것은 행동집단이 특정한 성과를 거두기 위해서 여러 가지 전술들을 어떻게 연결할 것인가다. 사회행동의 전술을 압력전술(pressure tactics), 법적 전술(legal tactics), 항의전술(protest tactics)로 나누어 제시하면 다음과 같다.

1 압력전술

지역사회의 행동집단이 상대집단의 규칙에 대한 합법성을 인정하고 그 규칙에 따라 조치를 강구한다. 이에 압력전술의 궁극적인 목표는 상대집단이 자체 규칙에서 승복하도록 노력하는 것이다.

2 법적 전술

지역사회의 일정한 문제해결을 위해 행동집단이 상대집단의 규칙을 활용한다. 이에 법적 전술의 궁극적인 목표는 사회행동에서 준수하지 않는 그들의 규칙을 준수하도록 하는 데 있다.

③ 항의전술

지역사회의 행동집단이 게임의 규칙이 공정하지 않다고 결론을 내리고 새로운 규칙을 만들어 대응한다. 이에 항의전술의 궁극적인 목표는 사회행동의 실행에 들어가기 전에 정당성을 제시하는 데 있다.

사회행동에 있어 압력전술과 항의전술 간에는 그 효과성에 대해서 차이가 있다. 즉, 압력전술을 통해서 행동집단은 상대집단의 규칙하에 승리를 거두려고 하는 데 반해, 항의전술에 있어 행동집단은 상대집단이 새로운 규칙에 따라 행동하도록 강요하여 자신들의 요구를 관철시키고자 한다.

(5) 협상의 전개

사회행동이 바람직하고 의미 있는 목표를 달성하기 위해서는 어떠한 협상을 할 것인지 결정해야 한다. 즉, 사회행동에서 협상의 토대가 되는 갈등의 범위를 어느 정도로 할 것인지에 대해 결정하는 것이 중요하다. 일반적으로 사회행동은 지역사회단체에 참여하는 구성원들의 구체적인 경험을 근거로 갈등의 범위를 좁게 잡아 출발하는 것이 바람직하다. 그리고 사회행동에서 지역사회의 이슈를 선정할 때 행동조직은 물론, 상대조직도 무엇인가를 획득할 수 있도록 협상의 여지가 있는 대안을 준비하는 것이 중요하다.

지역사회의 행동집단은 곧바로 협상 테이블에 나와 협상을 시작할 수는 없기 때문에 협상이 의미 있는 성과를 가져올 수 있도록 이슈에 대해서 충분한 준비를 해야 한다. 그러기 위해 우선 협상의 토대가 되는 지역사회 이슈의 범위를 어느 정도로 할 것인가에 대해 결정해야 한다. 여타 조직과의 협력관계를 논의하면서 갈등의 정도가 광범위한 이슈에 대해서는 연합적(coalitional) 전략이 필요하다. 즉, 지역문제에 대한 갈등의 범위를 좁게 잡을 것인가, 아니면 저소득층의 주택정책을 문제시하는 것처럼 넓게 잡을 것인가 하는 전략이 필요하다. 예컨대, 어느 건설회사가 녹지에 상업적인 위락시설을 조성하려고 할 때, 환경보호에 관심을 갖는 행동집단이 특정 회사를 상대로 협상할 것인가, 영리를 목적으로 자연을 마구잡이로 개발하는 대기업들의 일반적인 행태에 대해 협상할 것인가에 대한 전략이 필요하다.

2. 사회행동의 전술적 원칙

사회행동의 전술가로 유명한 앨린스키(Alinsky, 1972: 125-130)는 대결전술로써 사회행동의 전술적 원칙을 제시하고 있다. 이러한 전술적 원칙은 대결전술이 제공해 줄 수 있는 직접적인 성과와 지역주민조직이 입게 될 장기적인 결과를 조화시키고 있으며, 상대방의 약점을 이용하되 자체조직의 활동잠재력에 대한 이해가 있어야 함을 강조하고 있다. 따라서 사회행동의 전술적 원칙을 구체적으로 몇 가지 제시하면 다음과 같다(최일섭, 류진석, 1998: 274-277).

- 사회행동의 전술은 지역주민조직의 내부로부터 지지를 받아야 한다. 한 지역사회단체의 구성원들로부터 적극적인 지지를 얻기 위해서는 추구하는 전술들이 결과와 밀접한 관련이 있어야 한다. 그리고 조직구성원들의 참여를 지속시키기 위해서는 다양한 전술들이 이들에게 흥미를 줄 수 있도록 계획을 세워야 한다.
- 대결전술은 지역주민조직이 지니고 있는 힘을 과시하여 사용한다. 대부분 지역주민조직은 약자 입장에서 투쟁하게 되는데, 이에 전술은 상대방에게 혼란을 야기하는 잠재력을 과시할 수 있어야 한다. 그

러나 실제로 투쟁을 하면 경찰력에 의해 진압당하는 결과가 초래되는데, 여기에서는 경찰력이 자신의 약점을 노출시킨다는 점을 알아야 한다.

- 효과적인 전술은 게임의 규칙에 대해 공격함으로써 그것에 대해 알고 있다는 것을 보여 준다. 즉 현존 지역사회제도에 대한 대안을 제기하기보다는 게임에 대한 그들의 규칙과 이 규칙의 시행을 책임지고 있는 상대방을 공격하는 전술을 제시해야 한다.
- 현존 지역사회제도와 투쟁하는 것을 가능한 한 삼가야 한다. 즉, 지역사회제도보다는 제도 속에서 활동하는 특정 개인들을 캠페인의 공격대상으로 삼아야 한다. 예컨대, 지역사회의 무의탁노인들에게 값싼 전화를 설치해 주지 않는 전화회사의 사장이 자신의 고급승용차에 전화를 달고 다니는 태도를 공격대상으로 삼는 것이 훨씬 유리하다는 것이다. 따라서 지역사회제도 내에 존재하는 약점들을 파악하여 대항하는 전술이어야 한다.
- 상대조직이 실수를 범할 때까지 인내해야 한다. 대부분 참을성이 없는 상대방은 회의 장소에 경찰을 불러들이게 되는데, 이에 인내함으로써 지역주민조직의 주장에 대한 동정심을 유발할 수도 있다. 또한 상대방은 지역주민조직이 갖는 집회의 자유를 침해함으로써 주민조직에게 승리를 가져다줄 법정소송을 유발할 수도 있다.
- 상대조직의 공격대응을 예상해야 한다. 일단 상대조직에게 공격을 시도하면 상대방도 역공을 시도하게 된다. 흔히 상대방이 사용하는 전술은 지역주민조직이 당면한 문제가 현실적이라고 시인하면서 주민조직에게 해결방안을 제시하라고 요구하는 것이다. 이에 따라 상대방의 공격대응을 미리 예상하고 대결전술을 지속적으로 시도해야 한다.

사회행동의 전술에 있어서 앨린스키는 항의전술에 대해 몇 가지의 규칙들을 제시하고 있다.

- 행동집단의 경험에서 벗어나는 행동은 피해야 한다.
- 시간을 끄는 전술은 사용하지 않아야 한다.
- 행동집단이 즐기는 전술을 사용해야 한다.
- 위협은 그 자체보다도 더욱 무서운 힘이 있어야 한다.
- 가능하면 상대방이 경험하지 않은 것을 시도해야 한다.
- 상대방에게 자신들의 규칙에 따라 행동하도록 해야 한다.
- 조롱거리는 인간의 막강한 무기가 되게 한다.
- 계속적인 압력을 가해야 한다.
- 대상을 선정하고 개별화하여 접근한다.
- 상대방의 부정적인 것을 계속 밀고 나가 굴복시켜야 한다.
- 성공적인 공격의 대가는 건설적인 대안이 되어야 한다.

이상에서와 같이 사회행동의 전술적 원칙에 있어 주목해야 할 것은 사회행동이 힘을 과시하는 것이라고 하더라도 결코 폭력을 행사해서는 안 된다는 점이다. 즉, 사회행동은 어디까지나 합법적인 수단을 통해서 목적을 달성하는 민주적인 활동이어야 한다. 행동집단의 폭력은 그 자체로서 정당화될 수 없을 뿐만 아니라, 상대조직에게 자신의 약점을 제공할 수 있는 근거가 되어 결국 법적인 피해는 물론 지역사회로부터 지지와 동조세력을 잃게 되는 결과를 초래하게 됨을 유의해야 한다.

제3절 사회복지사와 사회행동

1. 사회복지사의 기본 이해

사회복지사가 사회복지의 목적을 달성하기 위해서 사회행동에 관심을 가져야 한다는 것은 당연하다. 사회복지가 모든 사람들을 위한 풍요롭고 건전한 삶에 목적을 둔다면, 사회복지사는 사회복지와 관련된 지역사회 문제의 이면을 해결하기 위해 대의(causes)를 나타내는 데 목적이 있다. 사회복지사는 지역사회의 구성원으로서, 사회복지기관의 피고용인으로서, 사회복지의 전문직 일원으로서, 그리고 기타 단체의 근로자(worker)로서 다양한 역할을 감당하게 된다. 여기서 강조되는 것은 지역사회 내 사회복지기관의 일원인 사회복지사로서 사회행동에 참여한다는 점이다. 따라서 지역사회의 변화에 호응할 수 있는 사회복지사의 역할은 현실적으로 요구되는 주요 과제라 할 수 있다(장인협, 1994: 31). 사회복지사는 동일한 지역사회 내에서 활동할 경우 각 개인들과 집단을 대상으로 하며, 계속 변화하는 지역주민들의 욕구에 따라 임무를 수행해야 하기 때문에 다양한 실천 역할(practice roles)을 이행해야 한다.

또한 지역사회에 있어서 사회복지사는 사회복지의 전문직 일원으로 전문가협회(professional association)의 채널을 통해 자신을 표명하게 된다. 지역사회의 전문가협회는 포괄적인 사회복지 프로그램뿐만 아니라 전문적 역할 등에 관심을 가지며, 전문적 조직으로서의 능력을 갖추고 사회행동에 참여하게 된다. 특히 사회복지사는 전문적 능력 안에서 사회복지의 행동 유형에 참여할 수 있고, 여타 사회적 약자 집단의 경제적 이해에 관심을 가지면서 동조집단은 물론 비동조집단과 협력하여 활동할 수도 있다.

따라서 사회복지사의 역할을 설명하기 위해서는 자신이 참여하는 지역사회활동의 성격을 이해할 필요가 있다. 일반적으로 사회행동의 측면에서 볼 때, 사회복지사는 지역사회 자원 분배의 메커니즘을 변경하여 불우계층의 이익을 증대시키고 불이익집단의 복리를 위해 활동하는 것이 주된 역할이다. 이에 사회복지사는 불이익집단의 이익을 증진하기 위해 다음과 같은 접근이 필요하다.

- 지방자치단체에 의해서 제공되는 재정과 서비스를 보다 많이 획득하기 위해 노력해야 한다.
- 사회복지서비스의 제공에 따른 불공평을 제거하도록 압력을 가해야 한다.
- 지역사회복지의 전략을 성취하기 위해 불이익집단을 자극하고 조직화하여 그들의 집단행동에 대한 전술을 교육해야 한다.

2. 사회복지사의 역할

사회복지사의 역할은 지역사회문제를 해결하기 위해서 수행되며, 다양한 지역사회의 조건에 의해 영향을 받는다. 그러나 지역사회의 목적과 유형에 따라 사회복지사의 역할이 달라질 수 있다. 사회복지사의 역할을 총체적으로 제시해 보면 다음과 같다(Perlman & Gurin, 1972: 336).

- 의사전달자(communicator)
- 해석자(interpreter)
- 촉진자(expeditor)
- 카리스마적 지도자(charismatic leader)
- 협상자(negotiator)
- 매개자(mediator)
- 매개자(mediator)
- 전문가(expert)
- 대변자(advocate)
- 조력자(enabler)
- 사회치료자(social therapist)
- 감독자(supervisor)

- 중재자(broker)
- 원조자(helper)
- 계획가(planner)
- 훈련가(trainer)
- 행정가(administrator)
- 주창자(initiator)
- 안내자(guider)
- 조사자(researcher)
- 교육자(educator)
- 평가자(evaluator) 등

이상의 내용을 근거로 하여 지역사회를 중심으로 사회복지사의 역할을 구체적으로 제시하면 다음과 같다(최일섭, 류진석, 1998: 154-173).

1 안내자의 역할

지역사회의 문제해결에 따른 올바른 목표를 설정하고, 이것을 해결하는 방도를 강구하도록 도와주는 역할이다. 사회복지사는 문제해결을 위한 방도의 선택이 지역사회 자체의 노력이 되도록 해야 하며, 자신의 목적을 위해 지역주민을 이용하거나 조종하거나 조치를 강요해서는 안 된다.

2 조력자의 역할

지역사회복지의 활동 과정을 용이하게 하는 역할이다. 즉 지역사회의 조건에 대한 불만을 일깨워 주고 그 불만을 집약할 수 있도록 도와주는 것이다. 사회복지사는 지역주민들이 상호 관계를 유지하고 협동적인 일에 참여하는 데 있어서 만족감을 갖도록 도와주어야 한다.

3 전문가의 역할

사회복지사가 권위 있게 피력할 수 있는 분야에 필요한 자료를 제공하고 직접적인 충고를 하는 역할이다. 즉, 전문가로서 지역사회복지를 수행하는 데 필요로 하는 지역사회 중심의 조사자료, 기술상의 경험, 자원의 출처, 방법상의 충고 등을 제공해야 한다.

④ 치료자의 역할

지역사회의 공동 노력을 심히 저해하는 금기적 사고(taboo ideas)나 긴장을 조성하고 집단들을 분리하는 요인들에 대해 적절한 진단과 치료를 하는 역할이다. 이를 위해 지역사회의 역사적 배경을 숙지해야 하고, 기존의 관습과 현실과의 관계를 인식해야 하며, 지역사회 내 역할들 간의 관계 등을 이해해야 한다.

⑤ 분석가의 역할

지역사회의 계획된 변화를 이루기 위해서 사실적 발견과 분석을 전제조건으로 삼는 역할이다. 지역문제에 대한 정확한 자료에 근거하지 않고는 성공적인 결과를 얻을 수 없기 때문에, 사회복지사는 지역조사를 토대로 현존 문제에 대한 분석가의 역할을 수행해야 한다.

⑥ 계획가의 역할

지역사회의 문제해결을 위해 누가, 무엇을, 어떻게 접근할 것인지 등 구체적인 계획을 수립하는 역할이다. 사회복지사는 지역사회의 공간적, 재정적, 인적, 법적 등의 기술적인 면을 고려해야 하고, 철학적인 측면도 중시하면서 논리적인 계획가의 역할을 담당해야 한다.

⑦ 조직가의 역할

지역사회복지의 실천 과정에 있어서 지역사회의 행동체계를 적절히 조직하고 참여시켜 행동에 임하는 역할이다. 즉, 지역주민들이 실천해야 할 역할을 분명히 하고, 그러한 역할을 효과적으로 수행할 수 있도록 훈련을 시킨다. 사회복지사는 지역주민들에게 참여의식을 고취시켜 지역사회가 수립한 계획을 제도화하여 스스로 추진해 나가도록 사기와 능력을 북돋워 주어야 한다.

8 행정가의 역할

지역사회복지 프로그램에 대해 계획에서 설정한 목표에 이르기까지 효율적이고 효과적으로 달성하기 위해서 모든 인적 · 물적 자원을 관리하는 역할이다. 이에 사회복지사는 지역사회복지 프로그램을 운영하는 규칙과 절차를 적용함에 있어서 달성하고자 하는 목표를 유념해야 하며, 형식적인 면을 강조하기보다는 적절한 융통성을 발휘하여 주어진 역할을 수행해야 한다.

9 행동가의 역할

사회복지사가 행동가로서 지역사회 내에 불우계층의 이익을 증진하고, 이들의 편에 서서 지역복지활동을 전개하는 역할이다. 이에 사회복지사는 지역사회의 조건이 불평등하게 배분되어 있다는 전제하에서 지방자치단체에 자원을 얻어 내기 위해 힘쓸 뿐만 아니라, 필요한 서비스 제공에 따른 불공평을 제거하도록 압력을 가해야 한다.

생각해 볼 문제

1. 사회행동의 개념을 정의해 보라.
2. 사회행동의 특징 여섯 가지를 간략히 제시해 보라.
3. 사회행동의 기능 네 가지를 간략히 제시해 보라.
4. 사회행동의 기본 전략에서 힘의 원천 세 가지를 설명해 보라.
5. 사회복지사의 역할 아홉 가지를 간략히 설명해 보라.

제8장

지역사회복지와 사례관리

지역사회복지를 실현하는 한 방법으로서 사례관리를 활용하는 것은 매우 중요하다. 지역사회 내에서 클라이언트의 다양한 욕구를 충족시키기 위해서 사례관리기법이 활용된다. 사례관리는 개인과 집단은 물론, 지역사회 내의 각종 조직체 등도 포함하며 다양한 서비스가 이루어진다. 특히 통합적인 방법으로서 대상자 욕구를 파악하고 보호(care)의 원칙에 따라 다양한 서비스를 제공하고 있다. 오늘날 지역사회복지를 구체적으로 실현하기 위해서는 사회복지실천 기법인 사례관리를 적극 도입하여 지역사회의 클라이언트 중심으로 자원 연결과 조정을 통해 문제해결에 역점을 두어야 한다. 이 장에서는, 첫째 사례관리의 개념, 둘째 사례관리의 구성, 셋째 사례관리의 과정 등을 중심으로 살펴보고자 한다.

Community welfare

제1절 사례관리의 개념

1. 사례관리의 정의

사례관리(case management)는 지역사회 내의 개별 클라이언트에게 초점을 두고 접근한다. 외국의 경우 사례관리는 지역사회(community) 내에서 이루어지며 보호(care)의 개념에 초점을 맞추고 있다. 그리고 '서비스 매니지먼트(service management)'는 '매니지드 케어(managed care)'라는 의미로서 환자와 의료기관 간에 케어의 질과 가격을 통제하고 조정하는 일을 담당한다. 또한 '케어 코디네이션(care coordination)'은 다양한 영역에서 조정과 통제로 지역사회보호(community care)를 실시하는 것이다. 의미론적으로 'case'는 다소 차가운 느낌이 있으며, 'care'는 어느 정도 따뜻한 느낌을 준다.

존슨과 루빈(Johnson & Rubin, 1983: 22)에 의하면, 사례관리는 주체가 사회복지사이고 대상은 보호대상자로서 이들이 적절한 서비스를 받을 수 있도록 하는 것이다. 사회복지사가 서비스를 제공하되 다양한 체계와 연결하여 당면 문제를 해결하는 것이라고 제시하고 있다. 파커(Parker, 1987: 20)는 사례관리를 요보호자에게 다양한 원조를 연결하고 조정하는 것이라고 설명하였다. 또한 목슬리(Moxley, 1989: 17)는 사례관리를 원조 주체가 사회복지 욕구를 가진 대상자가 사회생활의 기능이나 복지혜택을 최대한 향유할 수 있도록 공식적 또는 비공식적인 네트워크를 조직화하고 조정하는 것이라고 강조하였다. 시라사와(自澤政和, 1992)는 재가의 클라이언트의 욕구 변화를 항상 주시하여 시설수용자와 같이 필요에 따라 언제든지 서비스를 제공하는 것이라고 하였다.

영국 보건성(1991)은 사례관리를 지역사회에서 개인의 욕구에 대해 서비스를 제공하는 과정이라고 제시하였다. 즉, 클라이언트의 욕구에 대해 사정을 하고, 그 욕구가 서비스 제공의 우선순위에 적합하다고 인정되면 케어 패키지(care package)를 관리하고 지도하는 것이다. 또한 사례관리는 지역사회 내의 허약하고 장애가 있으며 중복적인 욕구를 가진 요보호 노인들에게 서비스를 제공한다. 즉, 정신적 · 신체적인 장애를 가진 사회적 약자들에게 전문적이고 사적인 서비스를 제공하는 것이다. 이에 사례관리의 접근 방법으로서 다양한 서비스의 네트워크를 통해 상호 협력적인 활동을 하는 것으로 설명할 수 있다.

사례관리를 종합적으로 정의해 보면, 지역사회 내의 요보호대상자나 그 가족의 욕구를 파악하고, 그 결과를 근거로 보호의 원칙에 따라 서비스 제공 계획을 작성하여 이를 실행하는 체제라고 할 수 있다. 특히 사례관리는 개별사회사업(casework)을 기초로 한 통합적인 접근 방법을 취한다. 다시 말하면 클라이언트의 문제를 단순한 접근으로 해결할 수 없을 경우 통합적인 접근으로 클라이언트와 사회 자원을 연결하고 조정하며, 이들의 복합적인 욕구를 해결해 나가는 과정을 말한다.

2. 사례관리의 대두

우리나라의 사례관리는 지역사회복지서비스의 한 방법으로 사용되고 있다. 정부 차원에서는 1992년에 처음으로 재가복지봉사센터를 설치하여 재가복지서비스를 실시하고 있다. 지역사회복지를 실천하는 데 우선 재가복지서비스가 정착되어야 하고, 구체적인 사례관리 방법을 활용해야 한다. 특히 급속한 사회 변화에 순응하고 요보호대상자들의 다양한 욕구를 충족시키기 위해서 사례관리가 필수적인 접근 방법이라 할 수 있다.

(1) 미국

미국의 사례관리는 1863년 매사추세츠 주에서 설립된 자선위원회의 활동에서 시작되었다. 그 후 사례관리는 기존의 실천과 조정활동의 접근법을 공식화하고 정립하게 되었다. 일반적으로 사례관리의 이념은 서비스를 조정하고 활용 자원의 중복을 예방하며 원조비용을 절약하는 데 있다.

이와 같은 이념을 가진 사례관리는 자선조직협회(C.O.S) 활동이 그 원조가 되며, 특히 사회복지 방법에 일조한 전문가인 리치먼드(Richmond)나 아담스(Adams) 등의 사상이 기초가 되고 있다. 사례관리의 원조사상이 정착된 것은 1950년대 중반에 정신건강(mental health)에 대한 탈시설화의 인식에서 시작되었다. 이를 계기로 케네디(Kenedy) 대통령이 1963년에 정신지체와 자립에 대해 강조한 후 탈시설화가 본격화되기 시작하였다. 미국의 사례관리는 1970년대에 연방정부가 신정책으로 채택하면서 더욱 활발히 전개되었다. 사례관리 프로그램으로는 'Service Integration Target for Apportunity'(1972), 'Partnership Grants Program'(1974), 'Community Mental Health Center Legislation'(1975) 등이다.

1976년에는 메디슨에서 사례관리를 위한 제1차 회의가 개최되어 사회사업이 구호에서 보호의 방향으로 이행되었다. 이는 사례관리에 대한 여론이 확립되는 계기가 되었고, 또한 오체아에서 1979년에 제2차 회의가 개최되어 사례관리를 사회사업으로 전환하는 동기를 부여하였다. 당시 미국은 '메디케어(medicare)'와 '메디케이드(medicaid)'에 대한 재정적 삭감을 위해 연방정부의 시험적인 보조프로그램이 급속히 증가하였다. 이후 대통령자문회의에서 정신건강에 관한 사례관리의 필요성을 권장하게 되었다. 1980년대에 들어 50개 주에 사례관리 프로그램에 대한 보조금을 제공하였고, 연방정부의 재정 감축 정책에 따라 예산 절감의 효과를 중시하면서 사회사업에 대한 '메니지드 케어(managed care)'라는 개념이 나타나게 되었다.

(2) 영국

영국의 사례관리는 당시 사회적 이념과 사회복지정책에 영향을 받으면서 뉴매너리즘(New Mannerism)에 근거를 두고 있다. 영국은 1980년 이후 뉴매너리즘에 기초하여 사회복지서비스의 효율성과 효과성을 강조하면서 사례관리를 정립하였다. 영국에서 사례관리가 도입된 것은 국영 의료제도인 NHS(National Health Sevice)와 PSS(Personal Social Sevice)에서 시작되었다. 베버리지(Beverige)가 제시한 베버리지 보고서는 사회복지제도의 전반에 크게 영향을 미치면서 사례관리에 촉진제 역할을 담당하였다.

이후 1950년대에는 정신장애인을 위한 지역사회보호가 이루어졌고, 1971년에는 시봄위원회 보고서(Seebom Commitee Report)에 기초하여 사회복지서비스부가 설치되었다. 그리고 1970년대에는 고령화정책에 따라 '우선적인 고령화 서비스의 필요성'을 강조하면서, 홈 헬퍼(home helper) 등 재가보호소가 설립되었다. 영국 정부의 감사위원회 권고(1986)에서 강조한 내용을 제시하면 다음과 같다.

- 사례관리자는 서비스 제공의 책임을 가지고 의료, 보건, 복지 등의 예산을 통합하여 사용해야 한다.
- 사례관리의 서비스는 지방자치단체와 민간기관이 계약하고 구입하여 적절하게 제공해야 한다.
- 사례관리자는 지역사회 내에서 고령자를 보호함으로써 관리자의 기능을 담당해야 한다.

이후 1989년에는 보건부, 사회부 장관의 명의로 정부백서가 발표되었고, 1991년에는 지역사회보호법을 제정하여 지역사회복지를 위한 변화가 일어났다. 즉, 지역사회보호는 사례관리의 맥락에서 시작되었으며, 특히 요보호대상자의 욕구사정, 지역사회보호계획의 작성, 기타 서비스 제공 등과 그 과정의 모니터링, 결과의 재검토 등에 기초하여 사례관리를 적극적으로 실시하였다.

(3) 일본

일본의 사례관리는 전국적으로 사회복지개혁이 실시되면서 1984년에 동경도 사회복지심의회의 '사회복지의 종합적인 중간보고서'에서 최초로 사용되었다. 동경도 사회복지협의회는 1985년에 '재가보고서'를 간행하여 사례관리를 시정촌 사회복지협의회의 역할에 맞게 수행할 수 있도록 자질을 갖춘 사례관리자를 양성할 것을 주장하였다. 이듬해 전국사회복지협의회는 간담회에서 '사회복지개혁의 기본 구상'을 발표하고 사례관리 제도를 확립하여 인력 양성을 강조하였다. 이를 계기로 1989년에 사례관리연구위원회를 발족하여 『사례관리』의 책자를 간행하였다(김만두, 1982: 28-30).

일본의 후생성(厚生省)에서는 1994년에 새로운 고령자 개호지원제도 구축을 목적으로 개호보험의 창설과 더불어 실천체계로서 사례관리의 기능을 강조하였다. 전문적인 상담 및 조언, 욕구 파악과 보호 계획의 작성, 서비스 이용에 결부, 사례관리팀의 구성 등을 통해 보건 및 복지서비스를 지속적으로 제공하였다.

또한 노인보건복지심의회에서는 1995년에 새로운 고령자 개호제도의 구상과 그 기본 이념을 다음과 같이 제시하였다.

- 고령자 개호에 대한 사회적 지원이 필요하다.
- 고령자 선택을 통하여 사례관리를 확립한다.
- 종합적인 서비스를 제공한다.

이에 일본에서는 지역사회복지의 실천을 위해 사례관리와 개호보험을 관련지어 실시하려는 경향을 가지고 있다.

3. 사례관리의 필요성

지역사회복지의 맥락에서 사례관리는 사회적 · 경제적 조건과 클라이언트의 욕구, 지역사회복지서비스 방법의 개선의지 등에 따라 어느 정도 차이가 있다. 그러나 사례관리의 필요성을 몇 가지로 제시하면 다음과 같다.

1 사회인구학적 변화

최근 인구의 증가와 고령화사회를 접하면서 노인, 장애인 등이 증가하고 있어서 요보호대상자에 대한 새로운 서비스 제공과 보호에 대한 정책이 요구된다.

2 재정적 위기의 변화

복지국가 위기 이후에 선진국들은 국가 중심의 사회복지서비스를 민간부문에 일부 이양하는 중요한 정책상의 변화를 가져왔다. 따라서 급증하는 요보호대상자에 대한 서비스를 국가의 재정만으로 감당하기 어려운 상황이 되었다.

3 탈시설화의 변화

지역사회 내에서 그동안 시설보호의 결과로 여러 가지 부작용이 나타나게 되었다. 이에 요보호대상자의 정상적인 생활에 부적합한 방법이라고 인식하게 됨으로써 탈시설화를 시도하고 있다.

4 단순한 서비스에 대한 보완

기존의 요보호대상자에 대한 서비스의 단순화와 독자성이 강했기 때문에 클라이언트의 복합적인 요구를 충족시키기에는 한계가 있다. 이에 요보호대상자에 대한 해결 방안으로서 다양한 서비스 제공을 시도하였다.

5 대인서비스 방법의 변화

지역사회 내의 요보호대상자들의 욕구가 개인적 욕구부터 사회적 욕구에 이르기까지 다양하게 변화하고 있다. 이에 대인서비스 내용에 대한 인식의 변화가 필요하다.

마에다(前田大作, 1992: 240-244)는 지역사회복지를 실현함에 있어서 사례관리의 필요성 세 가지를 다음과 같이 제시하였다.

- 요보호노인과 그 가족의 입장에서 필요하다. 즉, 지역사회 내의 요보호대상자와 그 가족들은 서비스에 관한 정보가 없거나 정보 획득의 통로가 없어서 사회복지서비스를 신청하는 데 어려움을 겪고 있다. 따라서 요보호대상자들이 종합적인 서비스의 신청과 함께 적절한 도움을 받기 위해 사례관리가 필요하다.
- 공적 서비스체계의 문제점을 극복하기 위해 필요하다. 즉, 기존의 전통적 방법인 개별사회사업은 요보호대상자의 신청에 의해 이루어져 왔지만, 이제는 요보호노인들이 대부분 고령자이고 장애가 있기 때문에 직접 도움을 신청하기가 어렵다. 또한 요보호대상자는 각종 서비스의 상호 연계성이 미비하고 정보의 공유가 어렵다. 이러한 공적 서비스의 문제를 극복하기 위해서 사례관리가 필요하다.
- 지역사회복지의 실천을 위해 필요하다. 즉, 지역사회 내의 요보호대상자에 대한 최적의 서비스를 통해 지역사회 통합을 이루어 나가는 데 사례관리가 필요하다.

제2절 사례관리의 구성

1. 사례관리대상

지역사회복지를 위한 사례관리는 지역사회 내의 학교, 병원, 기업체, 보험사, 은행, 정신건강클리닉 등을 포함하여 서비스 전달이 이루어진다. 최근 사례관리는 사회사업실천의 영역에서 관리기법을 도입하여 하나의 사회복지실천기술로서 자리매김하고 있다. 사례관리대상을 국가별로 제시하면 다음과 같다.

- 미국: 정신장애인 중심으로 선정되어 가능한 한 이들의 자립책에 역점을 두고 있다. 그리고 지역사회 내의 요보호노인, 요보호아동, 비행청소년, 에이즈환자 등에까지 확대하여 서비스를 제공하고 있다.
- 영국: 정신장애인을 대상으로 하며, 이들을 증상에 따라 구분하여 체계적인 서비스를 제공하고 있다. 그리고 사례기법을 활용하여 점차 의료 욕구가 강한 요보호노인을 대상으로 필요한 서비스를 제공하고 있다.
- 일본: 요보호노인, 장애인 등이 대상이 되고 있다. 특히 일본은 세계적인 가장 높은 고령화 사회로서 노인이 우선 대상이 되고, 그다음은 고령장애인을 비롯한 장애인 순으로 서비스를 제공하고 있다.
- 한국: 빈곤노인과 장애인이 대상이며, 소년소녀가장세대가 새로운 대상으로 포함되고 있다. 그리고 비행청소년, 부랑자 등도 대상에 포함되어 필요한 서비스를 제공하고 있다.

각국의 사례관리대상은 그 나라의 특성과 환경에 따라 지역사회를 중심으로 약간의 차이가 있으나 공통적으로 요보호노인과 장애인 등이 집중적인 대상이 되고 있다. 사례관리대상은 대부분 복합적인 복지 욕구를 지니고 있으므로, 의료, 보건, 경제, 상담 등의 전문적인 사례관리를 통해 적절하고 통합적인 서비스 제공이 이루어져야 한다.

2. 사례관리기관

우리나라 사례관리기관(case management agency)은 정부기관과 민간기관으로 구분할 수 있다. 정부기관으로는 보건소, 시 · 군 사회복지기관, 각 읍 · 면 · 동 사회복지업무담당, 노인복지센터, 여성회관 등을 들 수 있다. 민간기관으로는 재가복지센터, 한국복지재단, 한국노인복지회, 자원봉사센터 등을 들 수 있다. 사례관리기관의 조건을 몇 가지 제시하면 다음과 같다.

- 사례관리기관은 지역사회 내에 존재하는 요보호대상자의 다양한 욕구를 충족시킬 수 있는 기관이어야 한다. 예컨대, 지역사회 내에 존재하는 요보호대상자의 욕구를 파악하고 관리하며 서비스를 제공하는 기능을 수행하는 기관을 말한다.
- 사례관리기관은 지역사회의 요보호대상자에게 적절한 상담 기능을 주된 역할로 담당하는 전문적인 기관이어야 한다. 즉, 사례관리기관에 전문상담원을 배치하여 다양한 욕구 문제를 해결하고 지역사회에 잘 적응할 수 있도록 체계적인 서비스를 제공하는 역할을 한다.
- 사례관리기관은 지역사회 내의 요보호대상자에게 제공할 서비스의 결정권을 가진 기관이어야 한다. 대부분 사례관리기관에서는 서비스 결정권을 갖지 못하고 기초자치단체의 사회복지관과 보건소 등에서 결정하여 집행하고 있다.

3. 사례관리자

사례관리자(case manager)는 지역사회서비스 제공의 종류에 따라 자신의 역할도 다르다. 사례관리자는 사례관리의 위치 설정에 있어 의견이 대립될 수 있다. 즉, 지역사회 내의 요보호대상자에 대한 심리적인 상담원조를 하면서 사례관리의 기능을 수행해야 한다는 의견과 요보호대상자와 적절한 사회 자원을 연결하되 상담 기능을 다른 기관에 의뢰해야 한다는 의견이 대립될 수 있다(조추용, 2000: 23). 전자의 경우 두 가지 중복 기능을 수행할 능력이 있는 사례관리자가 요구되며, 후자의 경우는 높은 전문성이 요구되지 않고 학부 출신의 사회복지사 수준에서 사례관리자가 수행할 수 있다.

지역사회복지의 실천 분야에서 사례관리자가 바람직한 전문성을 발휘하기 위한 몇 가지 대안을 제시하면 다음과 같다.

- 사례관리자는 지역사회복지 분야는 물론, 의료 분야에서 최소한 3년 이상의 경력을 가져야 전문적인 영역에서 바람직한 역할을 수행할 수 있다.
- 사례관리자는 지역사회의 사례관리에 대한 관심이 높은 자로서, 우선 지역사회복지의 철학과 마인드를 가져야 좋은 결과를 도출할 수 있다.
- 사례관리자는 일정 기간 동안 지역사회의 사례관리에 대한 기초교육과 체험학습을 습득해야 하고, 이를 통해 지역사회복지실천 프로그램에 참여할 수 있다.
- 사례관리자는 지역사회복지기관이나 사회봉사 관련 기관 등 공식적인 활동에 참여하고 다양한 사례를 다루면서 전문적인 영역에 관여할 수 있다.

- 사례관리담당자는 지역사회의 사례관리에 대한 이해, 담당 분야에 대한 이해, 사례관리 실습 등에 참여하고, 다양한 분야에서 이론과 실천을 섭렵하여 이를 토대로 전문성을 파급할 수 있다.

사례관리대상자는 요보호대상자로서 욕구가 개별화되어 있기에, 개인의 세심한 부분까지 관심을 가지고 상담서비스를 제공해야 한다. 대부분 사례관리자는 지역사회복지 분야, 정신보건 분야, 일반의료 분야, 작업치료 분야, 개호복지 분야 등을 담당하고 있다. 따라서 향후 이들의 전문적인 자질과 능력의 향상은 물론, 각 분야의 전문성을 획득하기 위해서 지속적인 교육과 훈련이 필요하고 현장 경험을 통해 자신감 있는 사례관리자로 성장해야 한다. 각국의 사례관리담당자 비율을 제시해 보면 다음과 같다.

- 미국: 사례관리자는 사회복지사가 약 75%이고, 간호사, 물리치료사 등이 약 25%를 담당하고 있다.
- 영국: 대부분 실무 경험이 있는 사회복지사가 사례관리를 담당하고 있다.
- 일본: 사회복지사, 이학치료사, 작업치료사 등이 약 50%이고, 개호복지사 등 기타 전문직 등이 약 50%의 비율로 사례관리를 담당하고 있다.
- 한국: 대부분 사회복지관, 노인복지관 등의 재가 담당 사회복지사가 사례관리를 담당하고 있다. 일반적으로 사례관리의 적임자는 대학에서 사회복지학을 전공하고 관련 기관의 실무 경험이 있는 자로 간주하고 있다.

제3절 사례관리의 과정

사례관리의 과정은 학자들의 견해에 따라 다양한 모형을 제공한다. 윌과 칼스(Will & Karls, 1985: 29)는 사례관리의 과정을 서비스 계획, 서비스 전달, 평가 등으로 구분하였다. 로스만(Rothman, 1990: 520-529)은 사례관리의 과정을 클라이언트의 확보, 인테이크 및 사정, 개입 계획, 클라이언트 연결, 탐색, 결과 평가 등으로 설명하였다. 장인협(1996)은 사례관리의 과정을 인테이크, 사정, 케어 계획, 케어실행, 점검 및 재평가, 평가 및 종결 등으로 구분하였다.

이상과 같은 대표적인 학자들의 견해를 종합하여 사례관리의 과정을 구성해 보면, ① 사례 발견, ② 사례 사정, ③ 사례 계획, ④ 사례 실천, ⑤ 사례 평가, ⑥ 종결 등으로 구분할 수 있다. 종합적인 사례관리의 과정을 구체적으로 제시하면 다음과 같다.

1. 사례 발견

사례 발견의 단계에서는 사례관리자가 요보호대상자에게 원조의 목적이나 내용은 물론, 사례관리자의 역할과 책임을 설명해야 한다. 이와 같이 사례관리의 기본적인 이해가 이루어지면 사례관리자는 구체적으로 대상자의 사례를 발견하기 위해 다음의 사항에 주의를 기울여야 한다.

- 요보호대상자의 욕구를 우선 파악해야 한다.
- 요보호대상자의 광범위한 사례 발견에 주력해야 한다.
- 요보호대상자의 두려움, 공포, 수줍음, 자포자기, 무력감, 낙인 등 정서적인 반응을 관찰해야 한다.

- 요보호대상자를 둘러싸고 있는 다양한 네트워크를 통해 이들의 세부적인 문제를 발견해야 한다.

사례관리자는 요보호대상자에 대한 신청주의 원칙에 따라 접촉하였으나, 이제는 요보호대상자의 폭을 광범위하게 넓혀서 방문주의의 원칙을 채택할 필요가 있다. 이에 따라 네트워크를 통한 요보호대상자의 선정 사례를 몇 가지 제시하면 다음과 같다.

- 지역사회 내에 존재하는 사회복지기관 및 시설 등과 공유하여 요보호대상자의 추천을 받는다.
- 지역사회 내의 교회, 신문, 노인센터, 동사무소, 복지관 등의 다양한 경로를 통해 추천 의뢰를 받는다.
- 지역사회 내에서 팸플릿이나 광고문, 기타 서클 등을 통하여 요보호대상자를 의뢰받는다.
- 지역사회 내의 자원봉사조직을 통하여 요보호대상자를 직접 또는 간접적으로 추천받는다.

2. 사례 사정

사례 사정의 단계는 문제를 지닌 요보호대상자의 욕구를 중간 과정마다 사정(assessment)하는 것을 말한다. 즉, 대상자의 사정이 필요한 경우에는 전체적인 관점에서 접근하되 진행되는 과정마다 체크하여 문제해결을 이루어 가는 것이다. 사례 사정의 내용을 몇 가지 제시하면 다음과 같다(自澤政和, 1992: 62).

- 대상자 욕구의 내용이나 정도를 조사한다.

- 자신의 욕구에 대응하는 대상자의 능력을 조사한다.
- 욕구에 대응하는 비공식적인 서비스의 역량을 조사한다.
- 욕구에 대응하는 공식적인 서비스의 역량을 조사한다.

또한 사례 사정의 특성을 요약해 보면 다음과 같다.

- 대상자의 개별화된 욕구를 기초로 한다.
- 대상자의 신체적 · 심리적 · 사회적인 다양한 영역을 포함한다.
- 대상자에 대해 팀워크를 통하여 조사한다.
- 대상자의 직접적인 참여에 의해 접근한다.
- 대상자의 욕구 해결과 사회 변화에 초점을 두고 접근한다.
- 대상자에게 체계적인 접근을 통해 통합적인 방법을 활용한다.

사례 사정은 요보호자의 서비스 지원 차원에서 사정하게 되는데, 즉 자기 보호, 전문적 보호, 상호 보호 등으로 구분할 수 있다. 이를 구체적으로 설명하면 다음과 같다.

- 자기보호는 일상생활의 욕구, 신체적인 이동능력, 사회적 대인관계 기능, 정신적인 건강 상태, 자기 옹호의 능력 등에 대해 조사한다.
- 전문적 보호는 대인서비스에 대한 적응 기준과 대인서비스의 유효성을 재고하고 담당자의 기능을 평가한다.
- 상호 보호는 사회적 네트워크의 구조나 대상자의 현존 감정에 대한 조사는 물론, 자연발생적인 원조자나 바람직한 사회적 지원 형태를 조사한다.

3. 사례 계획

사례 계획의 단계에서는 우선 요보호대상자의 동의를 구하고, 그들의 당면 문제를 바람직하게 해결하기 위한 목표에 이르는 과정을 수립한다. 그리고 바람직한 문제해결의 목표를 성취하기 위해 필요한 원조체계를 제시한다. 즉, 사례관리자, 사회 자원, 서비스 내용, 프로그램 개발 등이 포함된다. 사례 계획에 있어서 특히 중요한 요인은 구체적인 원조를 제공하는 공급주체를 분명히 하는 것이며, 원조에 대해 필요한 시간과 횟수를 제시해야 한다. 이외에도 대상자 또는 가족들이 보호서비스에 대한 부담금을 제시해야 하는 경우가 있으며, 대상자 또는 가족에게 작성된 사례 계획에 대해 양해를 구해야 하는 경우도 있다. 사례 계획에 포함되는 내용들을 간략히 열거해 보면 다음과 같다.

- 사례관리의 목표
- 대상자의 능력 여부
- 대상자 가족의 역할
- 중요한 타인(예: 친척, 동료, 이웃, 친구, 자원봉사자 등)
- 사례담당자의 역할
- 사례관리기관의 지원
- 기관서비스 내용
- 원조 결과에 대한 예상 정도 등

이상의 내용에 대해 사례관리자는 사례 계획의 원칙 아래 가능한 한 구체적인 서비스 계획을 세우고, 대상자와 그 가족과의 관계를 원활히 하여 의도된 사례 계획을 수립하는 것이 매우 중요하다. 따라서 사례 계획의 단계는 요보호대상자에게 효과적인 서비스를 수행할 수 있도록 세부적인 계획을 세우는 과정이라 할 수 있다. 이에 대한 사례 계획의 몇 가지 원칙을 제시하면 다음과 같다.

- 사례 계획은 요보호대상자의 포괄적인 기능적 사정에 기초한다.
- 사례 계획은 요보호대상자가 부재중일 경우 그 가족이나 대리인 등을 참여시킨다.
- 사례 계획은 결정한 사례 목표에 따라 구체적인 계획을 수립한다.
- 사례 계획은 공식적인 서비스와 비공식적인 서비스를 포함하여 수립한다.
- 사례 계획은 그 내용을 정형화된 기존 카드에 문서화하여 효율적으로 활용하도록 한다.

4. 사례 실천

사례 실천의 단계는 이미 수립된 사례 계획에 따라 서비스를 실시하는 것을 말한다. 이 단계는 여타 단계보다도 장기간이 소요되며, 즉 문제해결 과정, 돕는 과정, 치료 과정, 중재 과정, 개입 과정 등으로 이루어진다. 있다. 사례 실천의 단계는 사례관리자의 활동이 가장 많으며, 이에 사례관리자는 서비스나 지원의 공급주체라는 의식을 가지고 대상자에게 최적의 서비스를 제공해야 한다. 그리고 사례관리자는 대상자에게 자신의 주소나 전화번호를 알려 주고, 그들이 서비스를 원하는 것부터 대상자를 대신하여 신청하는 것에 이르기까지 포괄적인 서비스를 제공한다.

사례 실천의 공급주체는 공식적인 지원과 비공식적인 지원으로 구분할 수 있는데, 전자는 사회복지법인, 자조단체, 기업체 등 제도화된 체계이고, 후자는 가족, 친척, 친구, 이웃, 자원봉사자 등 비제도화된 체계다. 따라서 사례 실천의 서비스는 직접적 서비스와 간접적 서비스로 구분할 수 있는데, 이를 요약하여 제시하면 다음과 같다.

- 직접적 서비스는 지역사회 내의 요보호대상자가 위기상황에 직면하였을 때 개입하는 서비스다. 그리고 요보호대상자의 욕구 충족에 필요한 기술, 지식 등을 인식하도록 교육을 하며, 이들이 경험한 과거의 실패에 대해 긍정적인 변화를 시도하고 지지하는 서비스를 말한다.
- 간접적 서비스는 지역사회 내의 요보호대상자를 공식적 · 비공식적 기관에 연결해 주는 서비스다. 특히 요보호대상자가 필요한 서비스를 제공받지 못했을 때, 이들을 옹호하고 격려해 주며 다시 필요한 서비스를 제공받도록 도움을 준다.

이상의 사례 실천에 있어서 사례관리자의 역할을 직접적 서비스와 간접적 서비스로 구분하여 제시하면 다음과 같다.

- 직접적 서비스 제공자로서의 역할에서는 이행자, 교육자, 훈련자, 안내자, 협조자, 진행자, 지원자 등으로서 대상자의 욕구에 따라 서비스를 제공한다.
- 간접적 서비스 제공자로서의 역할에서는 중재자, 연결자, 옹호자, 전달조정자 등으로서 대상자의 욕구해결을 위해 간접적인 서비스를 제공한다.

5. 사례 평가

사례 평가의 단계는 사례관리의 과정 중 최종적인 단계로서 보호 결과, 사후보호, 모니터링, 평가, 종결 등 다양한 의미로 사용되고 있다. 사례 평가의 공통된 목적은 지역사회 내의 요보호대상자가 주어진 서비스에 어느 정도 만족했는가 또는 불만족했다면 어떻게 해야 할 것인가 등을 평가하는 데 있다. 사례 평가는 주로 효과성과 효율성 위주로 평가한다. 또한 사례 계획이 진행되는 단계마다 점검하는 형성평가와 사례 계획의 수행에 대한 결과로서의 총괄평가로 구별하기도 한다.

사례 평가의 수단은 일정한 표준화된 기법을 사용하여 측정하는 방법으로서, 사례관리자가 대상자에게 지원하는 능력의 정도와 대상자에 대한 서비스 지원의 결과를 평가하는 데 그 중요성이 있다. 사례 평가의 구체적인 내용을 제시하면 다음과 같다.

- 사례 계획이 어느 정도 수행되었는가
- 사례 계획의 목표가 달성되었는가
- 대상자의 서비스 지원 내용이 적절했는가
- 대상자의 새로운 욕구가 발생하지 않았는가 등

6. 종결

사례 과정의 종결 단계는 매우 어려운 과정 중의 하나다. 종결은 사례관리자와 요보호대상자와의 상호 관계성이 단절되는 시점이다. 지역사회 내의 대부분 요보호대상자는 비교적 만성적이고 중복적인 욕구를 지닌 자들로서, 특히 요보호노인들은 고령화에 따른 수명 연장 등으로 서비스 기간이 길기 때문에 언제 종결하는 것이 가장 바람직한가가 매우 중요하다. 사례 과정의 종결이 이루어지는 경우는 다음과 같다.

- 요보호대상자의 욕구가 완전히 충족되어 더 이상의 서비스가 필요하지 않을 경우다.
- 요보호대상자가 사망하였거나 타 지역으로 이주했을 경우다.

- 사례기관의 폐쇄 등으로 인해 지속적인 보호서비스가 어려울 경우다. 이와 같이 요보호대상자에 대한 보호서비스가 미결된 상태에서는 지속적인 서비스가 제공되도록 적절한 사례기관과 사례관리자에게 의뢰하는 것이 바람직하다.

생각해 볼 문제

1. 사례관리의 개념을 정의해 보라.
2. 사례관리의 필요성을 간략히 설명해 보라.
3. 사례관리기관의 조건 세 가지를 간략히 제시해 보라.
4. 사례관리자의 전문성을 위한 대안 다섯 가지를 설명해 보라.
5. 사례관리의 과정 여섯 가지를 간략히 제시해 보라.

제9장

지역사회복지와 지방자치

지역사회복지가 지방자치제의 실시로 인해 어떤 의미로 비추어지는가 하는 것은 중요한 관심사가 되고 있다. 지방자치는 지역주민의 지역사회복지 수준을 향상시키는 데 궁극적인 목적이 있다. 그러나 지방자치가 지역주민들의 복지 증진에 순기능적인가 역기능적인가 하는 점에 대해서는 논의가 필요하다. 이러한 맥락에서 지방자치제는 지역사회복지의 실현에 대해 형식적이고 절차적인 수준의 틀에서 크게 벗어나지 못하고 있는 실정이다. 이에 따라 지방자치제에 따른 지역사회복지의 역기능적 요소를 극복하는 새로운 방향이 요청되고 있다. 이 장에서는, 첫째 지방자치제의 개념, 둘째 지역사회복지의 본질, 셋째 지역사회복지의 개입 방법, 넷째 지역사회복지의 발전 방안 등을 중심으로 살펴보고자 한다.

Community welfare

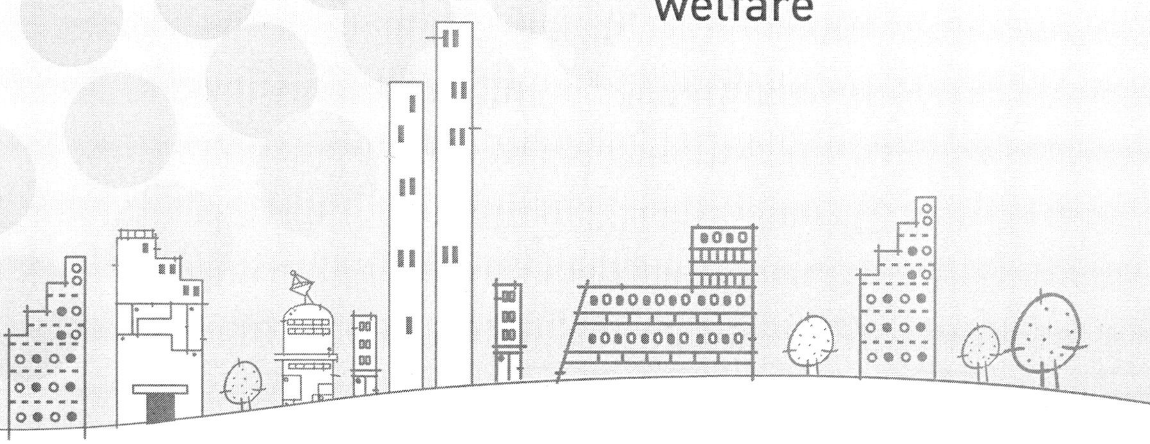

제1절 지방자치제의 개념

1. 지방자치제의 정의

지방자치제(local autonomy)는 각 나라의 정치적 · 사회적 · 경제적 제도의 역사적인 발전 과정과 현실에 따라 다르므로 한마디로 정의하기는 어렵다. 일반적으로 지방자치란 일정한 지역사회를 기초로 한 지방자치단체가 그 구성원인 지역주민들의 자유로운 의사에 따라 지방자치단체 자신의 권능과 책임 아래 지역사회의 공공사무를 자치적으로 처리하는 것을 말한다. 이러한 지방자치제는 두 가지의 중요한 사상적 기초 위에 성립되어 있다. 첫째, 지방자치단체에 법인격을 부여함으로써 통치능력을 취득하게 한다는 '지방분권사상'에 입각한다. 둘째, 지역주민들이 스스로의 책임하에 스스로 처리한다는 '민주주의사상'에 입각한다(민주쟁취국민운동본부, 1988: 13).

지방자치제는 중앙과 지방과의 관계에서 지역사회를 중심으로 지방분권사상을 바탕으로 하며, 이는 지방자치단체와 지역주민들 간의 관계에서 민주주의사상을 기반으로 하고 있다. 오늘날 지방자치제에 따른 지방자치의 의미로서 다섯 가지 중요한 요소가 내포되어 있다. 즉, ① 지방공공단체, ② 지역 공동 문제와 욕구, ③ 자기부담과 책임성, ④ 자기결정의 처리, ⑤ 국가의 감독을 들 수 있다. 이것은 지방자치단체하에서 자치적인 사무와 지역사회의 발전을 도모하며, 자주적인 재정 및 자발적인 참여와 함께 중앙정부의 지원이 필요함을 의미한다(문병주, 1991: 27). 지방자치제가 성립되기 위해서는 다음과 같이 두 가지가 요구되고 있다.

- 중앙정부로부터 독립하여 자치권이 있는 지방자치단체가 되어야 한다.
- 지방자치단체의 행정사무가 지역주민의 자발적인 참여에 의해 이루어져야 한다.

지방자치의 주체를 중심으로 두 가지를 구분하여 제시하면 다음과 같다.

- 단체자치로서 지방자치단체와 국가와의 관계에서 지방자치단체의 자치권을 중심으로 지방자치를 이해하고 실행하는 활동이다.
- 주민자치로서 지방자치단체 내의 정부와 주민과의 관계에서 지방행정에 대한 주민의 참여에 강조점을 두고 지방자치를 이해하고 실행하는 활동을 의미한다.

이상의 지방자치의 두 가지 측면을 제시하면 [그림 9-1]과 같다.

지방자치제의 실시는 지역사회복지의 측면에서 볼 때 중앙의 권한을 지방으로 분산한다는 것을 말한다. 이는 전체성보다는 개체성으로서 자조력(self-help)과 자치능력(autonomy)을 인정하고 있다. 최근 복지국가

●그림 9-1● 지방자치의 두 가지 측면

의 위기 이후에 나타나는 현상은 탈중앙집중화이며, 사회복지서비스의 경우에도 시설 중심의 서비스로부터 가족 및 지역사회 중심의 서비스로 전개되고 있다. 이것은 지역주민들의 사회복지의식이 점차 고조되면서 지방자치제와 밀접한 관련이 있다.

2. 지방자치제의 역사

지방자치는 국가통치기구의 하나로서 중앙정부와 더불어 지역사회복지의 구현이라는 공통의 목적을 추구한다. 특히 지방자치는 지역사회는 물론, 국가행정에 대하여 중앙정부와 공존하며, 상호 분담과 협동관계의 유지를 강조한다. 그리고 중앙정부와 지방자치단체의 관료행정적 결점을 보완하면서 지역사회의 실정에 적합한 행정 수행과 지역주민의 복지증진에 이바지하는 것에서 그 존재 가치를 찾을 수 있다.

우리나라 지방자치제도는 정부가 수립된 이듬해에 처음으로 도입되었으며, 그 이후 민주적인 방식으로 진행되었지만 군사정권에 의해 퇴색되면서 중단된 사례가 있다. 그러나 지방자치제가 다시 부활되면서 여러 가지 어려운 과정을 거쳐 지금까지 지역사회복지와 함께 실시되고 있다. 따라서 지방자치제의 역사적 시기를 크게 세 단계로 구분하여 제시하면 다음과 같다(김범수, 2000: 48-49).

1 제1단계

제1단계는 제1, 2공화국 정권으로서 지방자치의 발전 시기라 할 수 있다. 근대적 의미로서 지방자치제도가 처음 도입된 것은 정부 수립 다음 해에 지방자치법(1949)의 제정이 이루어지면서다. 지방자치법은 여러 차례 개정되었는데, 그 개정 내용을 살펴보면 다음과 같다.

- 1949년 7월 지방자치법이 제정 · 공포된 이후 부칙 제1조로 동년 8월 15일부터 실시되었다.
- 1949년 12월 1차 지방자치법 개정을 단행하였지만 당시의 사정에 따라 그 실시를 연기하였다.
- 1952년 권력자의 정치적 개입으로 선거를 통해 다시 지방자치제가 실시되었다.
- 1956년 2월과 7월의 개정으로 지역주민의 직선제로 바뀌고, 지방자치단체장에 대한 지방의회의 불신임권이 폐지되었다.
- 1958년 12월 개정을 통해 기존 지방자치단체장의 선출이 임명제로 변경되었다.
- 1960년 11월 제5차 개정을 통하여 모든 지방자치단체의 장은 지역주민이 직접 선출하게 되었다.

2 제2단계

제2단계는 제3공화국 정권에 의해서 지방자치제가 중단된 시기라 할 수 있다. 당시 지방자치제로 이행되는 과정을 제시하면 다음과 같다.

- 5·16 이후 군사정권은 권위주의적으로 국정을 운영하였고, 지방자치제로 인하여 나타나는 갈등과 비능률성에 부정적인 인식이 지배적이었다.
- 1962년에는 지방자치제에 대한 임시조치법을 공포하여 시행하고 지방자치제가 중단되었다. 이로 인해 강력한 중앙집권적인 행정체계하에서 일방적인 행정집행이 이루어졌다.
- 이후 유신정권체제에서는 권력자의 정치적인 의도에 따라 통일을 지방자치제의 요건으로 규정하여 지역주민의 행정적 참여를 규제하고 중앙집권화를 더욱 강화하였다.

3 제3단계

제3단계는 제5공화국에서 오늘날까지 지방자치제의 부활 시기로 볼 수 있다. 당시 지방자치제로 전환되는 과정을 제시하면 다음과 같다.

- 제5공화국 헌법은 지방의회의 구성 시기를 지방자치단체의 재정자립도를 감안하여 법률로 정한다고 규정함으로써 지방자치에 대한 논의의 가능성을 제시하였다.
- 1984년 11월 국회에서 1987년 상반기 중 적합한 일부 지역에서 지방의회를 1차적으로 구성하기로 합의하였다. 당시 지방자치제는 긴박한 정세의 변화 속에서 1988년 상반기 13대 국회의 개정안이 국회를 통과하였으나 대통령의 거부권 행사로 무산되었다.
- 이와 같은 정치적인 개입 속에서 1990년 여 · 야의 극적인 합의 하에 지방자치제를 실시하게 되었다. 이러한 맥락에서 우리나라도 지방자치제의 실시와 함께 지역사회복지의 중요성이 더욱 부각되었다고 할 수 있다.

3. 지방자치제의 가치

지방자치제는 일정한 지역사회를 기초로 하여 지방자치단체가 지역주민의 직접적 또는 간접적 의사에 따라 자유롭게 실시되는 것을 말한다. 특히 지방자치단체 자체의 권능과 책임성 아래 주어진 재원에 의하여 지역사회의 공공사무를 자치적으로 처리하는 것을 의미한다. 우리나라 지방자치제의 전통적 가치를 '정치적 측면'과 '행정적 측면'의 두 가지로 제시하면 다음과 같다(김형배, 1988: 62-75).

1 정치적 측면

- 지역주민의 주체적인 활동을 토대로 지방행정의 민주화를 보장하고 민주정치의 기초가 된다.
- 지역주민이 자치능력과 민주주의적 양식을 배우고 훈련하는 민주주의의 학교의 역할을 한다.
- 국가권력의 비대화와 전제화 등을 통제한다.
- 중앙정부의 정권교체와 정국의 급격한 변동에 따른 행정상의 혼란을 방지한다.

2 행정적 측면

- 지역사회의 특수성에 적합한 행정 집행을 가능하게 하여 지역주민의 감정을 만족시켜 주는 동시에 선의의 경쟁을 통한 지역 발전에 기여한다.
- 지역사회를 단위로 실시되는 지방행정이므로 지역적 창의성이 발휘되고 지역적 실험효과가 있도록 한다.
- 중앙정부와 지방정부가 행정 기능을 적절히 분담함으로써 행정의 효율성이 향상되도록 한다.
- 지역주민과의 밀접한 관계 속에서 지방행정을 수행하므로 담당자들은 최선을 다하여 인력과 경비의 절감을 기할 수 있다.

지방자치제의 현실적인 가치는 민주성과 자율성의 바탕 위에서 모든 지역주민들이 책임과 역할분담을 강조하는 것이다. 이는 지방화시대의 다양하고 질적인 욕구를 수용할 수 있는 가장 효과적인 제도라 할 수 있다. 특히 지방자치제는 국가통치기구의 하나로서 중앙정부와 더불어 지역사회복지의 구현이라는 공통의 목적을 추구하며, 국가행정에 대하여 중앙정부와 함께 분담과 협동의 관계에 있음을 알 수 있다. 따라서 지방자치제는 기존의 관료행정에 대한 결점을 보완하면서 지역사회의 실정에 적합한 행정집행을 전개하여 지역주민의 복지 증진에 기여한다는 것에서 그 존재 가치를 찾을 수 있다.

제2절 지역사회복지의 본질

1. 지역사회복지의 속성

지역사회복지는 지역사회 차원의 사회복지라는 의미를 가지며, 일반적으로 '지역사회조직' '지역사회계획' '지역사회관계' '계획적 변화' '지역사회사업' '사회행동' '집단 간 사업' '지역사회실천' 등의 다양한 용어를 포괄하고 있다. 또한 지역사회복지는 지역사회의 수준에서 지역사회제도를 개선하고 변화시키며 지역문제를 해결하기 위한 개입이라는 의미를 지닌다(Cox et al., 1979: 3). 이에 지역사회복지는 지역주민의 사회적 복리를 도모하고 주민들의 생활 향상을 그 목적으로 한다. 특히 지역사회복지는 일정한 지역사회 차원에서 주민 주체의 시점에서 지역사회를 통합하고 전개하는 데 목표가 있다.

일본의 나가타(永田幹夫, 1982: 35-36)는 "지역사회복지는 사회복지서비스를 필요로 하는 개인, 가족 등의 자립을 지역사회 내에서 도모하려는 목적을 가지고 있다. 즉, 지역사회의 통합화, 환경개선서비스, 개별적 사회서비스체계 등의 창설, 개선, 확보, 운영, 실현 등을 위한 조직화활동의 총체"라고 하였다. 그리고 지역사회복지의 구성 요소로서 재가복지서비스, 환경개선서비스, 조직화활동 등을 제시하였으며, 이것을 서비스체계와 방법론체계로 나누어 지역사회복지의 내용을 분류하고 있다.

아베(阿部志郞, 1977: 211)는 지역사회복지를 "지역사회 내의 공적 · 사적 기관이 협동하고 각종 사회복지를 위한 제반 자원을 동원하고, 지역의 복지 욕구를 충족시키며 주민 참여에 의한 복지활동을 조직하여 지역복지를 실현해 나가는 구체적 노력의 총체"라고 설명하였다. 이와 같은 노력은 지역사회보호의 실천과 지역주민의 참여에 의한 지역사회복지의 조직화활동을 의미한다.

우리나라의 경우에는 지역사회복지라는 용어 대신에 미국 사회사업의 영향으로 지역사회조직의 원리와 방법에 익숙해 있으며, 지역사회 개발의 일환으로 시작된 새마을운동과 밀접하게 연관되어 있다. 최근 지역사회복지에 대한 개념은 지역주민에게 직접적인 서비스를 제공하는 것에 중점을 둔 일본의 개념을 도입하면서 부분적으로 사용되고 있다(원석조, 1987: 176-177). 지역사회복지의 근원은 사회복지 방법 중 하나인 지역사회조직이 그 시초라 할 수 있다. 그 이후에 인보관운동(settlement movement)과 자선조직화협회(charity organization society: C.O.S.)운동 등과 연결된다. 특히 C.O.S. 운동은 각종 자선단체가 상호 간 긴밀한 연락을 통하여 지역사회활동을 전개함으로써 지역사회의 불우한 대상자들에게 사회복지서비스를 제공하려는 목적으로 시작하였다.

따라서 지역사회복지는 사회복지서비스의 한 분야를 구성한다기보다는 지역주민의 복지 향상을 도모한다는 목적적 개념으로 볼 수 있다. 이에 지역사회복지의 개념 규정을 간략하게 제시하면 다음과 같다(윤성진, 1991: 161).

- 지역사회복지는 지역사회의 요보호자에 대한 가장 직접적이고 구체적인 원조의 체계화로서 지역사회보호(community care)가 요구된다.
- 지역사회복지는 지역사회조직화 외에 예방적인 사회복지 등의 요소를 강조한다.

- 지역사회복지는 지역주민의 생활상 제 문제를 자본주의 사회에서 발생하는 지역문제로 인식하고 접근한다.
- 지역사회복지는 지역복지정책의 수립과 지역사회보호체계의 확립으로서 지방자치행정의 책임하에 지역주민이 조직화하여 활동을 전개한다.

2. 지역사회복지의 기능

지역사회복지는 지역주민의 생활수준을 향상시키는 데 목표를 두고 주민생활의 만족감, 주민생활의 장 등을 강화하기 위한 제반 활동을 의미한다. 즉, 지역사회의 기반 정비, 지역주민 간 대립의 조정, 사회적 약자를 위한 복지서비스 등을 제공하는 데 목표가 있다. 따라서 지역사회복지의 효율적인 수행을 위한 기능들을 제시하면 다음과 같다.

1 전문성의 기능

지역사회복지의 실현을 위해서는 우선 지역사회 내의 사회복지기관과 전문인력을 확보하여 사회복지 전문성을 확립해야 한다. 특히 지역주민의 욕구 증대를 해결하기 위해서 지역사회복지제도에 대한 전문적 지식과 대상자에 대한 서비스 기술 등을 갖추어야 한다. 따라서 지역사회 내의 사회복지 욕구의 파악과 이에 대한 지역사회복지계획을 수립하고 추진할 수 있는 전문성을 확보할 필요가 있다.

2 연락 조정의 기능

지역사회복지 추진에 있어서 지역사회의 자원을 최대한 활용하고 질적인 지역사회복지서비스를 제공해야 한다. 특히 지역사회 내의 관련 단체들과 연락 조정을 통하여 지역사회복지를 구현해야 한다. 즉, 사회복지시설, 보건소, 직업안정소, 교육위원회, 병원, 학교, 소방서, 각종 사회단체 등과 밀접한 관계를 형성하고 연락 조정을 수행한다. 지역사회복지는 공적·사적 관계기관과 협력관계를 유지하여 상호 간의 업무를 연락하고 조정하는 기능을 수행할 필요가 있다.

③ 사회 진단의 기능

지역사회에서 발생하는 다양한 지역문제들을 해결하기 위해서는 사회 진단이 전제되어야 한다. 사회 진단은 지역사회복지서비스를 필요로 하는 대상자의 욕구와 문제상황의 정확한 파악과 개입 방안을 마련하는 과정이다. 특히 지역사회복지는 지역사회의 현실적 상황을 파악하고 지역사회문제의 해결을 위해 과학성·논리성·타당성 등을 갖추어 사회 진단의 기능을 수행할 필요가 있다.

④ 정책 수립의 기능

지역사회복지는 지역사회의 특성에 따라 지역주민의 복지 수요에 부응하도록 정책을 수립하고 문제해결을 위해 접근해야 한다. 물론 지역사회의 특수 사항에 대해서는 구체적으로 계획을 수립하고 이에 따른 개입정책을 마련해야 한다. 따라서 지역사회복지의 기능으로 지역사회의 정책수립은 주체, 대상, 방법, 재원 마련, 프로그램 개발 등이 포함되어야 한다.

3. 지방자치제와 지역사회복지의 관계성

지방자치제가 실시되면 중앙집권화가 지방분권화로 이양되는 동시에 지역주민들의 일상적인 생활의식 속에서 정치적 의식이 자연스럽게 내면화되어 지역사회의 문제와 복지를 자신의 책임으로 수용하게 된다. 이는 지역사회의 정치적·행정적·재정적 제도 등을 지역주민들에게 자율적으로 처리하게 하는 제도를 말한다. 또한 지방자치제는 지역주민들에게 공공심을 심어 주고 민주주의 의식과 자치정신을 함양시키며 민주시민으로 성장하게 한다. 이에 지방자치제와 지역사회복지의 관계성 속에서 지역주민들의 공익을 위한 몇 가지 요건을 제시하면 다음과 같다(방희덕, 1987: 18).

- 지역주민들 스스로가 올바른 방향으로 목표를 설정하고 지역문제 해결을 위한 자체적 노력을 자극해야 한다.
- 지방자치제의 교육적 기능으로서 지역사회의 현존 문제점을 파악하여 객관적인 입장에서 접근하고 협력적인 결정을 내릴 수 있는 여건이 조성되어야 한다.
- 지방자치제 실시를 통해서 지역주민들의 활동 목표가 특정 소수만의 목표가 아닌 전 지역사회의 사업임을 항상 인식하여 궁극적인 목표에 도달하도록 해야 한다.

지방자치제는 지방정부와 지역주민들이 거주하는 지역사회의 복지를 스스로 해결해야 한다는 책임의식을 갖게 하는 동시에, 지역주민들이 주체적이고 자발적으로 참여할 수 있는 기회를 갖게 하는 데 목적이 있다. 결국 지방자치제는 지역주민들의 복지 욕구와 생활의 장을 공유할 수 있는 '지역복지 단위' 중심으로 실시되어야 하며, 궁극적으로는 지역사회의 복지 증진에 순기능적인 역할을 하도록 바람직하게 실시되어야 한다. 로스(Ross, 1975: 9-18)는 지방화시대의 도래에 따른 지역사회복지 발전의 필요성을 다음과 같이 제시하고 있다.

- 지역사회복지가 기본적인 기능을 발휘하고 목적을 달성하기 위해서는 그 지역사회 내에서 목적을 추구해야 한다.

- 지역사회 내의 특정 대상자 욕구를 충족하기 위해서는 지역사회와의 관계를 유지하고 발전시키면서 원조해야 한다.
- 지역사회 문제의 발생에 대한 사후 대책보다는 문제 발생을 예방하는 합리적인 대책을 세워야 한다.
- 지역주민의 생활문제와 관련된 사회제도나 사회정책의 입안, 실천, 운영 등에 대해 지역사회 수준에서 주민 참여가 필요하다.

지방자치제는 이념적인 측면과 기능적인 측면에 지역사회복지와 밀접한 관계성을 갖고 있다. 지역사회복지의 이념적인 목적은 인간화의 실현, 즉 인간의 존엄성과 사회적 연대감의 발현에 있다면, 그것은 지역사회문제의 해결 방안으로서 지역사회복지와 맥락을 같이하고 있다. 그리고 지역사회의 제반 문제점은 지역주민 스스로에 의해서 파악되고 해결된다면 지역사회복지의 새로운 장을 열게 될 것이다. 기존 사회복지의 형태가 빈곤 해결에 치중하는 국가 중심의 경제적 차원에서, 이제는 이웃과 지역사회가 공동체 중심이 되어 심리적 · 정신적 건강 등의 차원으로 전환됨으로써 지방자치와 지역사회복지의 관계성이 더욱 밀접해진다.

제3절 지역사회복지의 개입 방법

1. 지역사회서비스

(1) 환경개선서비스

지역사회복지는 지역사회 내에서 사회복지대상자가 여타 지역주민들과 차별 없이 포괄적인 사회활동을 영위할 수 있도록 한다. 특히 지역주민을 중심으로 사회통합(social integration)과 정상화(nomalization)에 의해 개인이나 가족을 둘러싸고 있는 환경을 개선하는 서비스를 실시한다(中園康夫, 清水貞夫, 1982: 89-90). 지역사회 내의 재가복지서비스는 대인사회서비스로서 개인의 자립과 주체성의 확립을 위한 서비스인 반면, 지역사회복지는 대인사회서비스뿐만 아니라 환경 개선을 통해 개인이 지역사회의 일원으로서 타인과 대등한 관계성을 가지고 사회생활을 영위하게 한다. 지역사회의 환경개선서비스의 특징을 몇 가지 제시하면 다음과 같다.

- 지역사회 내의 쾌적한 생활과 활동을 저해하는 제반 환경과 여건을 개선하고 지역주민의 일상생활을 향상시키는 데 필요한 물리적 조건을 개선한다.
- 지역사회 내에서 사회복지대상자의 사회 참여를 촉진하는 데 필요한 제도적 조건과 여건을 개선한다.
- 지역사회 내의 사회복지대상자에 대한 지역주민들의 의식과 태도 변화는 물론, 지역사회복지의 실현을 촉진하여 지역조직화를 시도한다.

(2) 공동체형성서비스

지역사회의 공동체를 형성하기 위해서는 우선 지역사회의 환경 요건을 조성하는 데 목표를 두어야 한다. 지역복지공동체는 사회복지대상자와 지역주민의 복지 욕구를 지역사회의 장에서 충족하도록 지역사회의 관계성, 사회복지의 기능, 물적 및 제도적 생활환경 등을 구축한다. 특히 지역사회의 공동체 형성을 위해서는 지역사회 내 공적, 사적 기관의 협력하에 지역주민이 참여하여 전개되는 조직화활동이 중요하다.

따라서 지방자치단체는 지역사회 내의 사회적 약자인 노인이나 장애인은 물론, 지역주민들이 보다 인간다운 생활을 영위할 수 있는 공동체를 형성한다. 이를 계기로 지역주민들이 서로 결집하고 조직적으로 행동함으로써 지역사회복지공동체의 착수를 촉진하는 원동력이 되어야 한다. 그리고 지역주민들의 범민주적 참여와 운동은 인간답고 바람직한 생활을 영위하기 위한 지역사회활동이라는 측면에서 매우 중요한 의미를 갖는다.

(3) 주민참여서비스

지역사회복지를 실천하기 위해서는 지역주민의 주체적인 참여와 조직적인 행동이 중요하다. 지역주민의 조직화활동에 있어서 실천 방법으로서는 지역사회조직의 세 가지 모델이 요구되고 있다. 즉, '지역 개발(locality development)' '사회계획(social planning)' '사회행동(social action)'을 활용하여 지역주민의 참여와 의식 변화에 입각한 지역사회복지를 이루게 된다(Rothman, 1974: 23-25). 또한 지역주민들의 조직화와 공적 및 사적 관계자와의 연락 조정 등을 통하여 지역사회 여론을 환기시켜야 한다. 또한 지역주민의 조직활동을 통해 행정기관과 입법기관에 대해서 압력행동을 전개하고 법제도의 개선, 지역복지 자원의 확충 등을 요구하는 조직활동의 노력이 전개되어야 한다.

따라서 지역사회의 통합을 이루기 위해서는 먼저 지역주민의 참여와 함께 지역사회복지서비스가 항상적이고 안정적으로 공급되는 데 역점을 두어야 한다. 이와 같은 지역사회통합화는 사회적 약자의 욕구 발견, 지역사회 자원의 조달, 동원된 자원의 배치 계획, 포괄적인 정보 제공 등의 조직화활동을 효과적으로 전개하면서 지역주민의 참여에 촉진제 역할을 하게 된다.

2. 지역사회의 정비

(1) 생활기반의 정비

지역사회복지의 맥락에서 지역주민과 사회복지대상자에 대한 생활기반의 정비는 매우 중요하다. 지역사회복지의 기본 전제는 사회복지대상자가 지역사회 내에서 지역주민들과 동일한 생활조건을 확보하는 것이다. 지역사회 생활의 기반은 단지 주택의 확보가 아니라 주거생활이 안정되어야 하며, 특히 사회적 약자인 노인 및 장애인의 경우에는 이들의 생활과 행동에 적합한 여건과 환경이 마련되어야 한다. 지역사회 생활에 있어서는 우선 장애인에게 휠체어가 이용 가능한 생활구조가 요구되며 가족과의 동거를 원하는 노인에 대해서는 전용거실이 필요하다.

따라서 지역주민과 사회복지대상자가 쾌적하게 생활하기 위해서는 우선적으로 생활 기반인 주택이 고려되는 지역사회 개선이 이루어져야 한다. 또한 지역사회 중심으로 쾌적한 생활을 위해서는 주거의 보수 및 개선, 장애물의 극복에 필요한 여러 가지 생활여건의 개발이 요구된다. 이와 같은 지역사회 생활 여건의 활용을 위해서 사회복지대상자에게 금전적 지급과 대여서비스 등이 제공되어야 한다.

(2) 복지시설의 정비

지역사회 내의 복지시설은 필요한 전문요원이 적절히 배치되어 사회복지대상자의 치료, 재활, 자립 지도, 상담활동 등의 서비스를 제공해야 한다. 오늘날 지역사회 내에는 사회복지시설이 다양하게 설치되어 운영되고 있지만, 아직까지는 시설의 수나 서비스의 기능적인 면에서는 미흡하므로 지역사회복지시설의 정비가 요구된다. 이러한 사회복지시설의 정비에 중요한 것이 시설의 사회화다. 즉, 사회복지대상자의 욕구에 입각한 현실적인 프로그램의 개발이 필요하고, 지역사회의 수준에 적합한 사회복지시설을 확충하며, 지역주민들이 시설수용자와 밀접한 교류를 가져야 한다. 특히 지역주민들이 시설의 서비스를 이용하는 동시에 운영과 경영에 참여해야 한다. 현존 지역사회복지시설을 몇 가지로 대별하여 제시하면 다음과 같다.

- 종합적인 지역사회복지기관으로서 인보관, 사회복지관, 지역복지센터, 자원봉사센터 등으로 구분된다.
- 전문적인 기능의 시설로서 아동복지시설, 모자복지시설, 노인복지시설 등으로 구분된다.
- 기타 시설로서 지역사회에 설치한 소규모 아동관, 공동조산소 등으로 구분된다.

지역사회복지시설은 사회복지대상자나 지역주민의 욕구에 적합한 서비스를 제공하기에는 매우 부족한 형편이다. 그러므로 지역사회복지시설로서 가족 기능을 대체하는 중간시설의 체계적인 정비가 시급하다. 즉, 단기입소시설, 통원시설 등과 같은 너싱 홈(nursing home)이나 중간시설(half-way house)은 물론, 사회복지 기능으로서 재활과 결합된 데이케어(day care) 시설 등이 확충되어야 한다.

(3) 환경 여건의 정비

지역사회복지에 있어서 노인이나 장애인들이 용이하게 활동할 수 있는 마을 조성, 도로 정비와 교통안전시설, 공공시설 등 환경 여건의 개선이 필요하다. 최근 지역사회 중심으로 지역주민들과 요보호대상자들이 함께 여가를 즐길 수 있는 생활환경 조성이 권장되고 있다. 이와 같은 지역사회의 환경 여건들이 지방자치단체와 민간 차원의 참여로서 이루어져야 지역사회복지를 이룰 수가 있다. 따라서 지역사회 환경 여건의 정비에 관한 구체적인 내용을 제시하면 다음과 같다.

1 지역사회의 안전한 생활환경

지역사회 내에 거주하는 심신이 불편한 노인이나 장애인은 평범한 것에도 장벽을 경험할 수 있으므로, 이로 인해 그들이 순식간에 부상을 당하거나 생명을 잃는 경우가 있다. 이와 같은 불의의 사고는 본인의 불안전한 행동이나 환경의 불안전한 형태에서 발생된다. 그러므로 지역사회 내에서 환경적으로 부적합한 요소를 발견하고 개선하여 이들에게 닥칠 수 있는 위험에 대처하는 노력이 필요하다.

② 자립이 가능한 생활환경

지역사회 내의 사회적 약자로서 병상에 있는 노인이나 지체부자유한 장애인들은 생활 자립이 필요하다. 즉, 그들 스스로가 이용 가능한 의자식의 변기통, 자율적으로 이용 가능한 휠체어, 목욕탕의 정비와 고안 등이 필요하다. 또한 지역사회 내에서 활동이 가능하고 의욕이 있는 자들에게는 직장이나 일자리를 마련해 줌으로써 자신들의 소외감, 고립감, 고독감 등을 해소할 수 있도록 자립적인 생활 환경이 마련되어야 한다.

(4) 지역사회제도의 정비

지역사회복지와 재가복지서비스가 개선되고 발전하기 위해서는 먼저 지역사회에 관한 법률, 제도, 여건 등이 체계적으로 정비되어야 한다. 현재 사회복지사업법에서는 지역사회복지와 재가복지서비스에 관한 위치가 명확하지 않다. 이에 대한 지방자치단체의 예산 구성에서도 시설조치비가 절반을 차지하는 반면, 지역사회복지 및 재가복지서비스에 관련한 지출비용은 매우 미흡하게 편성되어 있다. 기존의 시설수용 중심에서 재가복지 중심으로 변화되고 있는 추세지만, 아직까지 시설 이용이나 시설서비스 등의 기능에 의존하고 있는 실정이다.

지역사회복지제도 중에 가장 중요한 것이 의료, 주택, 교육 분야로서 이에 대한 주민 참여의 필요성이 더욱 강조되고 있다. 지역사회의 사회적 복리 문제는 관련 영역의 전문기관이나 전문직만으로는 해결이 불가능하므로, 지역주민의 참여와 함께 타 영역과의 제휴나 조정을 통한 종합적인 원조서비스의 제도화가 필요하다. 특히 지역사회 내에서 주민 참여의 확립을 통하여 사회적 복리의 각 분야에 걸쳐 긴밀한 제휴와 조정을 촉진하는 제도의 체계화가 필요하다.

3. 지역사회조직화 활동

(1) 지역사회조직화의 특징

지역사회조직화는 지역사회의 존재 방식이 되는 지역의 조직화와 통합화를 이루며, 지역사회복지의 공동체를 추진함으로써 바람직한 지역사회를 형성하는 과정이다(Ross, 1967: 40-41). 지역조직화 활동은 미국의 지역사회조직(community organization)과 영국의 지역사회사업(community work)에서 도출한 개념이다. 지역사회의 형성은 지역사회조직의 방법에 의해서 추진되어 왔다. 지역사회복지는 지역사회 내의 조직망에 의한 원조가 특징이므로 지역사회 자원의 동원과 주민 참여를 통한 조직화와 고도화가 요구된다.

던햄(Dunham, 1970: 4)은, 지역사회조직은 사회적 상호작용의 의식적 과정이며 사회사업 방법의 하나라고 하며, 다음과 같이 강조하였다.

- 지역사회조직은 지역사회의 폭넓은 욕구에 대응해서 자원을 조정하고 유지한다.
- 지역사회조직은 지역주민들의 참여, 자기결정, 상호 협력하는 능력을 강화하고 유지하도록 원조함은 물론, 자신들의 당면 문제를 효과적으로 대처하도록 원조한다.
- 지역사회조직은 지역사회와 집단 간의 관계 변화와 의사결정의 권한 배분에 변화를 초래한다.

로스(Ross, 1967: 29)는 지역사회조직이란 지역사회가 자체의 욕구나 목표의 우선순위를 확인하고, 이것을 충족시킬 수 있다는 확신과 의지를 배양하는 것이라고 강조하였다. 특히 지역사회 자원을 발견하고 지역주민들이 협동적인 태도로 실천하는 과정이라고 정의하였다.

일본의 나가타(永田幹夫, 1982: 126-129)는 지역사회조직에 대한 기본 실천강령을 다음과 같이 몇 가지 제시하였다.

- 지역사회조직화 활동은 지역주민들이 주체가 되어 지역사회의 다양한 실정에 따라 주민복지를 증진한다.
- 지역사회의 욕구를 명확히 하고 그 충족 방법을 계획하며 필요한 지역자원을 동원하여 일련의 조직활동으로 지역사회의 통합을 유도한다.
- 지역조직화 활동을 수행함에 있어서 주민조직의 활동을 촉진하고 지역주민의 협동화를 도모하며 지역사회의 기관, 단체, 시설의 연락 조정 및 기능 증진에 주력한다.
- 지역조직화 활동에는 사회조사, 홍보, 교육, 집단토의 등의 전문적 방법과 기술을 활용하는 위원회활동을 중요시한다.

이상에서 살펴본 바와 같이, 지역사회조직화는 지역주민의 복지를 증진하기 위해 지역사회의 내적 · 외적 자원을 발견하고, 지역주민을 동원하여 조직화하고 지역문제를 해결하는 데 목적이 있다. 특히 지역사회 내의 복지 욕구를 가진 클라이언트 및 지역주민들에게 지역사회복지의 필요성을 인식시키며, 사회복지활동에 적극적인 참여를 도모함으로써 지역사회복지를 향상시키려는 데 역점을 두어야 한다.

(2) 지역사회조직화의 모형

지역사회복지를 구체적으로 추진함에 있어서 두 가지 측면의 지역사회조직화 모형을 구분할 수 있다. 지역사회조직화의 모형으로서 사회복지 자원에 따른 모형과 주민 참여에 의한 모형을 제시하면 다음과 같다(鈴木五郞, 1981: 214-216).

1 사회복지 자원에 따른 모형

자원개발형 지역사회조직의 역할로서 지역복지자원의 개발에 역점을 둔다. 지역사회 내에는 사회복지시설과 재가복지서비스가 필수적임에도 불구하고 대부분 부재하거나 부족한 것이 현실이다. 따라서 지역사회조직의 추진 주체는 사회복지 자원의 도입 및 활용, 인근 지역의 사회복지 자원과 제휴 및 조정 등에 관한 정보를 수집하고 분석하며 지역사회의 자원을 개발해야 한다.

자원조정형 지역사회의 자원조정은 지역주민의 욕구에 입각한 사회복지시설과 재가복지서비스 등 지역복지 자원을 조정하는 지역사회조직의 역할에 역점을 둔다. 지역사회에는 어느 정도 지역복지 자원이 정비되어 있고 주민주체의 복지활동도 전개되고 있다. 따라서 현존의 지역사회복지활동과 재가노인 및 장애인과의 상호 관련성 평가, 지역복지 자원을 체계화함으로써 나타나는 기대효과의 예측 등을 통해 필요한 자원조정이 이루어져야 한다.

자원보급형 지역사회의 자원보급은 지역문제의 원인을 분석하고 자원활용을 촉진하여 지역복지 자원을 보급하는 지역사회조직의 역할에 역점을 두고 있다. 지역사회 내의 재가복지서비스로서 노인목욕서비스, 식사제공서비스, 단기보호서비스 등이 실시되고 있지만, 지역사회 내의 요보호대상자가 복지서비스를 적극적으로 이용하지 않을 경우에 어려움이 있다. 따라서 지역사회 내의 사회적 약자들에게 당면한 문제해결에 필요한 적절한 자원이 보급되어야 한다.

2 주민 참여에 의한 모형

주민주체형 주민주체형은 두 가지로 구분할 수 있다. 즉, 하나는 노인집단조직, 노인보호자조직, 장애인단체조직, 장애인가족회조직, 모자가족조직 등으로서 지역사회 내의 요보호대상자와 그 보호자를 주체로 하는 조직적인 활동이다. 다른 하나는 주민주체의 조직활동을 원조하는 지역사회조직으로서 대표적인 것이 사회복지협의회의 활동이다.

공 · 사협동형 공 · 사협동형은 공공 및 민간의 관계자가 특정한 지역사회의 복지를 실현하기 위해서 서로 협의하고 역할을 분담하여 전문적인 원조 방법으로 추진하는 활동이다. 대표적인 것은 지역사회복지협의회의 위원회활동 등이다.

기관주도형 기관주도형은 공공기관이 추진하는 재가복지서비스의 개발이나 공 · 사의 사회복지시설이 추진하는 재가복지서비스의 실천활동이다. 지역사회 내의 공공 및 민간기관은 각기 주어진 역할과 영역이 있으므로 전문적인 기능 및 조직을 통하여 지역사회복지활동을 추진해야 하며, 궁극적으로는 이것을 통합하여 지역사회복지의 목표를 성취하려는 노력이 필요하다.

제4절 지역사회복지의 발전 방안

1. 사회복지시설의 내실화

지역사회복지는 지역사회 내에서 시설서비스보다는 재가복지서비스에 치중하는 것을 원칙으로 하는 접근 방식이다. 그러므로 사회복지시설에 더 많은 투자를 하여 전문적인 수용시설로서의 서비스 기능을 유용하게 발휘하려는 노력이 필요하다. 현재 사회복지시설의 수가 상당히 부족한 형편이고 대부분의 시설이 열악하며 노후화된 상태다. 또한 사회복지시설 내에 전문인력의 적절한 배치에 대한 부족 현상을 지적할 수 있다.

따라서 사회복지수용시설의 일부분을 중간시설로 대치하여 요보호대상자들의 욕구에 입각한 서비스 제공이 요구된다. 특히 사회복지수용시설을 수용대상자에게만 국한하는 것이 아니라, 지역사회에 개방함으로써 지역주민 및 거택보호자에게도 서비스를 제공하는 시설의 사회화가 필요하다. 최근 사회복지대상자의 증가와 다양한 사회복지 욕구의 수준을 감안한다면, 사회복지시설의 내실 있는 서비스 내용이 필요하다. 즉, 사회복지시설들이 내용적으로 개선되어 명실공히 전문적인 사회복지서비스의 기능이 확충됨으로써 지역사회복지의 목표가 실현되어야 한다.

2. 지역사회 재원의 확보

지방자치제가 실시되면서 지역사회의 발전과 지역주민의 복지 증진을 위해 지역복지사업의 수행에 소요되는 지역사회 재원의 확보와 축적이 필요하다. 대부분의 공적 사회복지기관은 중앙정부 및 지방자치단체의 재원으로 운영된다. 그러나 중앙정부 내에 있는 타부서와의 경쟁과 지역주민의 욕구 증대 등으로 인해 공공의 사회복지기관에 대한 재정적 압박을 받고 있다. 특히 민간 사회복지기관에 대한 재원은 정부보조, 자체 사업 수입, 후원금 등으로 이루어지고 있다. 지방자치제하에서 중요한 것은 지역주민의 지원과 다양한 후원금 등을 잘 활용하는 것이다. 지역사회의 주민 지원이 활성화되기 위해서는 사회복지기관이 지역주민을 위한 기관이라는 인식을 갖게 하는 것이 필요하다.

지역사회 재원을 효과적으로 확보하기 위해서는 지역주민의 지원을 이끌어 내는 방법으로서 주민 지원의 조직적 형태인 지역별 공동모금회를 활성화하는 것이 바람직하다. 사회복지공동모금회법(1998)의 제정에 따라 이미 설립된 16개 도 단위의 사회복지공동모금회를 통하여 지역사회 단위를 중심으로 모금운동 배분활동이 이루어지고 있다. 이와 같이 공동모금회를 통하여 지역사회의 특성에 따라 지역사회복지 실현을 강구해야 한다. 그리고 지역사회 내의 사회복지기관이나 시설들이 사회적 약자들의 능력에 따라 사회적 기업을 적용하여 생산적 복지로서 재정절감의 방안을 강구해야 한다.

3. 전문인력의 양성화

지방자치제에 따른 지역사회복지의 실천을 위해서는 적절하고 다양한 사회복지서비스를 공급할 수 있는 전문인력이 요구된다. 일반적으로 사회복지전문가들은 지역주민의 복지 욕구 및 복지 수요 등을 파악하고, 사회복지 프로그램의 계획 및 실천을 통해 효율적으로 서비스를 공급하기 위한 전문적인 지식 및 기술, 철학 및 이념 등을 확립해야 한다.

오늘날 수용시설서비스 중심에서 재가복지서비스로 지역사회복지의 전환이 불가피한 상황에서 사회복지종사자의 다양한 전문성을 더욱 고취시킬 필요가 있다. 특히 전문인력이 부족한 상황에서는 자원봉사자의 역할이 중요하다.

따라서 지역사회 내의 정년퇴직한 교육자 및 공무원, 가사 부담에 자유로운 부녀자, 기타 자원봉사를 원하는 사람 등을 지속적으로 발굴하고 적합한 교육 및 훈련을 통하여 준전문인력으로 양성해야 한다. 특히 자원봉사센터와 연계하여 전문분야별 자원봉사자를 양성하여 공공기관 및 민간기관에 적절히 배치하여 사회복지서비스의 전문인력으로서 활용해야 한다. 그리고 법적으로 시행하고 있는 사회복지사 양성교육을 체계적으로 접근하여 이론과 실천 현장을 접목할 수 있는 교육프로그램이 이루어져야 한다.

4. 사회복지행정의 개편

지역사회복지는 행정적인 노력과 지역주민이 참여하는 사적인 노력으로 전개되지만, 지방자치제의 실시와 함께 사회복지행정의 역할증대와 그 책임성이 더욱 요구되고 있다. 우리나라 사회복지행정의 실정을 살펴보면 지역사회복지와 관련한 행정업무가 형식적이거나 다소 부재한 상황에서 이루어지고 있다. 일반적으로 사회복지행정은 국민기초생활수급자 및 저소득층에 대한 경제적 급부 등의 실무적 처리에 치중하고 있으며, 이들에게 미래지향적이고 삶의 의미를 갖도록 하는 재활 및 자립에 대한 사회복지행정의 접근이 부족한 실정이다. 그리고 현실적인 상황으로 볼 때 탁상행정으로 관련 서류를 처리하고 있으며, 현장을 이해하고 헌신하는 행정서비스에 한계를 보이고 있는 것이 현실이다.

따라서 지역사회에 근접하여 지역주민들의 실정을 상세히 관찰하고 사회적 약자의 욕구를 정확히 파악하여 사례별로 접근함으로써 맞춤복지서비스를 제공하는 것이 중요하다. 대부분 일선의 각 읍 · 면 · 동마다 사회복지전담공무원이 어느 정도 배치되어 활동하고 있지만, 이들에게 주어진 사회복지업무의 과다로 인해 효율적인 사회복지서비스의 제공이 미흡한 실정이다. 이는 사회복지행정이 일반 행정으로부터 완전히 독립하여 전문성을 확보하지 못한 점에 기인한다. 이에 따라 전문적인 사회복지서비스를 보장하기 위해서는 새로운 사회복지행정의 도입이 불가피하며, 이를 위해 사회복지사무소의 제도적인 전달체계의 확립이 시급히 요청된다. 그리고 지자체의 사회복지 관련 부서에는 사회복지를 전공한 공무원을 배치하여 현장의 사회복지사와 협력하게 함으로써 전문적 사회복지서비스가 제공되도록 배려해야 한다.

5. 사회복지단체의 활성화

지역사회복지는 공공기관의 지원도 필요하지만 더욱 중요한 것은 민간기관 및 시설, 지역주민의 참여, 이들의 자조 및 협동정신 등에 바탕을 둔 민간단체의 활동이다. 지역사회 내의 복지 욕구를 충족시키기 위해서는 각종 서비스를 제공하는 민간기관 및 시설, 전문단체 등의 역할이 매우 중요하다. 즉, 지역사회복지협의회, 지역복지기관 및 시설, 사회전문단체 등의 지역사회복지활동을 들 수 있다. 특히 지역사회복지협의회는 지역주민의 당면 문제를 발견하고, 복지 수요를 파악하여 복지서비스계획을 수립한다. 또한 지역사회 내의 자원봉사센터를 통해 자원봉사자의 활동을 개발하고, 지역사회조직화 등을 통해 중간기관으로서의 역할을 수행한다. 그러나 지역사회의 사회복지단체들은 각기 편협한 사고로 개별적인 업무에 치중하고 있는 것이 현실이다.

또한 지방자치제가 실시되고 있는 요즘 사회복지협의회나 민간단체, 즉 지역사회복지협의회, 사회복지사협회, 사회복지관협의회, 지역사회복지협의체 등의 역할이 기대됨에도 불구하고 지역사회복지의 실천을 위한 제 기능적 역할이 미흡한 실정이다.

우리나라의 지역사회복지협의회는 미국, 일본 등과 비교하여 그 수가 매우 적지만, 상호 간 네트워킹을 통해 접근한다면 효과적인 지역사회복지활동을 전개할 수 있다. 이를 위해 지역사회 내의 사회복지기관, 협의회, 관련 단체 등이 상호 협력하고 조정적인 기능을 통하여 지역사회복지의 실현을 위한 시너지효과를 도출할 수 있어야 한다.

생각해 볼 문제

1. 지방자치가 지니고 있는 다섯 가지 중요한 요소를 제시해 보라.
2. 지방자치제의 전통적 가치 두 측면을 설명해 보라.
3. 지역사회복지의 수행을 위한 네 가지 기능을 제시해 보라.
4. 사회복지 자원에 따른 모형 세 가지를 설명해 보라.
5. 지역사회복지의 발전 방안 다섯 가지를 설명해 보라.

제 3 부

Community welfare

지역사회복지 분야론

제10장 지역사회복지협의체

제11장 지역사회복지관

제12장 사회복지협의회

제13장 재가복지센터

제14장 사회복지공동모금회

제15장 지역자활센터

제10장

지역사회복지협의체

지역사회복지협의체는 지방정부와 지역사회의 각종 복지 관련기관 · 단체가 참여하는 민 · 관 네트워크로서 직접적 서비스를 제공하는 단체다. 즉, 공공과 민간, 그리고 지역주민과 학계 전문가 등이 참여하는 거버넌스의 성격을 가진 협의체를 말한다. 특히 협의체는 다양한 관계자들의 민주적 의견 수렴 통로를 구조화함으로써 공동체를 구축하고 네트워크를 통해 개별적으로 서비스를 제공하는 사회복지 관련 서비스를 통합하며 보완하는 데 목적이 있다. 이에 지역사회복지협의체는 지역사회의 자원을 활용하여 역량을 극대화하고 결집함으로써 사회통합을 추구하기 위한 중심적인 역할이 기대된다. 이 장에서는, 첫째 지역사회복지협의체의 개념, 둘째 지역사회복지협의체의 구조, 셋째 지역사회복지협의체의 활성화 방안 등을 중심으로 살펴보고자 한다.

Community welfare

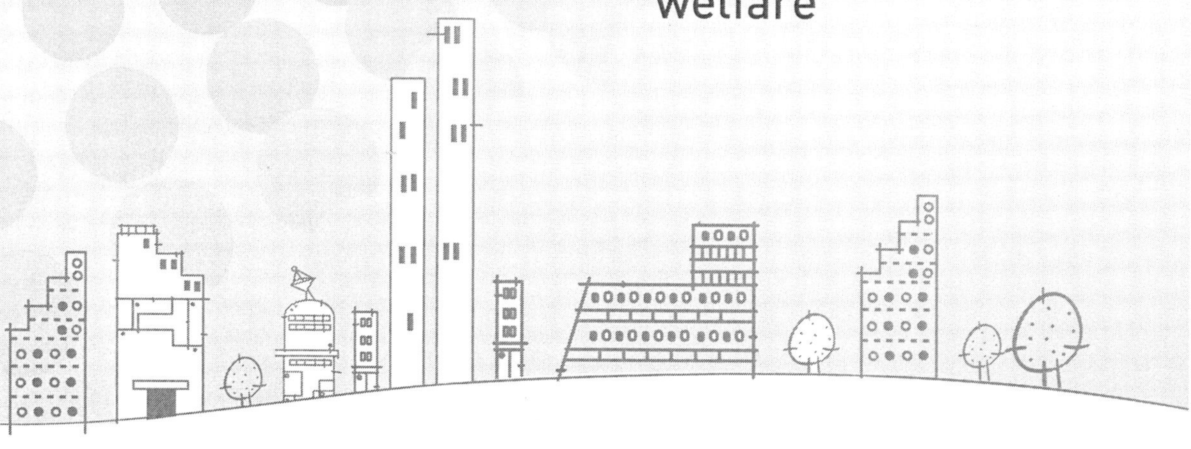

제1절 지역사회복지협의체의 개념

1. 지역사회복지협의체의 필요성

최근 저출산 · 고령화가 지속적으로 증가하고, 전통적 관점에서 가족에 의한 소득 지원, 육아, 간병 등 가족공동체가 해체되며 가족관계에 대한 위상이 변하고 있다. 특히 다문화가족의 증가 등 복지 및 의료 분야의 다양한 욕구가 분출되고 있다. 이에 국가와 지자체는 물론, 가족이 현존 사회문제에 효과적으로 대처하지 못하고 있을 뿐만 아니라, 기존의 민간 사회복지시설도 역량이 부족하여 지역주민에게 충분한 서비스를 제공하지 못하고 있는 것이 사실이다. 그리고 국민들의 삶의 질에 대한 인식이 저변으로 확대되고, 국가가 제공하는 다양한 서비스를 향유하려는 욕구의 증가로 인해 다양한 보편적 서비스를 제공해야 하는 정책적 부담이 발생하고 있다.

오늘날 사회환경의 변화는 경제적이고 정치적인 제도 보완을 요구하기도 하지만, 궁극적으로는 사회복지의 확대와 이를 통한 사회복지의 보편화를 위한 제도 마련이 요구되고 있다. 즉, 지역사회 단위로 민 · 관이 협력하여 사회복지서비스 제공의 효과성과 효율성을 제고하고, 지역사회의 복지문제를 스스로 해결하기 위한 논의구조의 필요성이 대두되고 있다. 또한 사회복지와 보건 분야의 민 · 관 대표자 및 실무자들이 참여하여 사회복지대상자에게 통합적 서비스를 제공할 수 있도록 지역 단위의 연계와 협력체계가 필요하게 되었다. 특히 사회적 취약계층에 대한 사회복지와 보건서비스체계의 확립을 위해 시행한 보건복지사무소 시범사업(1995~1999)이 확대되지 못하고 종료된 이후, 민간 참여를 기반으로 한 사회복지와 보건 기능 연계의 필요성이 제기되고 있다.

지난 2000년 '보건 · 복지 기능 연계 모형 연구'(한국보건사회연구원)에서 보건복지의 기능 연계 도모를 위한 지역사회복지협의체 구성의 필요성을 강조하였다(보건복지부, 2005). 지역사회복지협의체는 2000년 12월 국회에 상정된 사회복지사업법 개정법률안에 그 설치 근거가 명시되었고, 2001년부터 2년간 전국 15개 시 · 군 · 구를 대상으로 시범사업을 실시하였다. 2003년 7월 사회복지사업법 개정으로 지역사회복지협의체의 구성근거가 마련되어 구성이 가능한 지역부터 단계적으로 시행되었다. 그리고 2005년 정부의 예산 편성부터 복지재정분권이 실시되면서, 국고보조금 방식으로 운용되던 사회복지서비스 관련 예산의 상당 부분이 지방이양이나 분권교부의 형태로 변경되었다.

지방분권화가 추진되면서 단순한 정부 간 기능 이전을 목적으로 삼는 것이 아니라, 지역사회를 단위로 민과 관이 협력하여 사회복지서비스 제공의 효율성이 제고되었고, 지역사회의 당면 문제를 스스로 해결하기 위한 논의구조의 필요성이 대두되었다. 이에 사회복지와 보건 분야의 민 · 관 대표자 및 실무자들이 참여하여 사회복지대상자에게 통합적 서비스를 제공할 수 있도록 시 · 군 · 구 지역사회 단위로 지역사회복지협의체가 설치되었다. 따라서 지역사회복지협의체는 지역 단위의 사회복지 자원의 확충, 효율화, 서비스 간 연계 등을 도모하고 서비스대상자의 욕구 충족 및 문제해결을 위한 지역의 역량 강화를 위해 운영되는 조직이 되어야 한다. 특히 이는 공공과 민간, 그리고 지역주민과 학계 전문가가 참여하는 협의구조로서 지역사회복지를 구현하는 토대가 되어야 한다.

2. 지역사회복지협의체의 기능

지역사회복지협의체는 사회복지사업법에 의해 정당성을 부여받은 법적단체로서 시 · 군 · 구 중심의 자방자치제에서 반드시 설치해야 하는 조직이 되었다. 이러한 지역사회복지협의체는 기능적으로 다음의 두 가지 역할을 수행하도록 설계되었다.

- 사회복지 부문의 중요 사항에 대한 심의 기능이다. 이는 관할지역 내 사회복지사업에 관한 중요 사항과 지역사회복지계획을 심의하고 개선이 필요한 사항을 시장 · 군수 · 구청장에게 건의하는 기능이다.
- 서비스 부문 간 연계 강화 기능이다. 이는 사회복지와 보건의료서비스의 연계 및 협력을 강화하기 위한 민관의 협력과 보건복지 등 관련 부문 간 연계 및 협력 강화 기능을 말한다.

지역사회복지협의체의 주요 기능으로는 지역사회복지계획의 수립, 지역사회복지서비스 연계 기반의 마련, 지역사회복지 자원의 개발, 지역사회의 복지 발전을 위한 의견 수렴 및 건의, 지역사회 내 사회복지 관련 정보의 수집 및 보급 등으로 구분할 수 있다. 이상의 내용을 구체적으로 제시하면 다음과 같다(김창기, 2005).

- 지역사회복지계획의 수립은 지역사회복지계획을 수립하여 심의 · 건의하고, 이를 위하여 지역사회복지계획의 수립 방안과 일정을 협의한다. 그리고 지역사회복지 관련 자원과 지역주민의 욕구조사를 실시하도록 하며, 이러한 결과를 기초로 하여 지역복지계획을 수립하고 심의 · 건의하도록 한다.
- 지역사회복지서비스 연계 기반의 마련은 지역사회 내에서 이루어지고 있는 사회복지서비스를 조정 · 연계하기 위한 기반이 정착되도록 한다. 그리고 지역사회복지서비스와 관련된 조직 간 협의구조를 통해 관련 지역문제를 논의하고 실제로 지역사회 내 사회복지서비스를

연계하도록 한다.

- 지역사회복지 자원의 개발은 지역사회 단위에 사회복지서비스 제공에 투입 가능한 자원, 잠재적 자원 등의 공동 개발을 시도한다. 이는 먼저 지역사회의 관련 복지 자원을 포괄적으로 파악하여 지역사회 자원 확보를 위한 계획을 수립한다. 이에 지역사회 자원의 배분기준을 마련하고 배분에 관하여 협의하며, 활용할 지역사회 자원의 질 향상을 위한 사업을 수행한다.
- 지역사회의 복지 발전을 위한 의견 수렴 및 건의 기능은 지역사회복지의 관련 정보를 수집 · 보급하는 것과 전산화를 통한 정보망의 구축을 통해 가능하도록 한다. 그리고 지역사회복지 자원의 조사 결과를 토대로 지역사회복지 관련 정보를 수집하고 지속적인 변화와 갱신이 이루어지도록 한다.
- 지역사회 내 사회복지 관련 정보의 수집 및 보급을 담당하는 기능은 지역사회복지협의체의 활동을 통하여 지역사회복지 정보를 수집하고 제공한다. 그리고 지역사회복지에 관한 사회복지정책을 건의하는 업무로서 협의체 중심으로 참여기관의 의견을 수렴하여 지방자치단체에 전달하도록 하는 일을 수행한다.

3. 지역사회복지협의체의 기본 방향

(1) 운영 목적

지역사회복지협의체는 지역사회 중심으로 전반적인 지역사회복지를 실현하는 데 운영 목적이 있으며, 그 운영 목적을 제시하면 다음과 같다(보건복지부, 2009).

- 지역사회 내의 당면 문제를 해결하기 위한 민주적 의사소통의 구조

를 확립한다. 즉, 사회복지서비스 제공 실무자들의 지역문제 해결 의지가 지역사회에서 활발하게 논의될 수 있는 상향식 의사소통의 구조를 확립한다. 그리고 지역복지계획 수립으로 지역복지의 증진을 위한 과정에 민간의 참여 기반을 마련하고 참여 복지를 구현한다.

- 수요자 중심의 통합적 사회복지서비스 제고의 기반을 마련한다. 즉, 지역사회의 보건 · 복지서비스 제공자 간의 관계망(network)을 구성하여 수요자의 복합적 욕구에 공동으로 대응한다. 특히 지역주민들이 필요로 하는 사회복지서비스를 Any-Stop, One-Stop으로 제공한다.
- 지역사회 내의 잠재적 사회복지 자원 발굴 및 자원 간 연계를 구축한다. 즉, 지역문제를 해결하기 위해 지역사회복지 자원의 효율적인 활용체계를 조성한다. 그리고 지역사회의 다양한 잠재적 사회복지 자원을 발굴하고 필요한 복지 자원의 확충을 위해 노력한다. 특히 사회복지서비스 제공기관 간의 연계 · 협력을 통해 지역사회복지서비스 수요자에 대한 정보 등을 공유함으로써 자원 제공의 중복과 누락을 방지한다.

(2) 기본 원칙

지역사회복지협의체가 지역사회의 당면 문제를 체계적으로 접근하기 위한 기본 원칙을 제시하면 다음과 같다(보건복지부, 2009).

첫째, 지역성이다. 지역사회복지협의체는 관할 지역사회 내의 사회복지 현안에 집중해야 한다. 지역사회복지협의체의 활동은 지역적 테두리 안에서만 가능한 일이므로 지역적 토양, 즉 지역주민, 지역 욕구, 지역사회 내의 자원 등을 고려하여 지역사회복지협의체의 활동을 추진해 나가야 한다.

둘째, 참여성이다. 지역사회복지협의체는 네트워크조직을 표방하면서 법적 장치나 규제보다는 지역주민들의 자발성이 일차적인 동력이 되어야 한다. 특히 지역사회복지협의체는 관변 단체의 외형을 탈피하여 본연의 비전을 달성하기 위해서 공공과 민간의 적극적이고 자발적인 참여가 선행되어야 한다. 그리고 지역사회복지협의체의 참여성 확보를 위해 지역사회 내에 대표성을 가진 여타 단체들의 참여가 전제되어야 한다.

셋째, 협력성이다. 지역사회복지협의체의 근본적인 설립 취지는 네트워크형 조직구조를 통해 당면한 지역사회복지체계 구축의 현안을 해결해야 한다. 그리고 지역사회복지협의체는 지역사회복지의 기획과 실행 기능을 위해 협의적인 의사결정, 상생적인 조직관계, 지역사회 공동체, 사회적 자본 확충 등에 역점을 두고, 지역사회 네트워크를 체계적으로 형성하여 협력적인 운영 방법이 이루어져야 한다.

제2절 지역사회복지협의체의 구조

지역사회복지협의체는 대표협의체, 실무협의체, 실무분과로 구분되어 있다. 대표협의체는 지역사회복지의 업무에 대한 심의 · 건의 · 자문 기능을 수행한다. 실무협의체는 실무협의, 사회복지서비스와 관련된 보호계획 및 평가 검토와 안건 준비를 실시한다. 그리고 실무분과는 사례회의를 통한 관련 정보를 공유하고 복지 자원의 연계, 지원 방안의 협의 및 결정, 공동사업의 추진 운영, 사회복지서비스의 개선 계획을 수립하여 대표협의체에 전달하는 기능을 수행한다.

보건복지부에서 제시한 지역사회복지협의체의 기본 구조는 [그림 10-1]과 같다.

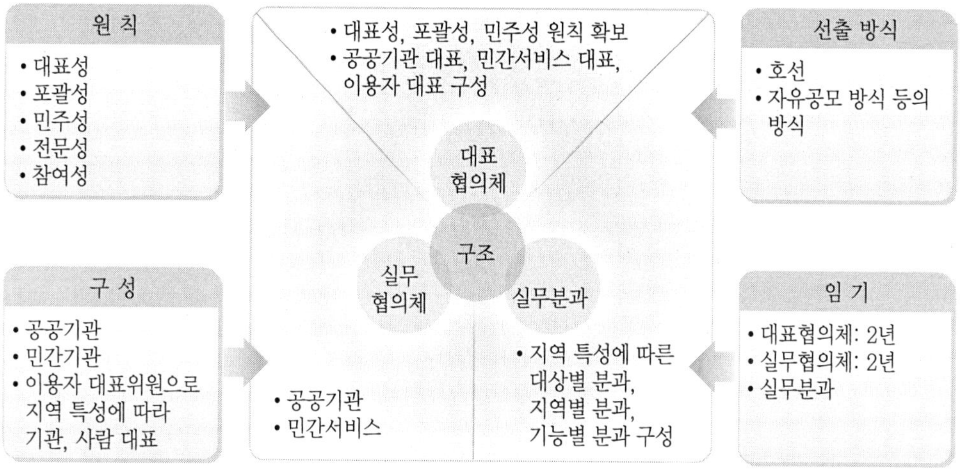

●그림 10-1● 지역사회복지협의체의 기본 구조

자료: 보건복지부(2009), p. 9.

1. 대표협의체의 구성

(1) 대표협의체 구성 원칙

지역사회복지협의체의 대표협의체는 다음과 같은 구성 원칙을 제시하고 있다.

첫째, 대표성의 원칙이다. 대표협의체위원은 해당 시 · 군 · 구의 지역사회복지 구성 주체들을 대표할 수 있도록 구성해야 한다.

둘째, 포괄성의 원칙이다. 대표협의체위원은 해당 시 · 군 · 구의 지역사회복지 분야 및 연계 분야의 구성 주체들을 모두 포함할 수 있도록 구성해야 한다.

셋째, 민주성의 원칙이다. 대표협의체위원은 지역주민의 의견을 반영하여 민주적인 절차와 방법에 의해 구성해야 한다.

(2) 대표협의체 구성 및 선출

지역사회복지협의체의 대표협의체위원은 해당 지역사회의 사회복지관련 공공부문 대표, 민간부문 대표, 이용자부문 대표 등의 세 영역별 주체들과 실무협의체위원장으로 구성한다. 대표협의체위원은 위원장을 포함하여 10인 이상 30인 이내로 구성해야 하며, 선출하는 방법은 다음과 같다.

1 공공부문의 대표위원

공공부문의 대표위원은 해당 시·군·구 자치단체장의 추천을 받아 구성하되, 대표협의체위원 전체의 1/3이 넘지 않도록 하는 것이 바람직하다. 그리고 지자체의 사회복지 담당 국장과 보건소장은 당연직으로 참여한다.

2 민간부문의 대표위원

민간부문의 대표위원은 민간서비스 제공기관의 직능별 대표성을 가진 단체(또는 실무협의체, 실무분과)의 추천을 받아 위촉한다. 이 경우 인적 자원이 충분한 지역사회는 지역의 기관을 중심으로 위원을 확보할 수 있으나, 인적 자원이 적어 기관 중심의 추천이 어려운 경우에는 전문가 중심으로 대표위원을 구성할 수 있다. 대표위원의 선출 시 유의할 점은 다음과 같다.

- 기관 중심 대표위원 선출의 경우는 해촉 및 사퇴 시 해당기관의 대표자가 대표위원직을 승계한다.
- 전문가 방식의 경우는 해당 전문 분야의 대표위원을 다시 위촉해야 한다.
- 전문가 선출의 위촉 방식은 대표협의체에서 논의하여 다시 정할 수 있다.

3 이용자부문의 대표위원

이용자를 대표하는 대표협의체의 차기 대표위원은 기존 대표협의체가 공모 등을 통해 선임하되, 대표협의체위원 전체의 1/3 내외로 구성한다. 이용자의 대표위원은 학계전문가, 시민복지운동단체 대표, 시민 등 각계 각층을 다양하게 대표할 수 있도록 구성한다. 이용자의 대표위원 응모자가 부족할 경우에는 대표협의체위원장(공공, 민간)의 추천으로 자격을 갖춘 이용자 대표를 공모에 구애받지 않고 위촉할 수 있다.

4 기타 구성 영역

이상의 구성 영역 이외에 지역 특성을 반영하여 대표위원을 구성할 수 있다. 이 경우 기존의 대표협의체 의결을 통한 추가 영역이 결정되어야 한다. 예컨대, 공단지역의 고용 및 이주민 관련, 농촌지역의 영농사업 관련 등 문화, 관광, 주거, 체육의 지역 특성을 반영하여 위촉한다.

실무협의체위원장 지역사회복지협의체의 중요한 운영 원칙 중 하나는 협의적 의사결정의 보장이다. 실무협의체위원장은 대표협의체와 실무협의체 사이의 원활한 의사소통체계 확립을 위한 중추적인 역할을 수행할 수 있도록 반드시 대표협의체위원을 겸하여 활동해야 한다.

대표협의체의 상근 간사 대표협의체의 상근 간사는 대표협의체 회의의 운영과 실무협의체 의제를 대표협의체 안건으로 상정하도록 한다. 그리고 대표협의체가 실무협의체 및 실무분과의 운영에 참여할 수 있도록 지속적인 의사소통의 구조를 유지하도록 한다. 이를 위하여 실무협의체 및 실무분과 운영 상황을 분기별로 대표협의체에 협의하도록 한다. 특히 상근 간사는 실행체계로서 실무협의체와 실무분과가 의결체계인 대표협의체에 종속되지 않도록 양 협의체 간의 연석회의 등을 통한 협의절차를

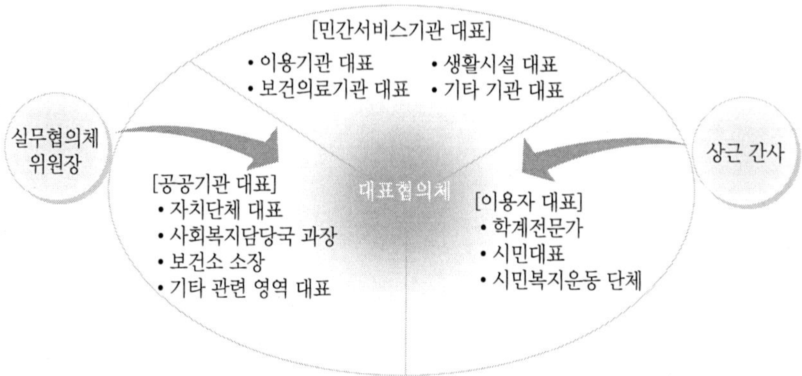

● 그림 10-2 ● 대표협의체의 구성

자료: 보건복지부(2009), p. 13.

이행한다.

협력위원 지역사회의 복지 자원이 부족하여 협의체의 기본 구성이 어려울 경우 협력위원을 둘 수 있다. 협력위원의 권한은 대표협의체위원과 동일하게 주어진다. 단, 여타 지역사회의 협의체위원이 아닌 경우에 한해 협력위원으로 참여할 수 있다.

(3) 대표협의체의 역할

1 관할지역의 사회복지사업

대표협의체는 시 · 군 · 구청장이 관할지역 안의 지역사회복지와 관련된 지역복지시책으로 추진하고 있으며 실무협의체로부터 안건으로 상정된 제반 사항을 담당한다.

2 지역사회복지계획의 수립사업

지역복지계획의 내용에 관한 사항은 다음과 같다.

- 지역사회복지 수요의 측정 및 전망에 관한 사항
- 사회복지시설 및 재가복지에 대한 장단기 공급 대책에 관한 사항
- 지역사회 인력 · 조직 및 재정 등 복지 자원의 조달 및 관리에 관한 사항
- 사회복지전달체계에 관한 사항
- 사회복지서비스 및 보건의료서비스의 연계 제공 방안에 관한 사항
- 지역사회복지 관련 통계자료 수집 및 정리에 관한 사항
- 지역복지계획 추진 과정에 대한 주민 참여 촉진에 관한 사항

지역사회복지계획의 수립 절차에 관한 사항은 다음과 같다.

- 지역주민의 복지 욕구 · 복지기관 · 단체 복지 자원 조사에 관한 사항
- 지역주민, 사회복지 및 보건의료기관 · 단체, 전문가의 의견 수렴 사항
- 지역복지계획의 추진 과정에 있어 주민 참여 촉진에 관한 사항

기타 사항은 다음과 같다.

- 지역사회 특성상 계획 수립의 필요성이 인정되는 사항
- 그 밖에 지역사회복지계획 관련, 실무분과로부터 실무협의를 요구하는 사항

3 사회복지 및 보건의료서비스 연계 · 협력에 관한 사항

- 사회복지 및 보건의료서비스 연계의 세부지침에 관한 사항
- 지역사회복지계획과 지역보건의료계획 간 연계 · 협력에 관한 사항

④ 보호대상자별 보호계획 수립에 관한 사항

- 보호대상자별 보호계획 검토 · 보호 결과 평가에 관한 사항
- 기타 보호대상자별 보호계획 관련, 실무분과로부터 실무협의를 요구하는 사항

⑤ 이상의 항목에 관한 사항

- 실무분과 간의 연계 · 조정 및 협의체에 심의 · 건의할 사항 검토
- 그 밖의 지역사회복지 증진을 위해 실무협의체 위원장이 부의한 사항

2. 실무협의체의 구성

(1) 실무협의체 구성 원칙

실무협의체의 구성 원칙은 다음과 같다.

첫째, 포괄성의 원칙이다. 실무협의체의 위원은 해당 시 · 군 · 구의 지역사회복지 구성 주체들을 모두 포함할 수 있도록 구성해야 한다.

둘째, 전문성의 원칙이다. 실무협의체의 위원은 해당 시 · 군 · 구의 지역사회복지와 관련된 분야에 종사하고 있는 전문가들로 구성해야 한다.

(2) 실무협의체 구성 및 선출

실무협의체의 위원은 포괄성 및 전문성의 원칙에 근거하여 지역사회복지의 구성 주체들 가운데서 민주적인 절차와 방법을 통하여 선출해야 한다. 이에 실무협의체위원을 선출하는 방법을 제시하면 다음과 같다.

① 공공부문의 실무협의체위원

공공부문의 실무협의체위원은 공공기관 실무위원 전체의 1/3을 초과

하지 않아야 한다. 공공기관의 실무위원으로는 사회복지와 보건의료 담당부서 및 각 분야의 담당 팀장이 당연직으로 참여한다. 그 외 기타 연계 영역 공공부문의 실무위원은 협력위원으로 추가로 임명할 수 있다.

2 민간부문의 실무협의체위원

민간부문의 실무협의체위원은 실무분과 구성원들의 합의에 의해 관련 분과별 2인 이내로 추천해야 한다. 그 외 영역은 공모를 통해 대표협의체 공동위원장이 위촉하여 구성한다. 그리고 실무협의체위원 전체의 2/3를 초과하지 않아야 한다. 민간부문의 실무협의체위원은 실무협의체위원으로 활동함과 동시에 해당 부문의 실무분과장으로 분과 운영의 책임을 가져야 한다. 또한 민간부문의 실무협의체위원은 사회복지 이용시설 및 생활시설의 중간관리자, 사회복지, 보건의료 관련 단체의 중간관리자로 구성한다.

3 기타 연계 영역

지역 특성을 반영하여 기타 연계 영역의 실무위원을 위촉할 수 있다. 이 경우 실무협의체의 전체회의를 통하여 연계 영역의 위원을 추천할 수 있다. 연계 영역은 고용, 주거, 평생교육, 문화, 생활체육, 관광 등 주민생활과 관련된 영역이며, 시민사회단체 및 지역언론 등 다양한 전문가를 위촉하여 운영할 수 있다.

실무분과장 실무협의체위원은 해당 분야의 실무분과장을 겸임해야 한다. 그리고 분과위원의 합의와 추천에 의한 구성 방식으로 인해 추천된 실무위원과 실무분과장이 달라지는 경우가 없도록 협의 단계를 충실히 지켜야 한다.

실무분과의 상근 간사 실무분과의 상근 간사는 각 협의체와 실무분과 간의 의사소통 구조가 유지될 수 있도록 지속적이고 긴밀한 연결구조를 가져야 한다. 실무분과의 운영은 실무분과장에게 총괄책임을 부여하고, 상근 간사는 분과 간의 조정과 실무협의체로 업무를 연계시키는 역할을 수행한다.

(3) 실무협의체의 역할

- 지역사회의 공동사업 개발 및 건의
- 지역사회서비스 제공 및 연계 협력에 관한 협의 및 건의
- 대표협의체의 심의 안건 사전 검토
- 실무분과에서 발의된 이슈에 대한 논의
- 실무분과 간의 역할 조정 및 협력 도모
- 지역사회의 자원 개발 관련 협의 및 건의

3. 실무분과의 구성

(1) 실무분과 구성 형태

실무분과의 구성은 지역사회복지협의체 활성화의 원동력이 되는 기초를 제공하도록 구성해야 한다. 실무분과는 지역사회의 상황에 따라 대상별, 지역별, 기능별 등 다양한 방식으로 구성한다. 각 실무분과의 위원 수는 지역사회의 실정에 따라 협의체 내의 합의를 거쳐 조정이 가능하다. 실무분과의 구성 형태를 제시하면 다음과 같다.

1 대상별 분과

- 노인, 아동, 장애인, 여성 등 지역사회의 대상별 욕구에 대응한 실무분과를 구성한다.

- 지역사회의 특수 욕구를 반영하여 필요한 영역을 고려한 대상별 분과(예: 노숙자, 이주민 분과 등)를 설치할 수 있다.

② 지역별 분과

- 사회복지 자원이 부족한 지역사회에서 지역의 욕구에 대응한 대상별 분과가 불가능할 경우, 읍·면·동 단위나 소생활권 단위로 분과를 구성할 수 있다.
- 산악권 도시, 도서지역 포함 도시, 도·농통합형 도시 등 대상별, 기능별 분과의 구성이 어려운 경우, 소생활권 형태의 지역 단위로 분과를 구성하여 운영할 수 있다.

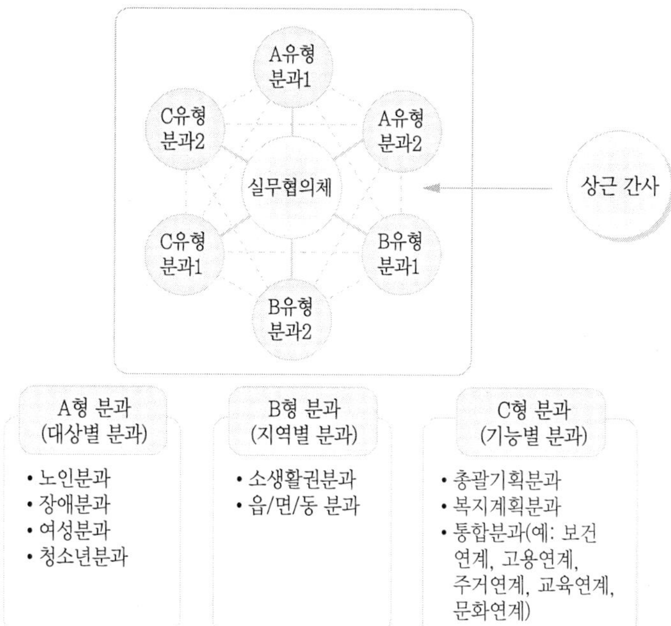

● 그림 10-3 ● 실무분과 구성 모형

자료: 보건복지부(2009), p. 19.

③ 기능별 분과

- 기능별 분과는 지역사회에서 필요로 하는 기능적인 분과의 구성 형태다.
- 다양한 형태의 분야별 분과 형성이 가능하며 T/F 형태의 구성도 가능하다.
- 통합적 사회복지서비스 제공을 위한 '통합서비스 분과'를 설치 · 운영하도록 하며, 효율적인 통합서비스 분과 운영을 위하여 고용, 주거, 평생교육, 문화, 관광, 생활체육 등의 분과를 구성할 수 있다.

(2) 실무분과의 역할

- 공동사업의 수행
- 대상자별 사례회의
- 서비스 제공 및 연계
- 서비스 제공 관련 건의

(3) 지역사회복지협의체의 조직도

지역사회복지협의체는 대표협의체, 실무협의체, 그리고 노인분과, 아

● 그림 10-4 ● 지역사회복지협의체의 조직도

동분과 등 실무분과로 조직화되어, 노인, 아동, 장애인, 여성 등 지역의 대상별 욕구에 대응한 업무를 수행한다. 그리고 각 시 · 군 · 구는 지역사회의 특수 욕구를 반영하여 필요한 영역을 고려한 대상별 분과를 설치하여 운영한다. 이에 지역사회복지협의체의 조직도는 [그림 10-4]와 같다.

제3절 지역사회복지협의체의 활성화 방안

지역사회복지협의체를 활성화하기 위해서는 공공부문과 민간부문, 그리고 주민조직들 간의 파트너십이 강조된다. 즉, 공공부문과 민간부문의 수평적 관계 형성과 네트워크의 성과가 참여조직에 가시적으로 나타나도록 주도해야 한다. 이를 위해서는 우선 민간부문의 주도와 공공부문의 지원이 절실히 요구된다. 특히 지역사회의 네트워크 구조 설정 측면에서 지자체가 주도하였지만, 거버넌스 형성에 민간과 협의체와 지자체가 역할 분담을 통해 효과성을 증명하려는 협력적인 노력이 필요하다. 지역사회복지협의체의 활성화 방안을 몇 가지 제시하면 다음과 같다.

1. 민간의 주도와 공공의 지원 필요

지역사회복지협의체의 원활한 운영을 위해 형식적인 회의를 지양하고 지역사회 내의 다양한 단체와 민관 파트너십을 형성해 나가야 한다. 이를 위해서는 지역사회의 중요한 현안에 대해 민주적인 의사소통을 거쳐 대안을 모색할 수 있도록 정례적인 회의가 필요하다. 그리고 지역사회복지협의체의 사업운영 활성화를 위해 적절한 예산 확보와 민간 전문가로서 유급전담간사의 채용이 시급히 이루어져야 한다. 현재 공공 중심의 운영과 공무원 겸직 형태의 간사는 대다수 협의체 운영의 한계를 증명하고 있다. 또한 지역사회복지협의체의 회의 운영 시, 관 주도를 탈피하고 자율성을 강화하는 것이 중요하다. 기존 사례에 의하면, 협의체 회의 시 민간의 의견 반영 정도가 보통으로 나타나고 있어 협의체의 의사 결정 및 의견 수렴의 과정이 미흡한 것으로 볼 수 있고, 이에 대한 극복 노력이 필요하다. 또한 민간부문의 네트워크가 협의체 활동에 기여한 것으로 나타난 점으로 보아 협의체 운영의 매뉴얼 및 사례를 발굴하여 지역사회 역량 강화를 위한 기회로 만드는 것이 중요하다.

2. 협의체위원의 참여 유도와 인식 제고

지역사회복지협의체의 바람직한 운영을 위해서는 관 주도의 의사결정을 탈피하고 자율성을 강화하며 민간 주도의 구성과 형태를 유지해야 한다. 즉, 민간부문의 역량을 결집해 가며 이를 뒷받침해 주는 지자체의 적극적인 협조와 지원이 필요하다.

지역사회복지협의체의 구성 초기에 협의체 운영, 역할과 기능 등에 관한 교육이 실시되었으나, 대부분 시 · 군 · 구청이나 보건복지 관련 단체를 통해서 일회성으로 이루어진 경우가 많다.

지역사회복지협의체의 활성화는 협의체위원들의 자발적이고 적극적인 참여 여부에 달려 있다. 특히 협의체의 지속적인 교육훈련과 토론을 통한 위원들의 역량 강화와 협의체의 기능, 운영, 위원의 역할 등을 인식하는 과정이 지속되어야 한다. 또한 협의체위원들의 전문성 강화를 위한 정기적인 워크숍 또는 현장교육이 필요하다. 지자체의 선임에 의한 협의체위원들의 참여만으로는 주민대표성이 결여되므로 주민 참여의 활성화를 위해 문호를 더욱 개방하는 것이 중요하다.

3. 협의체 운영을 위한 자원 확보

지역사회복지 자원은 재정적 · 물적 자원을 의미한다. 지역사회복지협의체를 운영함에 있어서 중요한 것은 지역사회의 네트워크에 관여하고 사회복지 행위자들이 독자적으로 성취할 수 있는 충분한 자원을 확보하는 것이다. 운영 자원을 가치 있게 창출하는 방법은 지역사회 내의 다양한 자원들을 결합함으로써 가능하다. 그리고 지역사회의 다양한 참여자와 참여 수준이 거버넌스 형성에 적절하다고 본다.

지역사회복지협의체의 위원은 지자체장, 보건소장, 의료계 인사, 사회복지계 인사 등으로 이루어진 사회복지 제공자와 사회복지서비스 수요자, 지역주민 대표, 시민단체, 학계 등 대표성을 가진 위원들로 다양하게 구성되어야 한다. 또한 지역사회의 안정된 자원 확보는 기초사회복지협의회보다 안정적이고 다양성을 갖춘 참여가 우선되어야 한다. 특히 지역사회 내의 다양한 참여주체들은 거버넌스 형성에 적극적으로 동참하고, 지자체와의 관계 형성에서 행정상의 협조체계를 유지해야 한다.

4. 지역사회단체 간의 네트워크 활성화

지역사회 내의 많은 공공기관과 민간기관 간에 협력체계가 구축되지 못하고 있는 것이 현실이다. 이들의 다양한 사회복지단체들은 각 조직 간의 네트워크가 지역사회 중심의 자기결정권과 자주관리, 상호 협력과 조정이라는 지역사회의 혁신과 관련되어 있다. 이는 특히 지역사회의 연대성이라는 가치를 포함하고 있다.

지역사회복지협의체는 사회복지서비스의 제공 면에서 민간부문의 취약성과 조직적 연대성의 부족으로 인해 한계에 직면해 있다. 이를 극복하기 위해, 지역사회 내의 다양한 사회복지조직체 간 적절한 역할분담과 조정을 통해 연대감을 형성하고, 효율적인 네트워크의 구축 기능을 형성함으로써 지역사회의 통합을 이루어야 한다.

생각해 볼 문제

1. 지역사회복지협의체의 필요성에 대해 설명해 보라.
2. 지역사회복지협의체의 기본 원칙 세 가지를 설명해 보라.
3. 지역사회복지협의체의 기본 구조를 제시해 보라.
4. 대표협의체, 실무협의체, 실무분과의 기능을 비교하여 설명해 보라.
5. 지역사회복지협의체의 활성화 방안을 제시해 보라.

제11장

지역사회복지관

지역사회복지관은 지역주민의 문제해결과 복지 증진에 일조하고 지역복지를 실현하는 종합적인 서비스기관이다. 지역사회복지관은 인보관운동(settlement movement)에 기원을 두고 있다. 즉, 지역사회의 당면 문제를 해결하기 위해 지역 내의 인적 · 물적 자원을 동원하고 지역주민의 복지 욕구를 충족시키는 데 초점을 둔다. 지역사회복지관은 지역사회의 특징, 문제 상황 등이 독특하기 때문에 그 기능과 역할의 수행이 무엇보다 중요하다. 예컨대, 운영상의 접근 방법은 어떠하고, 서비스 제공의 질은 어떠하며, 어떤 기능으로 수행하는가라는 점이다. 이에 지역사회복지관은 현존 실태를 정확히 파악하고 새로운 방향을 설정하여 지역복지를 실현하는 데 초석이 되어야 한다. 이 장에서는, 첫째 지역사회복지관의 개념, 둘째 지역사회복지관의 실태, 셋째 지역사회복지관의 모형 등을 중심으로 살펴보고자 한다.

Community
welfare

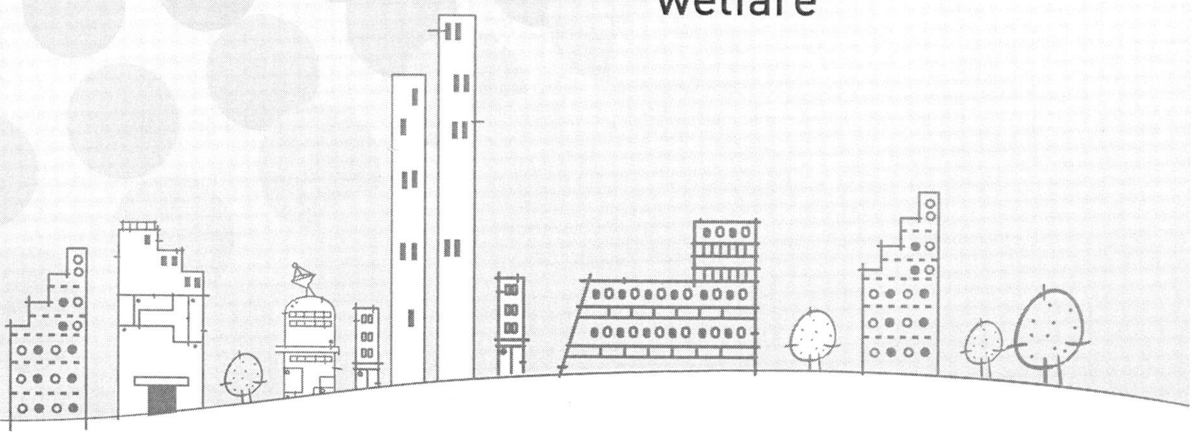

제1절 지역사회복지관의 개념

1. 지역사회복지관의 정의

지역사회복지관(community welfare center)은 종합적인 복지기관으로서 그 개념이나 기능에 대해 아직까지 명확하고 체계적인 개념 정립이 미약한 실정이다. 일반적으로 지역사회복지관은 지역주민의 욕구와 문제에 개입하여 일상생활과 경험을 유지하게 하며 지역복지를 실현하는 기관을 말한다. 지역사회복지관은 직접적인 서비스기관으로서 효과적인 서비스를 제공하는 것은 물론, 지역주민 스스로가 이를 통해 자립능력을 향상시키고자 한다. 특히 지역사회 내의 전반적인 사회복지서비스의 조정을 도모하며 지역주민으로 하여금 책임성을 갖도록 한다. 지역사회복지관의 기원은 1880년대 영국과 미국의 인보관운동에서 찾을 수 있다(최일섭, 류진석, 1996: 319). 즉, 지역사회복지관은 인보관(neighborhood center) 또는 근린지역협의회(neighborhood council) 등으로 지칭되는데, 이를 구체적으로 살펴보면 주체와 대상에 따라 사업 방법, 서비스 제공 여부, 지리적 단위, 당면 문제, 설립주체 등으로 구분할 수 있다.

우리나라 지역사회복지관의 운영지침에 의하면, 지역사회복지관이란 지역사회 내에서 일정한 시설과 전문인력을 갖추고 지역사회의 인적 · 물적 자원을 동원하며, 지역주민의 복지 욕구를 충족시키기 위한 종합적인 사회복지사업을 수행하는 사회복지시설로 정의하고 있다(보건복지부, 2003). 미국 사회복지관연합회에서는 지역사회복지관은 그 지역사회의 발전과 개선에 관심을 갖고 계속적인 노력을 하는 사회복지기관이라고 정의하고 있다. 영국의 경우 인보관협회에서는 지역사회복지관은 보다 좋은 지역사회를 만들기 위해 서로 돕고, 사회단체나 지역주민이 지역문제를 스스로 해결하며, 제반 결과에 참여하여 모든 사항에 대해 최대한 알 수 있도록 정보를 제공하는 기관으로 정의하고 있다(강준렬, 1997: 120).

따라서 지역사회복지관은 지역사회에서 충족되지 않은 욕구와 문제를 발견하고 지역주민에게 필요한 서비스를 제공하는 가장 대표적인 직접적 서비스기관이라 할 수 있다. 지역사회복지관은 우선 지역성을 지닌 종합복지기관으로서 빈곤문제와 지역문제를 사회개혁의 안목에서 체계적으로 해결하려고 접근을 시도한다. 특히 모든 분야에서 개방적이고, 예방적이며, 치료적인 기능을 동시에 발휘하여 각 계층과 연령층을 대상으로 거시적이고 미시적인 접근을 시도한다.

이상의 내용을 종합해 보면, 지역사회복지관은 지역사회 내의 사회적 약자에 대한 자립능력을 배양하고, 지방자치단체의 지원과 민간기관 및 지역주민들의 참여를 통해서 지역문제를 예방하며 치료하는 데 역점을 둔다. 그리고 지역주민의 연대감 조성과 복지 증진을 고취하기 위하여 설립된 종합적인 서비스기관이라고 정의할 수 있다.

2. 지역사회복지관의 구분

지역사회복지관은 크게 주체와 대상, 그리고 방법 등에 따라 구분할 수 있다. 지역사회복지관을 영역별로 분류하면 다음과 같다. 첫째 접근 방법에 따른 구분, 둘째 서비스 제공에 따른 구분, 셋째 기능형태에 따른 구분, 넷째 설립주체에 따른 구분 등으로 분류할 수 있다. 지역사회복지관을 영역별 분류에 따라 구체적으로 제시하면 다음과 같다.

1 접근 방법에 따른 구분

지역사회복지관은 사회복지의 전통적인 방법론에 근거한 개별적 접근, 집단적 접근, 지역사회의 접근 등을 활용하고 있다. 첫째, 개별적 접근은 사회적 약자의 개별적인 특성에 따라 아동상담소, 가정복지기관, 기타 상담기관 등에서 이루어지고 있다. 둘째, 집단적 접근은 YMCA, YWCA, 레크리에이션단체, 기타 청소년 관련기관 등에서 실시되고 있다. 셋째, 지역사회의 접근은 저소득층을 위한 취업훈련기관, 지역주민의 욕구에 부응하는 관련 단체에서 이루어지고 있다.

지역사회복지관은 종합사회복지관의 성격을 지니고 있으며, 사회복지대상자에 대한 일차적인 방법(primary method)인가 또는 이차적인 방법(secondary method)인가에 따라 그 운영체제를 구분할 수 있다.

2 서비스 제공에 따른 구분

지역사회복지관은 사회복지대상자에게 '직접적 서비스'를 제공하는가 또는 '간접적 서비스'를 제공하는가에 따라 분류할 수 있다. 첫째 '직접적 서비스' 기관은 지역주민 개인이나 집단을 대상으로 당면 문제에 대해 진단, 치료하며 재활서비스를 제공하고 있다. 예컨대, 공적부조기관, 아동지도기관, 시설보호기관, 보건서비스기관, 탁아소, 새마을유아원 등이 있다. 둘째, '간접적 서비스' 기관은 지역주민의 사회적 복리로서 보건과 복지서비스를 간접적으로 제공하며 바람직한 지역사회로 변화시킨다. 예컨대, 지역사회복지협의회와 지역공동모금회 등이 있다.

던햄(Dunham, 1970: 17)은 직접적 서비스기관과 간접적 서비스기관을 소비자 서비스기관(consumer service agency)과 비소비자 서비스기관(nonconsumer service agency) 등으로 분류하여 제시하였다.

3 기능 형태에 따른 구분

지역사회복지관은 지역사회 내에서 당면 문제를 기능적으로 어떻게 다루느냐에 따라 분류할 수 있다. 던햄(Dunham, 1970: 17)은 지역사회복지관의 기능적 분야(functional fields)를 다음과 같이 제시하였다. 소득유지, 가정복지, 아동복지, 보건의료, 신체장애, 정신건강, 성인범죄, 집단서비스, 대중오락, 사회계획, 기타 등이다. 지역사회복지관은 이상의 문제영역을 중심으로 다양한 기능 형태에 따라 문제해결에 접근한다. 지역사회복지관은 사회복지대상자를 중심으로 직접적인 서비스를 제공하는 기능뿐만 아니라, 지역사회 내의 사회복지서비스를 조정하고, 여타 기관들과 공동의 협력을 통하여 지역복지를 실현하는 포괄적인 기능이 필요하다.

4 설립주체에 따른 구분

지역사회복지관은 설립주체에 따라 공공기관과 민간기관으로 분류할 수 있다. 첫째, 공공기관은 보편주의적 접근(universalistic approach)으로서 전체 지역주민을 대상으로 제공하는 무조건적 서비스에 역점을 둔다. 또한 사회복지법에 규정된 서비스를 제공하면서 어느 정도 융통성이 결여되어 있고 변화에 대한 저항이 강한 편이다. 둘째, 민간기관은 선별주의적 접근(selectivistic approach)으로서 지역주민들 중에 특수한 욕구를 지닌 사회복지대상자에게 서비스를 제공한다. 이는 공공기관의 보완적인 역할로서 시범적이고 융통성이 있으며, 전문적인 서비스를 제공하는 것이 특징이다.

3. 지역사회복지관의 기능

지역사회복지관은 지역주민의 문제해결과 복지 증진을 추구하는 직접적이고 종합적인 서비스기관으로서, 지역사회의 성격과 문제에 따라 그 기능이 다양하다. 지역사회복지관은 지역주민들이 요구하는 사회복지서비스를 제공하는 소극적인 기능뿐만 아니라, 지역주민들을 조직화하고 참여하게 함으로써 각자가 처해 있는 여건을 변화시키는 적극적이고 근본적인 기능을 수행한다. 그리고 지역사회복지관은 산업화와 도시화에 따라 지역주민이 다양한 복지 욕구의 분출과 관련된 지역문제를 해결하기 위해 설립되었다. 이와 같은 목적으로 설립된 지역사회복지관은 지역사회의 성격, 문제상황 등이 독특하고 다양하기 때문에 그 기능과 역할이 무엇보다도 중요하다. 이에 따라 지역사회복지관의 기능에 대한 학자들의 견해도 다양하게 제시되고 있다.

지역사회복지관은 전통적 방법인 '개별사회사업'이나 '집단사회사업'을 활용하여 직접적인 서비스의 제공과 지역주민들을 조직화하고, 지역사회 내의 사회복지서비스를 조정하는 지역사회조직의 과정을 적극 활용하고 있다. 지역사회복지관은 인보관을 중심으로 발전되어 왔으며, 주로 지역사회의 문제와 불충족된 욕구를 발견하고 이들에게 필요한 서비스를 제공하는 포괄적인 서비스기관이다. 이에 지역사회복지관은 산업화와 도시화의 사회 변화에 따른 사회문제에 대처하기 위한 산물로서 다양한 사회적 목적을 가지고 그 기능을 수행한다. 그러나 지역사회의 성격과 환경에 따라 문제해결의 접근이 다르기 때문에 그 개념을 규정하기는 쉽지 않다.

딜릭(Dilick, 1959: 330)은 지역사회복지관의 주요 기능을 다음 네 가지로 제시하였다.

- 지역사회의 다양한 욕구를 충족시키기 위해 통합된 서비스를 제공하는 기능이다.
- 지역사회서비스의 중복과 누락을 방지하기 위해 서비스 간의 조정을 꾀하는 기능이다.
- 지역주민들이 지역문제의 해결을 위해 공동체 집단을 구성하는 기능이다.
- 주민집단들이 지역사회의 목표를 수정하고 새로운 목표를 도출하게

하는 기능이다.

이상에서 지역사회복지관의 기능을 수행함에 있어 가장 중요한 것은 지역사회활동에 지역주민들을 직접 참여시키는 것이다.

미국 인보관협회(national federation of settlement and neighborhood center)에서는 지역사회복지관의 기능을 다음과 같이 제시하고 있다.

- 지역사회복지관은 관료적 형식에 구애받지 않고 지역주민들과 개별적인 인간관계의 접촉을 유지하고 발전시킨다.
- 지역사회에 새로운 이주민을 포함하여 지역주민의 근린의식과 민주적인 시민의식을 고취시킨다.
- 도움을 필요로 하는 지역주민에게 적절한 서비스를 제공한다.
- 지역사회의 생활문제를 해결하기 위해 새로운 지식과 기술을 응용하고 실천한다.
- 지역주민을 위하여 직접적 또는 간접적으로 문화적 활동을 촉진한다.
- 지역사회 내의 다양한 계획과 개발사업을 촉진하고 실행한다.

지역사회복지관은 지역사회 내에 존재하는 여타 조직 및 단체와 달리 독특한 기능과 성격을 지닌다. 지역사회복지관의 기능을 몇 가지 제시하면 다음과 같다.

- 여타 기관에 의뢰하는 기능
- 공적 서비스를 대행하는 기능
- 종합적인 서비스를 제공하는 기능
- 근린의식과 협동성을 강화하는 기능
- 사례관리를 담당하는 기능

- 사회교육을 실행하는 기능
- 요보호대상자를 대변하는 기능
- 사회복지서비스를 조정하고 통합하는 기능
- 지역주민을 동원하고 조직화하는 기능 등

지역사회복지관은 포괄적인 기능의 수행이 요구되는데, 그 구체적인 내용을 제시하면 다음과 같다.

- 지역사회 내에 존재하는 당면 문제에 대한 보건과 복지서비스를 제공한다.
- 지역주민들의 욕구를 표출하게 하고 이들 스스로가 문제해결에 참여하도록 한다.
- 지역문제를 효과적으로 해결하기 위해 전문가의 의견을 교환하도록 중재적 역할을 한다.
- 지역사회 내의 사회복지관과 민간단체 등이 공동의 목표를 성취하도록 매개적 역할을 한다.
- 지역문제의 본질을 지역주민들에게 전달하고 이해시키는 역할을 한다.

제2절 지역사회복지관의 실태

1. 지역사회복지관의 기본 원칙

지역사회복지관은 지역복지의 구현에 따라 지역주민들의 자발적인 참여와 자립의식을 고취하는 데 궁극적인 목적이 있다. 지역사회복지관의 운영에 있어서 몇 가지 기본 원칙을 제시하면 다음과 같다(보건복지부, 1988).

1 전문성의 원칙

지역사회복지관은 다양한 지역문제에 대처하기 위해 일반적인 프로그램과 특수한 문제를 해결할 수 있는 전문적인 프로그램 등을 실시해야 한다. 이와 같은 지역사회 프로그램을 수행하기 위해서는 전문적인 지식과 기술이 요구되며, 전문인력에 의해 계획된 지역복지사업이 성실히 수행되어야 한다. 따라서 지역사회복지관의 사업을 성취하기 위해서는 적절한 시설을 마련하고 전문성에 입각하여 사업을 수행해야 한다. 그리고 지역사회복지관의 시설은 지역사회 내의 요보호대상자들이 도움을 받을 수 있는 적합한 공간을 확보해야 하고, 이를 최대한 활용할 수 있는 전문적인 이용시설이 되어야 한다.

2 지역성의 원칙

지역사회복지관은 일정한 지역사회에 존재하게 되며, 지역사회 내에 나타난 당면 문제의 해결에 우선순위를 두어야 한다. 지역사회의 특성과 지역주민의 기본 욕구를 구체적으로 파악하여 사업계획을 수립하고, 지역사회의 당면 문제를 해결하기 위해 적절한 예산을 반영하여 필요한 서비스를 제공해야 한다. 그리고 지역사회복지관의 기본사업은 지역사회에 기초를 두고 지역주민의 복지에 최우선을 두어야 하며, 정치적으로 개입하여 지역사회복지의 기본 원칙에서 벗어나는 활동을 전개해서는 안 된다. 지역사회복지관의 사업은 인도주의적 원칙에 따라 지역주민의 고통 해소와 예방에 역점을 두어야 하며, 지역사회 내에 존재하는 요보호대상자들의 문제를 해결하고, 그들의 존엄성 등을 손상하지 않도록 유의해야 한다.

3 연계성의 원칙

지역사회복지관의 사업은 지역주민들의 자주적인 협력과 연계성, 자발적인 참여 등에 의해 수행되어야 한다. 특히 지역사회복지관의 운영주체는 외부의 간섭 없이 조직구성원의 자율적인 전문성을 통해 적합한 프로그램을 운영할 수 있어야 한다. 지역사회복지관은 종합적 복지서비스기관으로서 지역사회 내의 각종 기관이나 단체 등과 긴밀하게 협조와 연계성이 요구된다. 지역사회복지관의 사업을 원활하게 수행하기 위해서는 지역사회 내의 여타 사회복지기관 및 단체 등과 상호 연계를 통해서 다양한 서비스를 의뢰하며, 지역사회복지 프로그램을 공유하여 지역주민들의 복지 향상과 요보호대상자들의 욕구 해결에 도움이 되도록 해야 한다.

4 평가성의 원칙

지역사회복지관의 다양한 사업들은 전문가의 구체적인 사업계획에 의해 운영되고, 그 결과에 대해 반드시 평가가 이루어져야 한다. 즉 지역주민의 욕구문제, 지역사회의 성장과 변화, 사회복지조직의 재정투입과 효과성, 재정 활용 방법의 적합성, 인력 배치의 효율성 등을 중심으로 사업결과에 대한 올바른 평가가 있어야 한다. 사회복지기관이나 시설 등은 분야별로 3년마다 정기적인 기관 평가가 실시되고 있다. 이는 기관의 평가를 위한 것이라기보다 지역주민과 사회적 약자들을 위해 질적 서비스를 더욱 향상시키는 데 역점을 두어야 한다. 따라서 지역사회복지관의 종합적인 계획 수립에 따른 실천 결과에 대한 평가를 실시하여 더욱 바람직하고 합리적으로 지역복지를 실현하는 데 일조해야 한다.

2. 지역사회복지관의 사업 내용

(1) 조직구조

지역사회복지관의 조직구조는 일반적으로 운영 규정에 따라 세 가지 유형으로 구분되는데, 기관의 조직 규모와 직원 배치의 기준을 제시하면 다음과 같다. 종합사회복지관 가형의 경우는 2,000m² 이상의 규모이고, 종합사회복지관 나형의 경우는 1,000~2,000m² 규모이며, 종합사회복지관 다형의 경우는 500~1,000m² 규모이다. 사회복지관의 조직구조를 제시하면 [그림 11-1]과 같다.

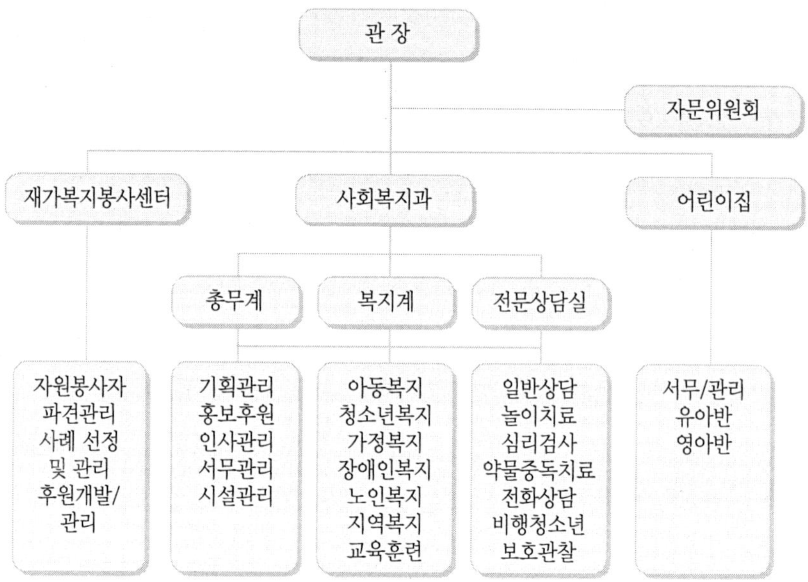

● 그림 11-1 ● 사회복지관의 조직구조

자료: 최일섭, 류진석(1996), p. 319.

(2) 재정 운용

지역사회복지관은 지역사회 내의 사회적 약자에 대한 욕구 해결과 지역주민의 통합에 역점을 두고 있다. 이를 위해서 지역주민의 욕구 해결, 지역사회의 문제해결, 지역 자원의 확보, 지역주민 간 소득 분배 등의 다양한 역할을 수행하게 된다. 지역사회복지관의 재정 운용은 지역주민들에게 종합적인 사회복지서비스를 전달하는 데 중요한 부분이 된다. 또한 사회복지서비스의 기능을 지원하고 기관조직 자체를 유지하는 활동을 수행하게 된다. 특히 지역사회복지관의 유지, 관리와 사회복지대상자의 서비스비용 등을 적절하게 운용하는 포괄적인 역할을 감당한다.

지역사회복지관의 재정 운용은 대부분 국고 및 지방비, 자체 부담 등으로 이루어지고 있다. 정부에서는 지역사회복지관의 사업비, 운영비, 관리비, 인건비 등을 국고 및 지방비에서 약 80% 지원하고 있으며, 운영주체에서 자체 부담으로 약 20%를 충당하고 있다. 대부분 사회복지관의 재정 충당은 정부의 보조금에 의존하기 때문에 지역주민의 욕구에 부응하는 프로그램 개발과 최적의 서비스 제공에는 한계가 있을 수밖에 없다. 지역사회복지관은 이를 극복하기 위해 중복사업을 피하고 자원개발 등 생산적 복지로서 경영복지의 노력이 절실히 요구된다.

(3) 사업 내용

지역사회복지관의 사업 내용은 사회복지관의 유형에 따라 다양하다. 우선 지역사회복지관의 사업을 계획하고 실천하기에 앞서 몇 가지 기본 원칙을 제시하면 다음과 같다(최일섭, 류진석, 1996: 342).

- 전문가에 의한 사업 수행의 원칙
- 기준시설을 확보하는 원칙
- 수혜자에 대한 존엄성 유지의 원칙
- 주민 욕구에 부응하는 서비스의 원칙
- 치료와 예방사업을 병행하는 원칙

- 사업들 간에 연계적 운영의 원칙
- 지역 자원 활용의 원칙
- 실천평가의 원칙 등

지역사회복지관의 단위별 프로그램 내용을 보면, 청소년 예방 및 치료 프로그램, 노인여가 및 사회교육 프로그램, 장애인을 대상으로 하는 전문적인 프로그램 등이 실시되고 있다. 지역사회복지관의 사업에 있어서 대상자를 분류해 보면 다음과 같다.

- 기초생활수급자나 그 가족으로서 현금과 현물 지원 이외에 가정불화, 소득원 부족, 자립 의욕의 저하, 사회심리적 취약성, 한부모 가정 등으로 가정 기능이 약화 내지 해체되어 빈곤의 악순환이 예측되는 가정과 지역주민 등이다.
- 기초생활수급자로 책정은 되지 않았으나 가정불화, 직업문제, 의료문제, 자녀교육문제 등으로 인해 기초생활수급자로 전락하거나 빈곤의 악순환이 예측되는 가정과 지역주민 등이다.
- 특수문제의 가정으로서 빈곤문제 이외에 심신장애인문제, 가정갈등문제, 비행문제, 노인문제 등으로 가정의 결속력과 사회대처능력이 저하되는 가정과 지역주민 등이다.
- 지역사회 내에서 저소득계층을 위한 직업이나 부업의 훈련 및 알선과 자립의 필요성이 있는 가정과 지역주민 등이다.
- 지역사회 내의 유아 보호 및 교육의 필요성이 있는 가정과 지역주민 등이다. 그리고 지역주민으로 생활정보, 교양교육, 주민결속력 등의 강화를 필요로 하는 지역주민과 불우가정 등으로 규정하고 있다.

이상에서 살펴본 바와 같이 지역사회복지관의 사업은 기초생활수급자 및 저소득계층, 사회적 취약계층 등을 중심으로 전개되고 있음을 알 수 있다. 지역사회복지관의 프로그램 종류는 지역사회의 특성에 따라 차이가 있다. 예컨대, 임대아파트 지역인 경우에는 저소득층가정의 아동보호 프로그램, 요보호가정에 대한 직접서비스를 전달하고, 이를 위한 자원봉사자 모집 및 후원자 개발 등에 중점을 두고 있다. 또한 대도시지역은 교양, 취미교실 등을 가장 많이 실시하고 있으며, 중소도시지역과 농촌지역의 경우에는 아동프로그램이 가장 활발하게 실시되고 있다. 그러나 전문가의 적절한 배치와 자원봉사자의 확보에 어려움이 있으므로 적합한 프로그램 수행에는 한계가 있다.

지역사회복지관의 사업 내용을 정리하여 제시하면 〈표 11-1〉과 같다.

표 11-1 지역사회복지관의 사업 내용

사업분야 (6개 분야)	단위사업명 (31개 단위사업)	
가정복지사업	① 가정문제 종합상담 ③ 취업, 부업 안내(무료직업안내소 운영) ⑤ 선의봉사실 운영 ⑦ 부녀자용 교양교육 및 취미교실 ⑧ 생활보호대상자의 상담 및 사후관리	② 직업, 부업 기능훈련 ④ 보건, 의료서비스 ⑥ 생활안정자금 지원
아동복지사업	① 아동선도 및 사회교육 ③ 어린이기능교실 ⑤ 유아보육교실	② 어린이 공부방 ④ 자모상담 및 교육
청소년복지사업	① 청소년상담 및 교양교육 ③ 근로청소년 사회교육	② 청소년독서실 ④ 청소년예능교실
노인복지사업	① 노인사회교육 및 여가지도 ③ 노인부업실 ⑤ 노인식사 및 목욕서비스	② 불우노인 결연 ④ 노인가정봉사원 파견
장애인복지사업	① 장애인서비스 알선 및 이송 ③ 재가장애인서비스	② 자립작업장 설치, 운영

(계속)

지역복지사업	① 주민사회교육 ③ 후원자 개발 ⑤ 사회조사	② 자원봉사자 양성 ④ 주민취미교육 ⑥ 주민편의시설 제공

자료: 보건복지부(1995) 참조.

제3절 지역사회복지관의 모형

1. 지역사회복지관의 문제점

지역사회복지관은 지역주민은 물론 사회적 약자들의 문제해결을 위해 다양한 서비스를 제공하고 있다. 그러나 지역사회의 당면 문제를 해결하는 데 기능적 역할이나 접근 방법에는 한계가 있다. 지역사회복지관의 문제점을 네 가지 측면에서 제시하면 다음과 같다.

1 정책적인 측면에서 문제점

- 획일적인 지역사회복지관의 정책이나 지침에 입각하고 있다.
- 공공기관과 지역사회복지관의 업무가 중복되고 있다.
- 지역사회복지관의 운영위탁제로 인해 한계가 있다.
- 지역사회복지 프로그램에 대한 정부의 요구사항이 많다.
- 지역사회복지관의 입지에 대한 문제점이 제기되고 있다.

2 행정적인 측면에서 문제점

- 정부보조금의 불균형에 대한 문제가 있다.
- 행정부서의 업무지침이 불일치한다.
- 지역사회복지관의 담당자가 비전문적으로 행정부서를 맡고 있다.

- 형식적이고 획일적으로 처리하고 있다.
- 지역사회복지관의 운영규정이 비현실적이다.

③ 전문적인 측면에서 문제점

- 전문인력의 부족과 업무량이 과다하다.
- 비전문적인 프로그램으로 운영되고 있다.

④ 프로그램 표준화 측면에서 문제점

- 프로그램 표준화가 부재하다.
- 평가기준과 내용이 모호하거나 불합리하다.

2. 지역사회복지관의 개선 방안

① 정부정책의 변화

지역사회복지관은 지역문제와 사회적 약자의 욕구 해결에 대해서 획일적인 정책과 지침으로 인해 복지관마다의 특성이 없다. 이에 대한 대안은 지역사회복지관의 특성화를 이루어 나감으로써 정부 및 지자체 정책의 변화를 시도할 수 있다. 즉, 공공기관과 지역사회복지관의 업무 중복과 관련하여 지역사회복지관의 설립 시에 기관의 기능과 입지를 고려할 필요가 있다. 현재 시행하고 있는 지역사회복지관의 위탁운영제는 합리적인 면도 있지만 불합리한 면이 많아 개선해야 할 점이 많다. 이와 같은 불합리한 부분들을 구체적으로 검토하여 합리적인 방안을 마련해야 한다. 그리고 지역사회복지관의 프로그램에 대한 정부 및 지자체의 요구는 형식적이고 통계적인 것에 치중되어 있다. 이에 정부나 지자체는 실질적이고 통계에 잡히지 않는 부분들을 고려하여 바람직한 프로그램을 요구하고 평가함으로써 새로운 변화를 모색해야 한다.

2 행정업무의 개선

지역사회복지관은 정부보조금의 부족 현상으로 민간자원의 동원을 통해 재정을 충족하고 있다. 그리고 지역사회복지관의 행정업무에 대한 불일치는 취급부서를 단일화함으로써 문제점 등을 해결해야 한다. 지역사회복지관을 담당하는 공무원을 전문지식과 경험을 가진 자로 배치하고, 운영 규정의 비현실적인 부분과 형식적이고 획일적인 처리는 관 · 민협력체제 구축을 통해 개선해 나가야 한다.

3 전문성의 강화

지역사회복지관의 업무 수행에 있어서 전문인력의 부족과 업무량의 과다는 비능률적인 결과를 초래하고 있다. 따라서 지역사회복지관의 프로그램을 전문성에 입각하여 전개하여야 하며, 전문가 수를 점차 늘리고 비전문적인 사업은 점차 줄여야 한다. 그리고 지역사회복지관의 비전문적인 사업은 점차 전문성이 내포된 사업으로 대체해야 하며, 특히 지역사회복지의 실현에 역점을 두고 지역사회복지관의 전문성을 강화해야 한다.

4 프로그램의 표준화

지역사회복지관에 있어서 프로그램의 표준화는 매우 어려운 과업 중의 하나라 할 수 있다. 지역사회복지관의 프로그램은 매우 다양하여 각 프로그램별로 표준화하기에는 어려움이 따른다. 그러나 지역사회복지관의 핵심적인 프로그램을 중심으로 우선 표준화시키고, 프로그램에 대해 통계처리가 가능한 부분과 통계처리가 불가능한 부분까지를 포함해서 합리적으로 평가해야 한다. 지역사회복지관은 지역 특성, 경영 특성, 프로그램 특성 등에 입각하여 개별적인 평가를 실시하여 공정성을 기하고 프로그램의 표준화를 확립해야 한다.

3. 지역사회복지관의 모형

1 관립관영의 모형

지역사회복지관의 관립관영(官立官營) 모형은 정부기관이나 지방자치단체가 설립하여 직접 관장하며 경영하는 방식을 말한다. 이와 같은 복지관 형태의 모형은 기관의 예산 확보와 시설 확보는 용의하지만, 사업 운영에 있어서는 신축성과 융통성 등이 결여되어 사회적 약자에 대한 전문적인 서비스가 어렵다.

2 관립관민영의 모형

지역사회복지관의 관립관민영(官立官民營) 모형은 정부기관이나 지방자치단체가 설립하여 그 사업을 관과 민이 공동으로 운영해 나가는 방식을 말한다. 이와 같은 복지관 형태의 모형은 관이 사업운영비의 일부 예산을 지원하고 일부는 민간기관이 부담하는 유형이다. 그러나 지역사회의 사업프로그램은 민간기관이 구상하고 실천하는 모형이다. 관립관민영의 모형은 초기 사회복지관에서 많이 활용된 운영형태다.

3 관립민영의 모형

지역사회복지관의 관립민영(官立民營) 모형은 정부기관이나 지방자치단체가 설립하되 그 사업 운영은 민간기관에 위탁하여 운영하는 방식을 말한다. 대부분 지역사회복지관의 운영 형태가 이러한 모형에 해당되며, 기관의 운영비 등을 관이 지원하고 있으나 운영비의 약 20%를 위탁기관에서 부담하도록 규정하고 있다. 따라서 지역사회복지관은 정부지원금의 예산으로 운영되고 있어 각 기관의 예산 확보가 중요한 과제가 되고 있다.

4 민립민영의 모형

지역사회복지관의 민립민영(民立民營) 모형은 민간기관이 설립하고 민간기관이 운영하는 방식을 말한다. 초창기 지역사회복지관은 대부분 이러한 모형에 속하며 민간기관이 아닌 외국원조기관이 설립한 기관들이었다. 민립민영의 모형은 지역사회복지관의 프로그램 계획과 실천 시 신축성과 기민성, 사업 운영의 융통성 등이 있어서 전문화에 기여할 수 있는 장점이 있지만, 복지관의 적절한 예산 확보에는 많은 어려움이 따른다.

5 민립관영의 모형

지역사회복지관의 민립관영(民立官營) 모형은 민간기관이 설립하고 관이 운영하는 방식을 말한다. 이와 같은 복지관의 모형은 거의 운영하고 있지 않지만, 가끔 민간기관이 설립하여 운영능력이 없을 때 민간기관으로부터 관으로 이양되어 운영하는 경우가 있다.

생각해 볼 문제

1. 지역사회복지관의 개념을 정의해 보라.
2. 지역사회복지관의 주요 기능 네 가지를 제시해 보라.
3. 지역사회복지관의 기본 원칙 네 가지를 제시해 보라.
4. 지역사회복지관의 개선 방안 네 가지를 설명해 보라.
5. 지역사회복지관의 모형 다섯 가지를 설명해 보라.

제12장

사회복지협의회

사회복지협의회는 사회복지조직체의 대표적인 기관으로서 지역사회 중심의 연맹으로 이루어져 있으며, 지역사회의 자원을 동원하여 당면 문제를 해결하며 조정적인 역할을 수행한다. 사회복지협의회는 지역사회의 연합체로서 지역사회복지를 실현하는 직접적이고 간접적인 서비스의 지원조직체라 할 수 있다. 향후 사회복지협의회의 추진방향과 비전에 대해 관심을 가질 필요가 있다. 또한 중앙사회복지협의회와 지방사회복지협의회는 상호 연계성과 보완체계를 통해 지역사회복지의 구현에 대한 주도적 역할이 기대된다. 이 장에서는, 첫째 사회복지협의회의 개념, 둘째 사회복지협의회의 설립 배경, 셋째 중앙사회복지협의회, 넷째 지방사회복지협의회 등을 중심으로 살펴보고자 한다.

Community welfare

제1절 사회복지협의회의 개념

1. 사회복지협의회의 정의

사회복지협의회는 각 국가의 특성에 따라 약간의 차이는 있을 수 있으나 시대적 흐름에 따라 종합적인 사회복지업무를 추진하기 위해 설립된 하나의 조직체라 할 수 있다. 사회복지협의회는 지역사회조직체의 가장 대표적 기관으로서 연맹의 형태를 띠며, 지역사회조직체의 모든 기능을 수행하면서 사회행동에 참여한다. 특히 지역사회의 당면 문제를 해결하기 위하여 지역사회가 지니고 있는 인적 · 물적 자원과 내적 · 외적 자원을 동원하여 조정하는 중심적인 역할을 수행한다. 또한 사회복지협의회는 지역사회활동을 효과적으로 추진하기 위해서 지역사회복지기관, 시민조직연합회, 기타 협의회 및 연맹 등의 조정적 역할을 수행하며, 지역주민들의 다양한 복지 욕구를 충족하는 데 역점을 둔다. 따라서 사회복지협의회는 지역사회복지를 추진하기 위해서 존재하며, 사회복지협의회의 핵심은 지역주민의 자주적인 참여와 적극적인 활동에 의미를 둔다.

던햄(Dunham)은 사회복지협의회는 지역사회 내의 각종 사회복지기관 및 시설이나 단체의 연합체로서 지역사회가 요구하는 사회복지 욕구에 효과적으로 대응하기 위해 상호 협력하고 조정하는 조직체라고 정의하고 있다. 사회복지협의회는 공적 조직인 관공서가 아니고 민간단체로서 사업체가 아니라, 각종 서비스를 개발하고 공급하기 위해 형성된 주민주체의 활동단체라 할 수 있다. 또한 지역사회 내에 조직된 단체로서 지역사회복지의 사업을 추진하는 기관이며, 직접적 또는 간접적인 서비스를 제공하는 지원단체라 할 수 있다. 즉, 지역사회 내의 자원 동원과 활용을 위해서 각종 기관 및 시설, 그리고 지역사회 내의 집단들을 조정하고 협의해 나가는 민간 차원의 협의체를 의미한다.

2. 사회복지협의회의 기능

사회복지협의회는 활동영역 면에서 우선 지역사회 보호에 역점을 두고, 다른 한편으로는 지역사회복지의 활동 내용에 기능적 역할을 수행한다. 그러나 사회복지협의회의 기능을 명확하게 구분하여 제시하는 것은 다소 어려움이 있다. 즉, 중앙협의회, 광역단위협의회, 기초단위협의회 등은 각 지역사회 특성에 따라 그 기능에 차이가 있을 수 있다. 그러므로 사회복지협의회가 수행해야 할 제 기능은 지역사회의 환경과 여건에 따라 다양하게 설명할 수 있다. 던햄(Dunham, 1970: 438)은 사회복지협의회가 지역사회를 중심으로 실시해야 할 기능을 다음과 같이 아홉 가지로 제시하고 있다.

1 지역사회복지의 증진을 위한 사실 발견

사회복지협의회는 우선 지역사회가 당면한 문제를 해결하기 위해서 구체적인 사실을 발견하는 기능을 수행해야 한다. 첫째, 사회복지기관의 업무와 프로그램에 관한 각종 통계자료와 기초자료를 수집한다. 둘째, 지역사회가 직면한 현실적 문제를 중장기적으로 조사한다. 셋째, 지역사회복지를 위한 집중적인 연구를 통해 구체적인 계획을 세운다. 넷째, 사회복지기관들의 특성에 따라 자체 프로그램을 수행한다. 다섯째, 여타 사회복지단체들과 공동연구를 통해 다양한 지역문제를 해결한다.

2 사회복지기관들과의 조정과 협력

사회복지협의회는 지역사회의 문제를 해결하기 위해서 각 사회복지기관들과 협조관계를 이루어 가야 한다. 구체적인 기능으로서는 사회복지기관들 간의 회합을 개최하여 제반 지역문제를 해결하기 위한 연구위원회 등을 구성해야 하며, 지역사회의 보건과 복지 부문 등 지역사회활동의 중심적인 영역이 고려되어야 한다.

③ 지역사회복지의 센터적 역할

사회복지협의회는 지역사회복지를 실현하기 위한 중추적인 센터로서 주도적인 역할을 수행해야 한다. 사회복지협의회는 지역복지를 실현하기 위해 관련 사업에 대한 회의를 개최하고 지역복지정책을 수립하는 중심적인 활동을 이끌어 가야 한다. 특히 지역사회의 중요한 이슈가 발생할 때마다 특별 연구회나 위원회를 구성하여 문제해결에 적절히 대응할 수 있어야 한다.

④ 사회복지기관 간에 서비스활동의 조정

사회복지협의회는 지역사회 내의 사회복지기관들이 공동적 사회복지 업무를 수행하도록 조정하는 역할을 수행해야 한다. 즉, 지역복지에 필요한 정보나 서비스, 자원봉사자의 관리, 사회서비스 교환 등의 활동을 의미한다. 따라서 협의회는 직접적인 서비스를 제공하되 개별적인 서비스 제공보다는 지역주민과 사회복지기관을 위해 포괄적인 서비스를 제공하도록 개입해야 한다.

⑤ 사회복지기관 업무의 질적 수준 제고

사회복지협의회는 사회복지기관의 업무 조정과 관련하여 업무 수행의 질적 수준을 높이도록 도움을 주는 기능을 수행한다. 예컨대, 개별적인 방법으로는 특정 사회복지기관에 대해 자문과 조언을 해 주며 정보를 제공해야 한다. 그리고 집단적인 방법으로는 지역사회의 공동조사, 사회복지기관의 업무기준에 관한 연구, 출판사업 및 공동토의, 각종 대회를 통한 경험의 교환 등을 수행한다.

6 지역사회복지를 위한 공동의 계획과 실천

사회복지협의회는 지역사회복지에 관한 공동의 계획을 수립하고 그 목표를 실천하는 기능을 수행한다. 협의회는 구체적으로 사회복지기관들을 위한 프로그램 개발, 업무기준의 설정, 서비스의 효과성, 사회복지기관 간의 서비스 조정 등을 실시해야 한다. 지역사회 내의 특수한 사회문제, 즉 지역이기주의, 미혼모문제, 청소년비행, 삶의 질 문제 등에 관한 장기적인 대책의 수립과 프로그램 개발에 역점을 둔다.

7 지역사회 내의 정보 제공과 교육 및 홍보

사회복지협의회는 지역문제를 해결하기 위해서 주민들에게 관련된 정보를 제공하고, 이에 대한 교육과 홍보를 통해 주민들의 관심과 참여를 유도한다. 그리고 사회복지기관의 명부를 발간하고 각종 간행물을 제작하여 지역주민들에게 홍보한다. 특히 지역주민들과 공청회의를 통해 지역문제의 해결을 위해 논의하며 지역사회복지를 실현하는 데 일조한다.

8 지역사회의 자원 동원과 재정 안정의 도모

사회복지협의회는 지역사회복지를 실천하기 위한 자원을 최대한 동원하여 안정된 재정을 확보하는 데 주력한다. 이를 위해 사회복지기관들이 효율적으로 예산을 편성하고 집행하도록 자문기관의 역할을 한다. 그리고 사회복지기관들이 대・내외적으로 보조금, 후원금 등을 확보할 수 있도록 주선한다. 특히 사회복지기관들이 재정적으로 자생력을 가지는 자체수익(income generating) 사업을 추진하도록 도움을 제공한다.

9 사회적 약자들을 위한 사회행동

사회복지협의회는 지역사회 내의 공공 이슈에 대한 입장을 밝히고 사회적 약자인 저소득층, 심신장애인, 요보호노인 등을 대변하기 위한 사회행동을 주도해야 한다. 협의회는 지역주민과 특수한 계층을 위해 독자적인 활동을 추진할 수 있고, 사회복지기관 및 단체와 공동으로 활동을 전개할 수도 있어야 한다. 그러나 협의회는 사회행동을 주도하되 특수한 계층의 이해관계와 각 단체들 간의 합의가 도출된 결과로서 이루어져야 한다.

사회복지협의회가 기능을 수행하기 위해 명시되어 있는 구체적인 사업을 제시하면 다음과 같다.

- 사회복지에 관한 조사연구
- 사회복지에 관한 교육훈련
- 사회복지에 관한 자료수집 및 간행물 발간
- 사회복지에 관한 계몽 및 홍보
- 사회복지에 관한 정책 건의
- 사회복지에 관한 학술도입과 국제 사회복지단체와의 교류
- 사회복지사업종사자의 자질 향상과 복리 증진
- 사회복지사업에 종사하는 자에 대한 지도 · 훈련
- 사회복지사의 자격증 교부
- 회원단체 상호 간의 연락 조정 및 협의
- 지방사회복지협의회의 육성 및 연락 조정
- 지역복지봉사센터의 설치 및 운영
- 사회복지 자원 개발에 관한 사항
- 복지위원 및 사회복지관계 위원 등의 육성 및 연락
- 종합사회복지관 및 탁아시설 등 사회복지시설의 수탁 운영

- 자원봉사자의 개발 및 교육활용 등 자원봉사활동의 육성
- 기타 협의회의 목적 달성에 필요한 사항 등

사회복지협의회는 다양한 사업을 추진하기 위해 몇 가지의 기본 원칙에 입각해야 하는데 이를 구체적으로 제시하면 다음과 같다(최일섭, 류진석, 1996: 411-412).

신뢰성의 원칙 사회복지협의회의 사업은 주로 정부 지원하에 이루어지기 때문에 자칫 관변단체라는 사회적 불신을 초래할 수 있다. 그러므로 지역사회와 지역주민들에게 신뢰성을 확보하여 사회적 책임을 충실히 수행하는 단체로 인식될 필요가 있다.

전문성의 원칙 사회복지협의회는 사회복지기관 간의 조정 역할과 협의기관 및 정책건의기관으로서 전문적인 활동을 수행해야 한다. 특히 지역주민들의 욕구 발견과 이에 대한 프로그램을 개발하되 분야별 전문성에 입각해야 한다.

효율성의 원칙 사회복지협의회는 사회복지업무와 조직 운영의 효율성을 제고해야 한다. 기존의 관료적인 거대조직보다는 지역사회복지협의회를 활성화하여 효율적으로 지역주민의 복지를 주도할 수 있도록 해야 한다. 즉 지역주민의 특성에 적합한 지역사회복지협의회의 기능이 효율적으로 이루어지도록 개선해야 한다.

3. 사회복지협의회의 실천 원칙

사회복지협의회의는 일반적으로 지역사회복지실천서비스인 재가복지

서비스의 가정도우미, 주간보호서비스, 목욕서비스, 급식서비스 등을 수행한다. 그리고 지역사회복지활동의 내용으로서 지역사회복지협의회의 조직화, 사회복지위원회의 설치, 클라이언트의 조직화 등에 따른 지역주민과 클라이언트의 각종 지역사회 프로그램을 개발하며 촉진해 나가고 있다. 또한 사회복지협의회는 지역사회 내에서 지역주민의 의식을 변화시키고 새로운 가치관을 형성해 가는 데 존재적 의미를 두고 있다. 다시 말하면 지역사회복지를 실천하기 위해 다양한 사회복지 프로그램을 개발하고 주민조직을 위한 의식적인 노력을 행한다.

사회복지협의회가 다양한 역할을 수행하기 위해 지켜야 할 몇 가지 원칙을 제시하면 다음과 같다.

욕구 중심의 원칙 사회복지협의회는 지역주민의 기본 욕구와 생활 실태를 세밀히 파악하고 그들의 욕구 충족을 위한 구체적인 지역사회복지 활동을 전개해야 한다. 즉, 지역주민의 욕구를 파악하되 현존 욕구와 잠재적 욕구를 모두 포함하여 이를 해결함에 있어 포괄적으로 접근해야 한다.

주민 참여의 원칙 사회복지협의회가 주민자치단체가 되려면 지역사회복지와 관련된 모든 활동에 지역주민이 참여해야 한다. 그리고 사회복지협의회는 지역주민들이 주체적으로 활동에 참가하도록 지역사회복지에 대한 관심을 높이고, 이들의 자발적인 참여에 필요한 정보를 미리 제공해야 한다.

전문성의 원칙 사회복지협의회가 추진하는 지역사회복지의 활동계획 실천 과정을 점검하고 평가함에 있어서 전문성을 발휘해야 한다. 사회복지협의회의 전문성은 협의회의 임원과 직원들에 의해 발휘되어야 하며, 이를 통해 지역주민들은 사회성을 갖고 지역사회복지의 실현을 위해 서로 협력해야 한다.

공·사협력의 원칙 사회복지협의회는 지역주민의 욕구 해결을 위해 다각적인 지원과 방법을 모색해야 한다. 즉, 공·사협력의 필요성이 요구되고 있다. 그러므로 사회복지협의회는 지역사회 내에 있는 공·사 기관이나 단체, 지역주민들과 협력해야 한다.

지역존중의 원칙 사회복지협의회는 지역사회의 특성에 따라 조직과 구조를 결정해야 한다. 즉, 지역주민의 욕구에 부응하는 조직이 되어야 하며, 적합하고 존중되는 방법으로 전개해야 한다. 그리고 사회복지협의회는 민간단체로서 지역주민들이 당면한 욕구, 당면 문제에 대응하는 유연성, 지역사회의 적응성, 문제해결을 위한 창의성 등을 발휘해야 한다.

제2절 사회복지협의회의 설립 배경

사회복지협의회는 한국전쟁의 산물로서 1952년에 구호활동을 전개하던 민간기관들이 중심이 되어 한국사회사업연합회로 시작되었다. 이후 1954년에 사단법인으로 인가를 받았고, 1961년에 16개 단체로 구성된 한국사회복지사업연합회로 활동하였다. 1970년에 명칭이 변경되어 지금까지 한국사회복지협의회로 명명되면서 다양한 활동을 전개하고 있다. 특히 1983년에 법적으로 인정받아 사회복지 분야에 엄청난 영향력을 미치게 되었다. 그리고 1984년에 12개의 지역사회복지협의회가 조직되었고, 현재 시·도 단위로 지역사회복지협의회가 더욱 확산되고 있는 추세다.

사회복지협의회의 설립 배경을 살펴보면, 사회복지사업법에서는 "사회복지에 관한 조사 · 연구와 각종 복지사업을 조성하기 위하여 한국사회복지협의회를 둔다."라고 규정하고 있다. 그리고 "협의회의 조직과 운영 등에 관하여 필요한 사항은 대통령령령으로 정한다."라고 명시하고 있다. 사회복지협의회는 사회복지에 관한 조사와 연구를 하는 동시에 각종 복지사업을 실시하고 있다. 이와 같은 사회복지활동을 조직적이고 체계적으로 실시하되, 지역주민의 참여를 촉진하여 지역사회복지의 실현에 그 목적을 두고 있다. 사회복지협의회의 주요한 활동 내용을 몇 가지 제시하면 다음과 같다(최일섭, 류진석, 1996: 401-402).

정부와의 관계 정부가 사회보장제도를 확립하고 추진할 수 있도록 전문적인 도움을 제공하고, 정부가 사회복지시책을 집행할 때 개선을 요하는 것에 대해 건의를 한다.

관련 단체와의 관계 사회복지기관들이 효과적인 서비스를 제공할 수 있도록 그들의 업무 간에 연락, 협력, 조정 등의 역할을 한다. 그리고 사회복지서비스를 개발하고 육성하며 이에 따른 지도를 행하는 역할을 수행한다.

지역사회와의 관계 지역사회복지를 증진하기 위해서 지역주민들의 적극적인 관심과 참여를 촉진하고, 지역주민들의 협동정신을 배양함은 물론 지역복지활동에 참여할 전문적인 지도자를 양성하는 역할을 수행한다.

국제기구와의 관계 국제사회복지협의회(International Council of Social Welfare: ICSW)의 회원기관으로서 사회복지 분야에 관한 국가 간의 지식과 기술을 교류하는 역할을 수행한다.

제3절 중앙사회복지협의회

1. 중앙사회복지협의회의 설치 근거

사회복지협의회의 설치 근거는 한국전쟁이 일어난 직후 1952년 2월 당시 구호활동을 전개하고 있던 민간사회사업기관들의 단체인 한국사회사업연합회로 시작되었다. 이후 1954년 12월에 사단법인 한국사회사업연합회로 개명되었고, 1961년 6월 16개의 사회복지단체를 병합하여 사단법인 한국사회복지사업연합회로 명칭을 변경하였다. 1970년 5월 현재의 명칭인 사회복지법인 '한국사회복지협의회'가 설립되어 오늘날 협의체로 성립되는 계기가 되었다. 그 후 1983년 5월 사회복지사업법이 전문 개정되면서 사회복지사업법 제33조와 동법 시행령 제12조에 의거 "사회복지에 관한 조사 · 연구와 각종 사회복지사업을 조성하기 위하여 한국사회복지협의회를 둔다."라고 규정하였다. 이 협의회는 "법정단체로서 비영리 공익법인이 되었으며, 이에 따른 조직과 운영 등에 관하여 필요한 사항은 대통령령으로 정한다."라고 규정하였다.

2. 중앙사회복지협의회의 조직 구성

사회복지협의회는 정관 제7조에 근거하여 협의회의 업무를 효율적으로 처리하기 위해 사무처를 두고 있다. 사무처는 사무총장실, 기획조정실, 관리부, 복지부, 홍보 · 출판부 등으로 구성되어 있다. 사회복지협의회의 인적 조직은 크게 임원, 위원회, 회원 등으로 구성되어 있으며, 이를 구체적으로 설명하면 다음과 같다.

1 임원

사회복지협의회의 정관 제3조에 의하면, 회장 1인, 부회장 6인, 이사 25인 이상 35인 이하, 감사 3인 등으로 구성되어 있으며, 임원은 대의원 총회에서 선임하도록 명시하고 있다.

2 위원회

사회복지협의회의 정관 제40조에 의하면, 분야별 사회복지 업무를 효율적으로 수행하기 위하여 정책조정위원회, 조사 · 연구위원회, 교육훈련위원회, 출판 · 홍보위원회, 국제협력위원회 등을 둔다. 그리고 협의회의 회장이 필요하다고 인정하는 경우 문제별 위원회 등의 전문위원회를 둘 수 있다. 협의회 위원회의 구성은 위원장 및 부위원장 각 1인을 포함한 15인 이내의 위원으로 구성하는데, 위원들은 사회복지에 관한 전문지식과 경험이 풍부한 자 중에서 회장이 임명하거나 위촉한다.

3 회원

사회복지협의회의 회원은 사회복지사업법 시행령 제13조에 명시되어 있다. 협의회의 회원은 단체회원과 개인회원으로 구분되며, 이를 구체적으로 제시하면 다음과 같다.

- 개인회원: 전직 또는 현직 정무직 공무원인 자, 전직 또는 현직 국회의원인 자, 경제 · 언론 · 종교 · 법조 · 문화 · 보건의료계 등을 대표하는 자, 공인된 대학의 부교수 이상의 직에 있는 자로서 사회복지 발전에 공헌할 수 있는 자, 행정기관 4급 이상 공무원으로서 사회복지 관련 업무에 5년 이상 재직한 자, 사회복지사업에 20년 이상 실무경험이 있는 자, 경제인 · 언론인 · 종교인 · 예술인 · 체육인 · 문인 · 보건의료인, 그 밖에 협의회의 발전에 기여할 수 있다고 인정하

여 회장이 추천하는 자 등이다.

- 단체회원: 시 · 도 사회복지협의회장, 사회복지법인 및 사회복지사업과 관련 있는 비영리법인 대표자, 경제 · 언론 · 종교 · 법조 · 문화 · 보건의료계 등을 대표하는 자, 기타 사회복지사업법의 수행에 필요하다고 인정되어 회장이 추천하는 자 등이다.

단체회원 중에서 사회복지법인, 즉 시 · 도 사회복지협의회 등은 높은 비율을 차지하고 있다. 그러나 사회복지협의회는 사회복지시설 중심의 회원 구성인 시설연합회적 성격이 강하므로 체계적인 회원을 구성하지 못하고 있다. 사회복지협의회가 민간복지의 중추적인 역할을 하기 위해서는 탈시설화를 통한 비시설복지와 지역사회의 참여가 가능한 형태를 모색해야 한다. 또한 사회복지 관련 각종 민간기관을 육성 · 발전시키고 민간복지의 참여를 확대시키기 위해 현재 회원의 자격(정관 제6조), 회원의 가입 등에 대한 기준과 제한을 완화하여 사회복지법인이 아닌 기업인, 종교인, 기타 사회복지에 관심을 가지고 참여를 희망하는 개인의 가입과 참여 방안을 강구해야 한다.

3. 중앙사회복지협의회의 사업 내용

사회복지협의회의 사업 내용은 사회복지사업법 시행령(제22조)에 따라 지역사회의 조사 · 연구를 비롯하여 기타 목적 달성에 필요한 내용 등을 포함하고 있다. 그리고 1998년 9월에 한국사회복지협의회 대의원 총회에서 개정된 협의회 정관 제1조에서는 "사회복지에 관한 조사 · 연구와 각종 사회복지사업을 조성하고 조직적으로 실천하며 사회복지에 대한 국민의 참여를 촉진하여 우리나라 사회복지 증진과 발전에 기여함을 목적으로 한다."라고 규정하고 있다. 사회복지협의회의 목적을 달성하기 위한 사업 내용을 제시하면 다음과 같다.

- 사회복지에 관한 조사연구 및 정책 건의
- 사회복지에 관한 교육훈련
- 사회복지에 관한 자료 수집 및 간행물 발간
- 사회복지에 관한 계몽 및 홍보
- 자원봉사활동의 진흥
- 사회복지에 관한 학술 도입과 국제사회복지단체와의 교류
- 사회복지사업 종사자의 교육훈련과 복지 증진
- 회원단체 상호 간의 연락 조정 및 협의
- 시·도 사회복지협의회의 업무 지원 및 협력 증진
- 사회복지 자원 개발에 관한 사항
- 사회복지에 관한 정보화사업의 진흥
- 공동모금사업의 지원
- 사회적 취약계층을 위한 지원사업
- 보건복지부 장관이 위탁하는 사회복지에 관한 사업
- 협의회의 목적 달성에 필요한 사항

이상에서 사회복지협의회는 중간집단으로서 올바른 기능을 수행하고 있다. 특히 사회복지협의회의 하위집단이나 중간집단이 많이 존재하거나 연락조정사업이 필요시 다양한 사업을 수행하게 된다. 그러나 중간집단이 부재 시에는 직접적인 사업을 수행한다. 사회복지협의회의 조사연구사업은 사회복지의 현황을 파악하고, 이를 토대로 사회복지정책의 개발 및 수립 그리고 제도 개선에 능동적으로 대처하기 위한 기초자료를 확보하는 역할 중의 하나다. 지역사회의 정책 건의에는 법률이나 규칙의 제정과 개정 등에 관한 건의, 복지 증진에 관한 건의, 각종 세제 혜택을 위

한 건의, 사회복지 자원의 조성 등을 위한 건의나 자료 제시 등이 있다.

그리고 사회복지협의회의 교육 · 훈련사업은 사회복지실무자 및 관계자의 자질 향상과 사회복지와 관련된 새로운 학문이나 기술을 도입할 수 있는 사업이다. 또한 출판 · 홍보사업은 사회복지 연구물을 축적하고 사회복지사업을 대중에게 홍보한다는 의의를 가지고 있다. 특히 사회복지협의회는 회원 간, 중앙협의회와 지방협의회 간, 민간사회복지부문과 정부 간의 연락 조정과 협력사업을 모두 포함하는 포괄적인 사업을 실시하고 있다.

4. 중앙사회복지협의회의 재정 운용

사회복지협의회의 재정은 정부보조금의 책임성 소재로 정부가 민간을 재정지불 방식을 통해 규제하고 있다. 이러한 정부보조금은 서비스의 융통성을 제한하고 대상자의 자조능력을 향상시키는 데 한계가 있다. 그러므로 정부보조금 지급의 적정성에 따른 요구사항이 매우 엄격하여 자율성을 저해할 수 있고, 시민참여도 감소시킬 수 있다. 그러므로 안정적이고 자주적인 재원 확보가 필요하다. 사회복지협의회의 재정 운용에 있어서 재정 구성과 조달 방법을 구체적으로 제시하면 다음과 같다.

1 재정 구성

사회복지협의회의 재정은 정부보조금, 공동모금배분금, 자체회비, 찬조회비, 기부금, 이자, 수익사업 등으로 구성된다. 그러나 정부보조금을 제외한 여타 항목에서 일정한 수준의 자주적인 재원을 기반으로 주체적인 정부보조금 도입을 추구해야 할 필요가 있다. 즉, 사회복지협의회가 민간의 자주적인 조직으로 자율성과 독립성을 갖기 위해서는 정부보조금의 의존비율을 줄이고 자주적인 재정 확보를 위해 노력해야 한다.

2 재정 확보

사회복지협의회가 다양한 사업을 수행하고 안정적인 기반을 구축하기 위해서는 재정 확보가 필수적이다. 협의회의 재정 확보를 위한 방안을 제시하면 다음과 같다.

- 회원을 체계적으로 확보하여 협의회의 운영비와 사업비 등을 충당한다.
- 지방정부와 해당 지역 행정기관 등의 지원을 유도한다.
- 사회복지공동모금회와 상호 협조관계를 유지하면서 합리적인 재원 확보에 노력한다.
- 자주적인 재정 충당의 일환으로 신규 수익사업을 활성화한다.

제4절 지방사회복지협의회

1. 지방사회복지협의회의 설치 근거

사회복지협의회는 지역사회에 기초한 사회복지계의 각종 기능적 중간집단의 연합체 성격을 띤다. 지방사회복지협의회가 조직된 시초는 1983년 5월 사회복지사업법의 개정으로 동법 제24조에 한국사회복지협의회가 법정단체로 규정된 시점이다. 동법 시행령이 1984년 2월 개정되어 한국사회복지협의회의 조직과 운영사항이 규정됨으로써 1984년 11월에 16개 시 · 도 지방사회복지협의회가 조직되었다.

시 · 군 · 구 사회복지협의회 중 가장 먼저 조직된 곳은 1995년에 창립된 원주시 사회복지협의회이며, 1998년에 제천시 사회복지협의회와

1999년에 부천시 사회복지협의회가 창립되었다. 이후 지난 임시국회(2003년 6월)에서 통과된 사회복지사업법 개정법률에 의하면 시 · 군 · 구 단위의 사회복지협의회를 필요한 경우에 둘 수 있다고 하였다. 다양한 지역복지 욕구에 대처하기 위해 현재 16개 시 · 도사회복지협의회와 90여 개의 시 · 군 · 구사회복지협의회가 설치 · 운영되고 있다.

2. 지방사회복지협의회의 조직 구성

1 임원

사회복지사업법 제33조에 의하면, 회장 1인, 부회장 5인 이내, 운영위원 8인 이상 10인 이내, 감사는 2인으로 구성하도록 명시하고 있다.

2 회원

사무국 산하에는 주민대표분과, 사무분과, 교육연구분과, 복지전문단체분과, 지역사회개발분과, 시설단체분과, 출판 · 홍보분과, 유과단체분과, 사업분과, 경험자분과 등의 분과위원회를 두어 활동하고 있다. 지방사회복지협의회의 사무국은 국장 1인과 직원 4~5인으로 구성된다. 지방사회복지협의회의 회원은 기초자치단체의 성격과 여건에 따라 약간의 차이는 있으나, 개인회원과 단체회원으로 구성되어 있다. 그 내용을 구체적으로 제시하면 다음과 같다(류상열, 2004: 257-258).

- 개인회원: 전문가 집단으로서 사회복지학 전공교수 및 연구자, 사회복지 관련 학과 교수, 변호사, 보건의료전문가, 사회복지시설 및 기관종사자, 사회복지 관계 공무원, 사회복지사업 관련 분야의 기관 · 단체의 관계자, 사회복지 봉사자 및 후원자, 정치인, 지역사회 인사 등이다.

- 단체회원: 사회복지시설 및 단체, 사회복지사업 분야의 단체, 보육시설단체, 갱생보호시설단체, 보건 · 의료 · 교육 · 노동 등의 단체, 시민사회단체인 YMCA, YWCA, 소비자모임 및 환경운동연합, 상공회의소, 사회봉사단체, 종교단체, 자원봉사단체, 주민자치조직, 기타 지역사회복지 발전에 필요한 단체 등이다.

3. 지방사회복지협의회의 사업 내용

지방사회복지협의회의 사업 내용은 중앙사회복지협의회의 사업에 준하되 필요에 따라 지역사회의 현실에 맞는 활동을 수행하기도 한다. 지방사회복지협의회의 사업은 조사 · 연구, 출판 · 홍보, 교육 · 훈련, 협의 · 조정, 자원 개발, 기타 사업 등으로 구성되어 있다. 지방사회복지협의회가 사업을 수행하기 위해 필요한 몇 가지 역할을 제시하면 다음과 같다.

- 단체의 조직화: 지역사회 내에 있는 다양한 기관과 단체를 조직화하여 산발적으로 분산되어 있는 힘을 결집하여 지역사회복지를 실현한다.
- 자원의 개발: 지역사회 내에 있는 인적 · 물적 자원, 정보 등을 개발하여 효율적으로 활용하도록 조정한다.
- 파트너십 수행: 기초자치단체인 시 · 군 · 구에 적절히 대응 또는 협의하는 파트너로서의 역할을 수행한다.
- 지역주민의 대변: 지역주민의 욕구를 파악하고 욕구 해결을 책임을 지며 이들을 대변하는 역할을 수행한다.

4. 지방사회복지협의회의 재정 운용

지방사회복지협의회의 재정은 회원회비, 국고보조금, 지방자치단체보조금, 중앙협의회 지원금, 기타 수익금 등으로 충당되고 있다. 그리고 재정 구성과 재정 확보는 중앙사회복지협의회와 유사한 측면이 있으나, 지역사회의 특성에 따라 운용하고 있다.

생각해 볼 문제

1. 사회복지협의회의 개념을 정의해 보라.
2. 사회복지협의회의 기능 아홉 가지를 설명해 보라.
3. 사회복지협의회의 실천 원칙 여섯 가지를 설명해 보라.
4. 중앙사회복지협의회의 사업 내용을 제시해 보라.
5. 지방사회복지협의회의 사업 내용을 제시해 보라.

제13장

재가복지센터

재가복지센터는 지역사회 내의 사회적 약자인 장애인, 노인, 저소득계층 등에게 필요한 서비스를 제공하는 역할을 수행한다. 재가복지센터는 클라이언트에 대한 욕구 조사와 이에 필요한 지역사회 자원을 동원하고 각 계층 간의 연대감을 고취시키는 데 초점을 둔다. 재가복지센터는 운영주체가 누구인가에 따라 서비스의 방향이 달라질 수 있으며, 전문가의 운영능력에 따라 서비스의 내용이 달라진다. 재가복지센터의 운영을 위한 재정 확보는 주로 정부보조금에 의존하고 있으므로 정부예산의 확충이 강구되어야 한다. 이 장에서는, 첫째 재가복지센터의 개념, 둘째 재가복지센터의 구성 요건, 셋째 재가복지서비스의 프로그램 등을 중심으로 살펴보고자 한다.

Community welfare

제1절 재가복지센터의 개념

1. 재가복지센터의 정의

재가복지센터(domiciliary care center)는 지역사회에서 시설과 전문인력 및 자원봉사자를 갖추고 필요한 재가복지서비스를 제공하는 사회복지시설로 정의할 수 있다. 즉, 재가복지사업의 실천주체로서 언급되며, 재가복지서비스의 대상과 서비스의 내용을 구체적으로 명시한다. 다시 말해서 재가복지센터는 지역사회 내의 가정에서 보호를 요하는 장애인, 노인, 소년소녀가장, 한부모가정 등 가족 기능이 취약한 저소득계층, 소외계층, 국가유공자, 재가복지서비스를 원하는 자들에게 가사, 간병, 정서, 의료, 결연 등의 서비스를 제공한다고 규정된다. 재가복지센터의 주요 요소는 다음과 같다(오정수, 1995: 236).

- '센터(center)'의 개념은 재가복지서비스를 제공할 수 있는 실천의 장(setting)이다. 즉, 재가복지센터는 재가복지전달체계의 중심에 위치하여 공공기관, 민간사회복지조직, 지역주민, 서비스대상자 등과 연계관계를 맺는다.
- '전문인력이나 자원봉사자'는 서비스 실천의 주체로 규정된다. 재가복지센터는 일정한 자격을 갖춘 전문인력을 고용하고 지역사회 내에서 다수의 자원봉사자를 훈련시켜 서비스현장의 배치한다.
- '재가복지서비스'는 다양한 사회적 서비스로서 가사, 간병, 정서, 의료, 결연 등으로 규정한 실천의 내용이다. 이는 재가복지센터의 개념구성에서 가장 핵심적인 요소라고 할 수 있다.

- '재가복지서비스의 실천대상'은 가정에 보호를 요하는 장애인, 노인, 소년소녀가장, 한부모가정 등이다. 이들은 가족 기능이 취약한 저소득 소외계층과 국가유공자 등으로 지역사회 내에서 다양한 서비스를 원하는 자들이다.

2. 재가복지센터의 기본 원칙

보건복지부에 의한 재가복지센터의 운영지침에서, 재가복지서비스란 지역사회 내에서 일정한 시설과 전문인력을 통하여 요보호자들에게 필요한 서비스를 제공하는 것으로 설명하고 있다(보건복지부, 1992: 3). 즉, 재가복지센터는 여러 가지의 도움을 필요로 하는 노인, 장애인, 아동 등을 시설에 수용하지 않고, 지역사회 내에서 재가복지요원을 가정으로 파견하거나 재가복지센터로 통원하게 하여 일상생활을 위한 서비스와 자립을 돕는 프로그램을 제공한다(김범수, 1992: 137). 재가복지센터는 재가복지사업의 실천주체로서 다음과 같은 기본 원칙을 설정하였다(최일섭, 류진석, 1996: 357).

적극성의 원칙 지역사회 내에서 재가복지서비스 대상자의 요구를 기다리지 않고 적극적으로 서비스 대상을 발굴하여 서비스를 제공해야 한다.

능률성의 원칙 지역사회 내에서 최소의 비용으로 최대의 효과를 거두기 위하여 인적·물적 자원을 효율적으로 운영해야 한다.

연계성의 원칙 지역사회 내의 다양한 서비스 욕구를 적절히 충족시키기 위하여 행정기관, 자원봉사단체 등과 수시로 연계체계를 갖추고 서비스를 알선·의뢰하는 역할을 수행해야 한다.

자립성의 원칙 지역사회 내의 요보호대상자에 대한 서비스는 그들 자신의 신체적 · 정신적 · 사회적 자립 등을 조성하는 데 역점을 두어야 한다.

3. 재가복지센터의 기능

재가복지센터의 주요 기능은 지역사회 내의 사회복지관 부설센터로서 노인, 장애인, 결손가정, 소년소녀가장 등과 같이 저소득층 가정을 대상으로 종합적인 재가복지서비스를 제공한다. 특히 지역사회 자원을 발굴하고 활용하는 역할을 담당하면서 매우 포괄적인 서비스를 제공한다. 그리고 노인복지관 부설센터는 독거노인 및 거동불편노인을 대상으로 재가복지서비스를 제공하는 역할을 수행하며, 장애인복지관 부설센터는 재가장애인 및 가족을 대상으로 순회재활서비스의 제공, 의료재활, 직업재활, 상담교육의 기능 등을 수행한다. 또한 사회복지협의회 부설센터는 지역사회에 있는 사회복지시설에서 필요로 하는 자원봉사자를 발굴, 교육, 공급하는 기능을 담당한다. 따라서 재가복지센터의 기능적 역할을 몇 가지 제시하면 다음과 같다.

조사 및 진단의 역할 재가복지서비스대상자와 가정의 욕구조사를 하고, 지역사회 내 당면 문제를 진단하며, 이에 필요한 서비스의 종류를 선정한다.

서비스 제공의 역할 재가복지서비스대상자별로 측정된 욕구와 문제의 진단 내용에 따라 직접적 또는 간접적 서비스를 제공한다.

지역사회 자원 동원의 역할 재가복지서비스의 내실화와 대상자 및 가정의 욕구와 문제해결을 위해 지역사회의 인적 · 물적 자원을 동원하고 활용한다.

사업평가의 역할 재가복지서비스의 사업을 평가하기 위하여 서비스 기능 및 분야별 효과, 자원 동원 및 활용 효과 등에 대해서 자체적으로 평가하고 그 결과를 사업에 활용한다.

교육기관의 역할 지역주민들과 자원봉사자들에게 재가복지서비스사업, 지역사회복지사업, 교양프로그램 등에 관한 교육을 실시한다.

연대의식 고취의 역할 지역사회 내의 인적 · 물적 자원 연계를 통한 계층 간의 연대감을 형성하고 의식을 고취시킨다.

제2절 재가복지센터의 구성 요건

1. 재가복지센터의 운영주체

재가복지센터의 운영주체에 따라 서비스 내용이 달라질 수 있다. 국가 차원에서는 재가복지센터의 운영을 어느 기관에 위탁할 것인지가 중요하다. 즉, 위탁 운영할 수 있는 중심적인 기관과 단체가 어느 기관이 되어야 하는지가 중요하다.

개정된 사회복지사업법에 의하면, 사회복지법인을 신고시설과 미신고시설로 나누어 재가복지사업에 기업, 종교법인, 개인 등도 참여가 가능하도록 제시하고 있다. 우리나라도 복지다원주의(welfare pluralism)로서 종교법인, 가족계획협회, 공공단체 등이 재가복지기관으로 인정이 가능하며, 재가노인복지 관련 단체도 재가복지사업에 참여하고 있다.

재가복지센터의 프로그램 운영주체를 제시하면 다음과 같다.

- 정부기관으로서 사회복지사무소, 아동상담소 등
- 사회복지법인으로서 사회복지기관, 사회복지시설 등
- 복지공사, 협동조합, 기업 등

이상에서 재가복지사업의 중추적인 운영주체는 대부분 종합사회복지관 부설 재가복지센터다. 그리고 노인종합복지관, 장애인종합복지관 부설 재가복지센터는 물론, 노인복지사업지침에 재가노인복지기관으로 선정된 기관 등도 재가복지서비스를 위한 중심기관이 되고 있다.

2. 재가복지센터의 전문인력

재가복지센터의 전문인력은 재가복지서비스를 추진하는 데 중요한 요건 중 하나다. 전문인력을 운영하는 능력에 따라 재가복지서비스의 성패가 달려 있다. 최근 효과적인 재가복지서비스를 제공하기 위해 활동하는 유급 가정봉사원(home helper)은 중요한 인적 자원이라 할 수 있다. 가정봉사원제도는 1996년도에 보건복지부에서 재가노인복지관으로 선정된 기관에 한하여 일정한 활동비를 지급하여 운영하고 있다. 서울특별시는 1996년부터 서울가정도우미 파견사업을 시작하였다. 현재 가정도우미 파견사업은 지방자치단체의 재정 관계로 서울시에 한정하여 전개되고 있으나, 매우 높은 수준의 활동을 전개하고 있다.

영국에서는 개별적인 서비스 분야에 파트타임으로 사회복지사, 보조사회복지사, 파트타임 가정봉사원 등이 능력에 따라 적절히 활용되고 있다. 우리나라 재가복지서비스 분야를 주도해 나갈 전문인력을 제시하면, 전문사회복지사(social worker), 지역 담당 사회복지사(community worker), 가정봉사원(home helper), 자원봉사자(volunteer) 등으로 제시할 수 있다(京極高宣, 1984: 214).

재가복지서비스에 있어서 중요한 전문인력은 사회복지사라 할 수 있다. 사회복지사는 전문적인 지식과 기술을 갖추고 요보호대상자의 입장에서 상호 조정할 수 있는 능력을 겸비하며, 재가복지의 중요한 위치에서 재가복지서비스를 충실히 행하고 있다. 또한 전문가로서 의사, 간호사, 시설직원, 작업요법사(occupational therapist), 물리치료사(physical therapist) 등은 물론, 자원봉사자, 가족, 지역주민 등의 인력이 재가복지서비스 분야에 적극 활용되고 있다(小田兼三, 1985: 262).

전문인력을 육성하고 발굴해 나가기 위해서는 자격제도의 도입과 연수기회를 확대해야 한다. 일본의 경우 재가복지서비스의 분야에 자격증을 소지한 전문인력을 공급하기 위하여 사회복지사 및 개호복지사법(1988)을 제정하였고, 가정봉사원도 1급에서 3급까지 나누어 자격증을 부여하는 등 전문인력을 최대한 활용하고 있다. 이에 우리나라도 전문인력의 자격증제도를 활성화하여 재가복지서비스 공급자로서의 활용 방법을 모색할 필요가 있다.

3. 재가복지센터의 재정 확보

재가복지센터의 운영에 있어서 재정 확보는 중요하다. 최근 재가복지서비스가 증가하게 된 가장 큰 이유는 산업화와 핵가족의 증가로 인해 가족부양에 한계가 있기 때문이다. 정부의 정책결정자들이 재가복지서비스를 적극적으로 제안하는 이유는 기존의 시설복지서비스보다 소요비용이 적게 들고 요보호대상자들에게 많은 혜택을 줄 수 있기 때문이다(Hend-rick, 1981: 329-332). 영국의 경우 시설복지서비스에 대비 재가복지서비스의 예산비율을 보면 재가복지서비스에 관한 예산이 많이 증가하고 있음을 알 수 있다. 일본의 경우도 정부예산의 통계에서 알 수 있듯이 입소시설의 신축을 억제하고 통원 중심의 지역사회센터(community center: day service center) 프로그램을 확대하고 있다.

우리나라의 경우 재가복지서비스의 재정 확보를 위해 가장 중요한 원천은 정부보조금이라 할 수 있다. 1992년에 재가복지센터가 제도화된 이후 재가노인복지기관 등이 수적으로 점차 증가하였으나, 재가복지서비스를 위해 지원되는 보조금은 크게 증가하지 못한 실정이다. 오늘날 고령화 사회에 진입하면서 개별적인 재가복지센터나 재가노인복지기관의 예산이 현실적으로 증액되기 위해서는 정부기관의 노력이 필요하다. 또한 지역사회 내에 서비스 이용자의 소득 수준에 따라 이용자 부담을 통한 재가복지서비스의 유료화에 대해 확대 방안도 강구해야 한다. 또한 일부 재가복지센터에서 실시하는 후원자 개발은 물론, 재가복지서비스에도 연결할 수 있는 방안이 계속해서 추진되어야 한다.

제3절 재가복지서비스 프로그램

1. 재가복지서비스의 의미

재가복지서비스는, 시설복지서비스와 상반되는 개념으로서 '재가보호(domiciliary care)' '재가복지서비스(out-door service)' 등으로 사용되기도 한다. 카두신(Kadushin)은, 재가복지서비스는 사회복지기관에서 교육이나 훈련을 받은 사람들이 클라이언트의 기능을 유지, 강화, 보호하기 위해 도움을 주는 것이며, 도움을 필요로 하는 사람들이 가정에서 도움을 받을 수 있도록 한 것으로 가족 기능의 약화된 부분을 보완하는 보충적인 서비스(supplementary service)라고 정의하였다.

그러므로 재가복지서비스는 충분한 자격을 갖춘 사람이 사회복지서비스대상자의 가정에서 가족 단위로 서비스를 제공하거나 또는 환자, 한부모 자녀, 노인, 무능력자, 기타 요보호자 등을 돕는 것이라고 할 수 있다. 일반적인 재가복지서비스를 몇 가지로 구분하여 정의하면 다음과 같다(山本信孝, 1984: 106-108).

전문적 재가보호서비스 요보호대상자에 대한 방문의료, 방문간호, 방문상담 등으로 각종 방문서비스를 의미한다.

정서적 재가보호서비스 요보호대상자의 신변적 원조와 안정을 위한 서비스로서 각종 방문서비스를 의미한다.

예방적 재가보호서비스 요보호대상자에 대해 사전 예방활동을 수행하는 방문서비스를 의미한다.

복지적 증진서비스 요보호대상자와 지역주민의 복지 증진을 목적으로 제공하는 방문서비스를 의미한다.

이상에서 살펴본 바와 같이 재가복지서비스는 노령, 질병, 장애 등으로 인한 생활상의 곤란에 직면하여 타인의 보호를 필요로 할 때, 시설에 수용하여 보호하는 것이 아니라, 현존 지역사회 내에서 가족이나 이웃과 더불어 살 수 있도록 필요한 서비스를 제공하는 것으로 볼 수 있다. 재가복지서비스의 개념을 '지역사회복지' '지역사회보호' '재가복지서비스' '재가보호' 네 가지로 분류할 수 있다.

재가복지서비스의 특성을 몇 가지 제시하면 다음과 같다.

첫째, 부분적인 보호를 제공한다. 지역사회 내의 서비스제공자는 보건, 교육, 상담 등의 관련 영역에 종사하는 전문가, 준전문가, 가정봉사원, 자원봉사자, 비전문가 등에 이르기까지 다양하다. 그러나 서비스제공자는 요보호대상자의 특성상 하루종일 또는 집중적인 보호를 제공하기보다는 서비스의 시간과 내용에 있어서 부분적인 보호를 제공한다.

둘째, 가족 및 이웃의 보호를 전제로 한다. 재가복지서비스는 가족과 이웃도 보호를 담당하는 주체자로 본다. 항상 서비스제공자의 24시간 원조를 기대할 수 없는 입장이므로 방문이나 통원서비스를 받는 시간을 제외하고 가족구성원이나 이웃의 사적인 보호서비스를 전제로 한다.

셋째, 가족 전체를 단위로 하는 가족복지서비스를 제공한다. 가족은 사회적 지원도 없이 요보호대상자에 대한 서비스나 가사에 매달려서 과중한 일과에 시달리고 있다. 그러므로 요보호대상자의 보호뿐만 아니라, 가족구성원의 과중한 부담을 덜어 주는 이중 목적을 가진 가족 전체에 대한 서비스를 제공한다.

넷째, 서비스시설의 지역적인 배치가 중요하다. 지역사회 내의 요보호대상자가 가정에서 서비스를 제공받기 위해서는 가정을 중심으로 서비스나 자원이 배치되어야 하며, 가정과 인접한 지역사회에 시설이나 인력이 배치되어 서비스 접근이 용이해야 한다.

다섯째, 새로운 서비스체계를 구조화한다. 지역사회 내에 다양한 서비스체계로서 자원봉사자 등 사적인 원조체계를 새롭게 구축한다. 즉, 기존의 서비스 '수급자-제공자'의 이원구조(二元構造)에서 '수급자-자원봉사자 및 지역주민-제공자'의 삼원구조(三元構造)로 공급체계를 구조화해야 한다.

2. 재가복지서비스의 종류

(1) 예방적인 보호서비스

예방적인 보호서비스는 일반 예방서비스와 특정 예방서비스로 구분된다. 즉, 전자는 아직 특별한 곤란을 느끼지 않는 일반적 국민을 대상으로 하되, 지역사회의 전반에 걸쳐 발생하는 사회적·경제적 위험을 감소시키기 위한 보편적인 서비스를 말한다. 후자는 특정한 위험조건을 가진 상황으로서, 이러한 위험 상태가 계속 진행되면 많은 곤란을 겪게 되므로 미리 예방하는 서비스를 말한다. 예방적인 보호서비스의 사업 내용으로는 건강교육, 조기검진 등의 보건활동과 식생활 개선, 장애인의 발생을 예방하는 활동 등이 있다.

(2) 전문적인 보호서비스

전문적인 보호서비스는 지역사회 내의 요보호대상자의 욕구 해결을 가족구성원의 서비스로는 대처할 수 없다는 전제하에 제공하는 전문적인 사회복지서비스를 의미한다. 이러한 지역사회 문제를 해결하기 위해서는 전문적인 의료, 재활, 간호, 상담 등의 서비스가 요구된다. 예컨대, 재가복지서비스의 경우에는 방문의료, 방문간호, 방문상담 등의 다양한 방문서비스가 제공된다.

(3) 지역복지 증진서비스

지역복지 증진서비스는 일반 국민이나 요보호대상자가 심신이 건강한 생활을 할 수 있도록 원조하는 서비스를 의미한다. 즉, 지역사회 내에서 문화시설, 스포츠, 레크리에이션, 각종 행사 등을 통하여 인간관계의 교류를 풍부하게 하고 스스로 삶의 보람을 느끼도록 한다. 요보호대상자 및 생활곤란자 등이 일상생활에서 삶의 보람을 추구하도록 하고, 또한 사회적 · 물리적 장애를 제거함과 동시에 교류의 장을 창출하여 집단의 조직화와 지역사회복지의 증진을 위해 원조한다.

(4) 재가 중심 보호서비스

재가 중심 보호서비스는 대체적이고 보완적인 욕구에 대응하는 대인적 지역복지서비스의 공급 형태를 의미한다. 가족구성원이 일상생활상의 보호와 양육능력만으로는 부양을 충족시키지 못하므로, 가족 대신에 다양한 사회적 원조에 의해 보완이 가능하도록 한다. 재가 중심의 보호서비스에는 생활상의 원조, 가사, 정서적 안정 등을 위한 서비스가 주된 활동이 되고 있다.

3. 재가복지서비스 프로그램 내용

(1) 방문간호서비스

방문간호서비스는 보건과 의료 분야에서 행하는 재가간호서비스와 같은 방식이다. 방문간호서비스는 자격증을 소지한 간호사에 의해 서비스가 이루어지지만, 자격증 소지자가 절대적으로 부족하여 적절한 서비스 제공에 한계가 있다.

미국의 경우는 이러한 문제점을 보완하기 위하여 무자격자라 하더라도 '가정간호보조(home health aid)'라는 명칭으로 방문간호서비스를 실시하고 있다. 그러나 의료보험의 급부대상자들에게만 적용되는 단점이 있다.

일본의 경우에 1989년에 도입한 개호복지사(care worker)는 일정한 훈련 과정을 거쳐 국가시험을 통과하면 자격증 취득과 방문간호서비스를 제공할 수 있다.

현재 우리나라의 경우 태화기독교사회복지관, YWCA 등에서 실시하고 있는 간병인 프로그램도 재가노인이나 요보호환자들을 위한 방문간호서비스에 일익을 담당하고 있다. 그러나 재가복지센터나 기관 등에서 일정한 훈련 과정을 거쳐 가정에 파견하고 있으나, 가정봉사원제도와 함께 자격제도를 더욱 강화하여 질적인 방문간호서비스가 제공되도록 해야 한다.

(2) 가사원조서비스

가사원조서비스는 가정봉사원들에 의해 제공되는 사업으로서, 재가노인과 장애인가정, 소년소녀가장 등의 가사를 돌보아 주는 서비스를 말한다. 외국의 가정봉사원서비스는 대부분 공무원이 그 업무를 수행하며, 일부는 민간사회복지 분야의 가정봉사원들이 참여하고 있다. 우리나라에서도 가사를 돌보아 주는 가사원조서비스가 재가복지서비스 중에 큰 비중을 차지하고 있으며, 특히 가정봉사원과 자원봉사자들에 의한 가사원조서비스 활동도 많이 실시되고 있다.

(3) 식사제공서비스

식사제공서비스(meals on wheels)는 거동이 불편한 노인을 대상으로 매일 1회에서부터 주 1회까지 대상자의 자립능력에 따라 서비스를 제공하는 프로그램이다. 식사제공서비스는 직접 자택으로 방문하여 식사를 만들어 제공하는 방법과 자동차를 이용하여 도시락을 배달하는 방법이 있다. 영국에서 처음으로 식사제공서비스가 시작되었으며, 지금은 많은 나라에서 이러한 서비스를 활용하고 있다. 즉, 직접 식사를 준비하거나 배달하면서 요보호노인들의 건강 상태도 돌보고 상담을 통해 당면 문제를 해결하는 프로그램으로 각광을 받고 있다. 우리나라의 경우 현재 요보호대상자들을 위한 식사제공서비스로서 밑반찬배달서비스, 도시락배달서비스 등의 사업을 하고 있는데, 매우 긍정적인 반응을 얻고 있다.

(4) 방문목욕서비스

방문목욕서비스는 가정봉사원이 가정을 방문하여 주 1~2회 목욕서비스를 제공하는 프로그램이다. 그러나 가정에 욕실이 없을 경우에는 목욕이 가능한 목욕차를 집 근처까지 이동하여 요보호대상자를 목욕시킨다. 우리나라의 경우 현재 방문목욕서비스를 실시하고 있는 기관이 있어, 이에 대한 반응이 매우 좋지만 많은 비용과 인력이 소요되는 단점이 있다.

(5) 세탁물서비스

세탁물서비스는 가정에 거주하는 고령자나 허약하고 장애가 있는 노인들에게 많이 활용되는 서비스다. 최근에는 가정봉사원이 요보호대상자의 세탁물을 집으로 가져가서 세탁을 한 후 다시 방문하여 세탁물을 제공하는 서비스 방법을 활용하고 있다. 요보호대상자의 경우 세탁물서비스와 병행하여 이들의 당면 문제에 대한 상담활동도 실시하고 있다. 또한 요보호자들을 위한 이불건조서비스, 주택개량서비스, 재활기구제공서비스, 복지전화서비스 등이 있으며, 정기적으로 전화를 통하여 노인심부름, 교통안내서비스, 외출서비스, 보행원조서비스, 기타 서비스 등을 제공하고 있다(全国社会福祉協議会 편, 1988: 72-82).

4. 재가복지사업의 구분

(1) 주간보호사업

주간보호사업(day care service)은 지역사회복지의 분야로서 가정으로부터 통원하여 서비스를 제공받을 수 있는 시설을 말한다. 대표적인 시설로는 일시보호시설, 탁아소, 어린이집 등이 해당된다. 일본의 경우는 노인을 대상으로 데이케어센터, 데이서비스센터 등의 용어로 사용되고 있다. 우리나라 주간보호사업은 1992년 서울에 소재한 한국노인복지회, 은 천노인복지센터, 천사양로원 등에서 시작하였고, 1994년 부산에 소재한 남광사회복지재단, 애광원, 신양원 등으로 확대되어 운영되고 있다(고양곤, 1998: 47). 주간보호사업의 역할을 구체적으로 제시하면 다음과 같다.

- 지역사회 내의 요보호노인이 증가하는 것에 효율적으로 대처해야 한다. 즉, 일정한 장소에서 요보호노인들에게 재가복지서비스를 집중적으로 제공할 필요가 있다.
- 가정에서만 서비스를 제공받는 요보호자들은 외부와의 접촉이 단절되어 정신적으로나 신체적으로 점점 퇴조할 우려가 있다. 주간보호시설을 통한 동년배들과의 교류와 접촉으로 삶의 보람과 향상을 얻도록 할 필요가 있다.
- 요보호대상자들에 대한 심신의 기능을 유지 또는 향상시킬 수 있다. 노인시설에 입소해야 할 노인이 주간보호시설을 이용함으로써 결과적으로 생활시설의 입소 시기를 늦추거나 입소를 하지 않을 수도 있다.

이상의 지역사회복지 차원에서 주간보호사업의 목적은 가정을 중심으로 생활하고 있는 무의탁노인, 장애노인 등에게 사회적으로 고립된 생활에서 벗어나 자립생활과 심신의 기능이 저하되지 않도록 예방하고 원조하는 데 있다. 더불어 가정에서 노인을 부양하고 있는 보호자들의 어려운 형편을 도와야 한다(村田洋子 편저, 1987: 114-115).

(2) 단기보호사업

단기보호사업(short stay service)은 가정을 통해 보호를 받고 있는 요보호대상자를 단기간 수용하고 보호하는 프로그램이다. 즉, 요보호대상자의 부양의무자가 질병이나 개인적인 일로 보호를 할 수 없을 경우에 서비스를 제공하는 것을 말한다. 단기서비스의 내용을 몇 가지로 제시하면 다음과 같다(全国社会福祉協議会 편, 1988: 82-86).

- 요보호대상자에게 안정과 휴양의 장소를 제공한다.
- 요보호대상자가 보호와 감독의 서비스를 받을 수 있도록 한다.
- 요보호대상자 중 장애를 겪고 있는 대상자가 장애에 따른 사회적 고립을 겪는 것을 예방한다.
- 요보호대상자의 당면 문제에 대해 상담서비스를 제공한다.
- 요보호대상자의 기타 질병에 대한 의료 및 재활서비스 등을 제공한다.

(3) 가정봉사원사업

가정봉사원사업은 다양한 도움이 필요한 노인, 장애인, 아동 등의 가정에 직접 가정봉사원을 파견하여 재가복지서비스를 제공하는 사업을 말한다. 현재 가정봉사원사업은 종합사회복지관 부설 재가복지봉사센터, 재가노인복지기관에서 이루어지며, 서울시 산하 약 25개의 구청에서는 서울가정도우미 파견사업을 실시하고 있다. 특히 서울가정도우미 파견사업은 공공기관에서 그 사업을 운영하고 있다는 점에서 큰 의미가 있다. 미국에서는 그 나라의 사회복지서비스 수준이 가정봉사원의 수와 이에 투입되는 예산 등과 정비례한다고 본다.

가정봉사서비스의 내용을 몇 가지 제시하면 다음과 같다(김범수, 1992: 384-386).

개인수발서비스(attendant care) 요보호대상자에 대한 직접적인 수발과 이에 관련된 가사로 서비스의 제한을 두고 있다. 예컨대, 목욕, 옷 갈아입히기, 양치질, 대상자의 이동, 대상자의 개인적 영역에 한한 가사, 식사준비 등의 서비스다.

가정간호보조(home health aid) 개인수발서비스와 유사하며 전문간호사의 감독하에 만성환자와 장애인에게 직접적인 서비스를 제공한다. 예컨대, 체온, 맥박, 호흡 등을 측정하고 약복용 등을 돕는 서비스다.

가정봉사원서비스(home helper services) 가사업무와 이에 관련된 활동을 직접적이고 실제적으로 돕고 있다. 예컨대, 개인적인 수발서비스를 제외한 청소, 빨래, 식사 준비, 장보기, 약 타 오기, 행정업무대행 등을 제공하는 서비스다.

휴식서비스(respite care) 무급으로 봉사하는 비공식 수발자를 지원하기 위해 임시 혹은 주기적으로 서비스를 제공한다. 즉, 수발자가 소진되는 것을 방지하기 위한 서비스를 말한다. 예컨대, 가사보조, 가정간호보조, 개인수발, 말벗, 전문간호 등을 제공하는 서비스다.

숙련간호서비스(skilled nurse) 전문간호사가 직접 서비스를 제공한다. 즉, 전문간호사가 요보호대상자의 욕구 사정에 참여하고 서비스계획의 수행을 돕는다. 예컨대, 요보호대상자의 치료와 투약을 준비, 관리, 기록하며, 이들의 질병 간호 상태를 정확히 기록하고, 대상자와 가족들에 대한 교육을 담당하며, 질 높은 서비스 공급을 위해 필요한 정보를 수집하는 서비스다.

생각해 볼 문제

1. 재가복지센터의 개념을 정의해 보라.

2. 재가복지센터의 기능적 역할 여섯 가지를 제시해 보라.

3. 재가복지센터의 기본 원칙 네 가지를 제시해 보라.

4. 재가복지서비스의 특성 다섯 가지를 설명해 보라.

5. 가정봉사서비스의 내용 다섯 가지를 설명해 보라.

제14장

사회복지공동모금회

사회복지공동모금회는 지역사회를 단위로 순수한 민간자원을 동원해서 지역사회복지의 향상에 기여하는 데 의미를 둔다. 사회복지공동모금회는 지역주민을 대상으로 연대성과 공동체의식을 고취하고 모금 배분을 통해 사회적 약자에게 도움을 제공하는 중요한 역할을 수행한다. 사회복지공동모금회는 지역사회를 중심으로 한 올바른 기부문화를 형성하고, 이를 통해 이웃과 사랑을 나누면서 용기와 희망을 갖게 하는 데 목적을 둔다. 선진국가의 사회복지공동모금회의 장점을 활용하여 우리 실정에 적합한 사회복지공동모금의 조직구조, 모금 방법, 배분 방식 등의 새로운 방향이 모색되어야 한다. 이 장에서는, 첫째 사회복지공동모금의 개념, 둘째 각국 사회복지공동모금의 실태, 셋째 우리나라의 사회복지공동모금 등을 중심으로 살펴보고자 한다.

Community welfare

제1절 사회복지공동모금의 개념

1. 사회복지공동모금의 정의

사회복지공동모금은 지역사회복지를 전개하는 데 필요한 재원을 확보하기 위해 그 중요성이 강조되고 있다. 현대 산업사회에서 소외된 사회복지대상자에게 물질적인 지원과 이웃의 사랑을 더불어 실천하는 것이 사회복지공동모금의 기본정신이다. 우리나라의 사회복지공동모금회법 제2조에 의하면, "공동모금이란 사회복지사업의 지원에 필요한 재원을 조성하기 위하여 전국 또는 지역을 단위로 기부금품을 모집하고 사회복지사업을 지원하기 위해 제도권 내에서 기부금품을 널리 모집하는 것" 이라고 할 수 있다.

지금까지 사회복지공동모금은 지난 1951년 제정된 기부금품모집규제법에 의해 사회복지기관이나 시설 등에서 모집하였으나, 규모가 큰 기관이나 단체 등에서 모금캠페인을 벌이는 활동들이 다소 위축되었다. 그러나 사회복지공동모금법이 제정되면서 사회복지공동모금이 법적으로 보장되어 제도적으로 모금활동을 전개해 왔다. 기존의 공동모금에 대한 활동경비도 기부금품모집규제법에 따라 약 2% 범위 내에서 사용하던 것을 약 10% 범위까지 사용할 수 있도록 규정하고 있다.

사회복지공동모금의 목표는 무엇보다도 후원자를 잘 발굴하고 관리하는 동시에 자원봉사자들을 동원하여 재원을 효율적으로 확보하는 것이다. 이와 같이 사회복지재원 확보는 각 기관들에 재원에 대한 분배의 기회를 제공할 것이며, 사회복지계의 전반적인 서비스 수준 향상에 도움이 되리라 본다(성민선 외, 1997: 4-6). 사회복지공동모금의 필요성을 몇 가지로 제시하면 다음과 같다(김범수, 2000: 150-151).

첫째, 사회복지공동모금은 산발적인 자선모금활동을 줄이고 법적으로 보장하는 제도적인 틀 안에서 민간자원을 동원하는 방법으로 전개되고 있다. 즉 모금자(fund-raiser)의 경우에는 최소한의 노력과 비용으로 모금활동이 가능하며, 기부자(donor)의 경우에는 불필요한 모금활동의 중복을 피할 수 있다. 또한 단일 창구를 통해 금품을 기부할 수 있으므로 효과적으로 활용할 수 있다.

둘째, 사회복지공동모금은 지역사회 내의 연대감과 공동체의식을 형성하고, 인간다운 삶을 증진하며, 지역문제를 주민 스스로가 해결하도록 자립심을 고취하는 데 중요한 역할을 담당한다. 특히 지역사회를 중심으로 공동모금을 통하여 자원봉사활동을 활성화하고 사회통합을 실현하는 데 일조한다.

셋째, 사회복지공동모금은 사회복지사업에 대한 국민들의 인식을 제고하는 데 중요한 역할을 한다. 특히 전 국민을 대상으로 공동모금에 대한 홍보전략과 모금활동을 실천하는 과정에서 사회복지에 대한 올바른 이해와 관심을 유도하고 이웃사랑에 대해 새로운 인식을 갖게 한다.

넷째, 사회복지공동모금은 사회복지의 발전을 위해 정부와 민간 차원에서 동반자 관계를 형성하고 있다. 즉, 정부는 거시적인 사회복지정책의 수립과 집행을 수행하되, 민간 차원의 사회복지사업에 대한 통제나 개입 등을 탈피해야 한다. 따라서 사회복지공동모금은 민간부문 스스로가 자율적으로 활동할 수 있도록 정부부문과 민간부문이 상호 보완적인 역할을 하도록 한다.

2. 사회복지공동모금의 특성

사회복지공동모금은 지역사회를 바탕으로 '모두를 위한 한 번의 기부' 원리를 통해 기부의 일원화를 달성하고 모금된 기금을 보다 효율적으로 활용한다는 원칙에서 출발한다. 특히 공동모금의 행위를 통해 지역사회 중심의 사회복지 관련기관의 재정 확충을 돕는다는 점 외에도 지역주민들에게 지역사회복지의 증진을 위한 참여 기회를 제공해 주는 기대효과가 있다(박태영, 2003: 302). 사회복지공동모금은 지역사회의 현존 문제를 지역주민 스스로의 힘으로 해결하기 위한 공동체의식과 민간의식, 사회연대의식 등에 기초를 두고 있다. 또한 사회복지공동모금은 지역주민과 사회복지기관과의 협동적인 조직으로서 민간조직을 통한 자원봉사활동이며 민간운동이라 할 수 있다.

사회복지공동모금은 민간운동으로서 궁극적으로 지역사회복지의 향상을 모색하는 데 중요한 수단이다. 지역주민들이 자발적인 민간 주도의 공동체의식을 가지고 모금운동에 참여한다는 것은 매우 의미 있는 활동이며, 지역사회의 공동체의식과 사회통합을 이루어 가는 디딤돌이라 할 수 있다. 사회복지공동모금은 순수한 민간조직이며, 공동모금을 위한 전국적인 공동캠페인을 전개하므로 지역주민들의 복지 욕구에 따라 합리적인 배분을 한다는 특징을 가지고 있다.

사회복지공동모금의 기본적인 특성을 구체적으로 제시하면 다음과 같다(류기형, 1991: 13-20).

1 지역성

사회복지공동모금은 민간사회복지의 활동으로서 사회연대, 상부상조 정신에 바탕을 둔 지역주민의 자주적 봉사활동이다. 오늘날 민간사회복지 부문에서는 공동모금의 역할과 활동이 매우 중요하며, 이에 대한 기대가 증대되고 있다. 공동모금은 민간자원으로서 사회복지활동의 재정 구조적 취약성을 해결하는 데 중요하므로 보다 합리적이고 체계적인 모금운동을 전개하기 위해서 사회 전체의 의지와 노력이 필요하다. 그리고 사회복지공동모금은 지역사회 중심의 주민들이 주체가 되어 설립되며, 지역사회의 거주자, 기부자, 수혜자 등은 물론, 민간사회복지 조직 간의 협력에 의해 그 지역사회의 특성에 맞추어 지역사회복지의 증진에 기여하고 있다. 또한 사회복지공동모금은 지역사회의 문제를 해결하기 위하여 그 지역에서 생활하는 지역주민이 참여하는 것이 중요한 특징이다.

2 효율성

사회복지공동모금은 기부자의 선의를 가장 효율적으로 활용하기 위하여 모금운동을 일원화하고 있다. 지역사회의 기부자를 대신하여 면밀한 조사와 적절한 평가를 통해 기부금을 배분함으로써 효율적으로 활용해야 한다. 즉, 사회복지공동모금의 관리와 배분 등을 구분하여 통합적인 조정을 도모하고, 이에 따른 관리의 효율성도 기할 수 있어야 한다. 지역사회 내의 각 시설이나 단체들이 개별적으로 기부금을 모집하는 경우에 그 횟수가 거듭됨에 따라 재정 부담을 가지게 된다. 그러므로 기부금액을 결정하는 체계적이고 객관적인 평가기준을 마련하여 재정적 낭비와 어려움 등을 해소할 필요가 있다.

3 협력성

사회복지공동모금은 지역사회 내의 민간사회복지 자금을 확보하고 사회복지 관련단체로부터 신청을 받아 이를 심사하여 배분한다. 이때 사회복지공동모금의 모든 과정은 일정한 계획성을 바탕으로 전개하되, 각 과정마다 체계적이고 조직적으로 이행하는 것이 바람직하다. 특히 공동모금활동에 따른 재원은 모든 관련단체를 통해 확보하고 형평성에 맞게 계획을 수립하여 이를 배분해야 한다. 사회복지공동모금은 지역사회 중심으로 상호 협조관계를 유지하면서, 국민 여론에 편승하여 호소하며 지역주민 스스로가 이 운동을 이해하고 참가하도록 일정한 시기에 전국적으로 실시하고 있다.

사회복지공동모금의 의도는 민간사회복지 부문의 재원을 확보하는 것이며, 모금운동을 통해 지역주민들이 상부상조하고 지역사회 내 연대성을 형성하는 데 의의가 있다.

4 공개성

사회복지공동모금은 갹출한 기부금의 관리와 배분 등을 기부자의 신탁에 의해서 실행하므로 모든 면에서 명확히 공개해야 한다. 즉, 사회복지공동모금은 모금운동에 앞서 각 회원 시설 및 단체가 신청한 요구액을 심사하여 배분계획을 세우고 모금목표액을 결정해야 한다. 모금에 관한 모든 내용을 공개함으로써 기부자인 지역주민에게 소요되는 금액에 관한 이해를 구하고 모금운동의 결과에서 전체 모금액의 용도에 대해 공약하는 것이 중요하다. 그리고 모든 기부금에 대한 배분이 종료된 후에도 그 결과를 공개해야 한다. 사회복지공동모금의 모든 사항을 공개하고 운영한다는 원칙은 공동모금제도의 성격상 바람직한 것이며, 그것은 공동모금을 위한 투명성뿐만 아니라 지역사회복지사업의 공개성 확보를 위해서도 매우 중요하다.

5 교육성

사회복지공동모금은 모금운동을 통해 지역주민의 사회복지에 대한 이해를 높이고, 지역사회복지활동으로서 적극적인 참가를 촉진하는 데 있다. 따라서 지역주민들은 지역사회복지의 실천을 위해 모금운동을 전개하되 사회복지의 철학과 마인드를 가질 수 있도록 기본적인 교육과 인식이 전제되어야 한다.

3. 사회복지공동모금의 기본 원칙

사회복지공동모금은 민간모금의 형태로 실시되고 있지만, 사회적 약자를 위해 기부하는 것에 정치적 의도를 가지고 마치 선한 일을 하는 것처럼 생색을 내는 경우가 있다. 이로 인해 지역주민들의 기부의사가 위축되거나 자발적인 민간사회복지의 기능이 약화될 소지가 있으므로, 공동모금제도의 관리나 운영 면에서 전적으로 민간 위주의 자발적인 의사를 반영할 필요가 있다. 사회복지공동모금의 실천에서 유의해야 할 몇 가지 기본 원칙을 제시하면 다음과 같다(대구광역시사회복지협의회, 1998: 13-16).

1 재원 활용

사회복지공동모금은 지역주민들의 자발적인 참여를 기본 전제로 하며, 민간 부문의 재원 조성에 의해 정부의 사회복지예산 부족분을 보충하는 역할을 담당한다. 현존 지역문제에 대한 해결 방안은 정부와 지방자치단체가 공적인 책임을 다하고, 민간사회복지 프로그램의 질적인 향상과 활성화를 위해 모금운동이 활발히 전개되어야 한다. 사회복지공동모금은 지역문제를 지역주민 스스로가 해결하고자 하는 지역사회복지의 기본 정신과 이타정신을 바탕으로 민간 재원을 동원하고 이를 적절히 활용하고자 한다.

2 공정관리

사회복지공동모금은 모금활동의 관리운영에 대한 효과성과 공정성을 확보해야 한다. 그리고 전국적인 단위의 공동모금을 관장하기 위한 중앙공동모금회와 지역 단위 공동모금을 관장하기 위한 시 · 도 단위의 지역 공동모금회 간의 역할 조정, 업무 조정, 총괄적인 조사, 연구, 기획, 홍보 등의 기능을 수행해야 한다. 따라서 지역공동모금회는 지역 단위의 공동모금을 효과적으로 모금, 운영, 배분하는 체계를 개발할 필요가 있다. 또한 지역공동모금회는 참여하는 기관과 단체들과의 공식적인 합의 과정을 수렴할 수 있어야 하고, 이를 토대로 모금활동의 정책에 관해 관련 기관의 자율성을 확보하여 책임성의 기준을 분명히 제시해야 한다.

3 주민 참여

사회복지공동모금은 지역주민의 여론의 힘을 바탕으로 주민 참여를 이끌어 내어 전개해야 한다. 즉, 지역사회의 모든 구성원은 모금활동에 참여함으로써 지역사회복지를 실현할 수 있다는 점을 인식해야 한다. 특히 사회복지공동모금은 지역주민의 대표자가 주도적으로 참여해야 하고, 관련 기관들과의 적극적인 협력관계를 형성하고 유지해야 한다. 따라서 사회복지공동모금은 지역사회에 거주하는 모든 주민들에게 기부행위에 대한 현실적인 기준이나 규범을 제공하여 그들이 적극적인 기부활동에 참여하도록 주도해야 한다.

4 홍보전략

사회복지공동모금은 지역주민의 지역복지 의식과 기부에 대한 사고방식을 증진시켜 지역사회복지를 실현하는 보다 적극적인 역할을 수행해야 한다. 즉, 단순히 모금활동을 통해 민간 차원의 사회복지 재원을 확보한다는 소극적인 역할이 아니라 모금전략을 잘 수립하여 효과의 극대화를 이루어야 한다. 이에 사회복지공동모금을 실시함에 있어서 모든 지역주민을 대상으로 지역사회복지를 지향하는 미래지향적인 홍보전략이 구축되어야 한다. 따라서 중앙공동모금회와 지역공동모금회가 연합하여 통합된 사회복지공동모금의 슬로건을 제시하여 활용하는 홍보전략이 필요하다. 공동모금에 대한 홍보전략은 모금활동의 정체성과 필요성에 대한 내용들을 언론매체와 대중 홍보를 통해 전국적으로 파급시키는 것이다.

5 기부 유도

사회복지공동모금은 지역사회에서 필요로 하는 사회복지서비스를 충분히 수행할 수 있도록 주요 기부자 집단을 파악해야 한다. 특히 공동모금 활동에 있어서 기존의 온정에 호소하는 형태보다는 물질적 기부자의 합리적인 이성과 올바른 사회복지교육에 의해 형성된 기부 참여를 지향해야 한다. 사회복지공동모금회는 지역공동모금회 중심으로 지역사회의 전문가 집단이나 단체, 여타 기부의 원천에 관한 실질적인 정보와 자료를 토대로 자발적인 기부행위가 유도되도록 노력해야 한다.

6 기금 조성

사회복지공동모금의 기금 조성은 지역사회의 기금 배분과 밀접한 관련이 있다. 즉, 공동모금의 효율적인 배분의 원칙은 기금 조성 노력과 관련하여 투명성 있게 이루어지는 것이 중요하다. 기존의 많은 민간모금활동이 다수 국민의 지지와 참여를 이끌어 낼 수 없었던 것은 모금활동에 비해 배분 과정에서 외부의 간섭이나 개입으로 효과적인 배분활동에 한계가 있었기 때문이다. 따라서 사회복지공동모금은 모금활동에 못지 않게 기부금에 대한 올바른 사용 용도와 배분 내용을 공개하여 재원 사용의 투명성을 확보해야 한다.

7 기부 보상제도

사회복지공동모금은 기부자들을 적극 참여시키기 위한 유인책으로서 보상제도에 대해 법적인 근거를 마련할 필요가 있다. 일반적으로 기부행위에 대한 보상 방법은 기부금에 한하여 시행하는 각종 면세제도를 들 수 있다. 기부자에 대해 다양한 혜택을 제공함으로써 기부문화를 활성화할 필요가 있다. 따라서 공동모금이 더욱 활성화되기 위해서는 기부자들에게 면세 혜택은 물론, 보상제도의 범위를 더욱 확대하여 이들의 모금활동 참여를 적극 유도해야 한다.

제2절 각국 사회복지공동모금의 실태

1. 미국의 사회복지공동모금

사회복지공동모금이 최초로 시행된 곳은 1873년 영국의 리버풀(Riverpool)이며, 이후에 미국에서 공식적으로 터전을 잡게 되었다. 미국에서는 공동모금(Community Chest)이라는 명칭으로 모금활동이 시작되었다. 이후 1950년대에 유나이티드 펀드(United Fund)로 명칭이 변경되었고, 최근까지 유나이티드 웨이(United Way)라는 명칭으로 모금활동이 전개되고 있다. 미국의 경우 공동모금(United Way of America)의 근원은 1887년 덴버(Denver)에서 결성된 자선조직협회(Charity Organization Society)이며 그 영향을 받아 공동모금이 시작되었다. 이와 같이 공동모금은 지역사회복지를 위한 계획과 조정을 통해 다양한 지역사회의 기관을 중심으로 원조하는 모금활동을 전개하였다.

그리고 1913년 오하이오 주 클리블랜드(Cleveland)에서 많은 기부자와 지역주민들의 참여로 효율적인 자선활동이 이루어졌으며, 이를 계기로 공동모금이 더욱 활성화되었다. 또한 1918년에 모금활동연합체의 관계자들이 시카고에서 공동모금의 모태인 AACO(America Association for

Community Organization)를 결성하게 되었다. 이듬해인 1919년 뉴욕 주 로체스터시티(Rochester City)에서는 'Community Chest'라는 명칭을 사용하였으며, 1948년에는 'Community Chest'가 양적으로 엄청난 성장을 보이면서 미국 전역의 1,000개 이상으로 조직된 'United Way'가 탄생하게 되었다. 미국 사회복지공동모금의 형태를 구체적으로 설명하면 다음과 같다(박태영, 2003: 309-312).

(1) 조직구조

미국 사회복지공동모금의 조직구조는 크게 이사회와 실행위원회로 구성되어 주체적인 역할을 수행하고 있다. 즉, 공동모금의 지원처에는 이사회, 전략기획위원회, 근로자참여위원회 등이 소속되어 있고, 사무국은 기업담당비서관이 소속되어 전반적인 사업운영이 이루어지고 있다. 그리고 실행위원회는 모금, 배분, 홍보, 재정, 정보기술 등의 영역에서 전문

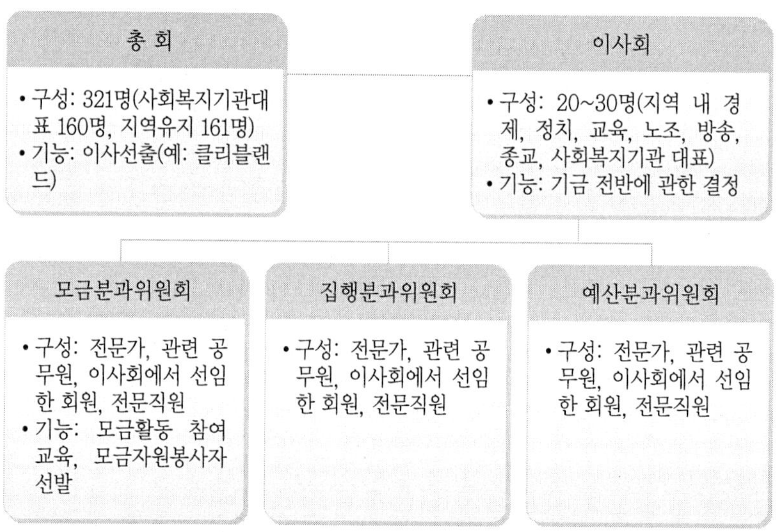

● 그림 14-1 ● 미국 공동모금회의 조직구조

자료: 박태영(2003), p. 310.

적인 역할을 수행하고 있다. 특히 사회복지공동모금의 조직구조는 총회가 구성되어 있고, 이사회를 중심으로 전체적인 사업업무가 추진되고 있다. 이사회 산하에는 모금분과위원회, 집행분과위원회, 예산분과위원회 등이 있다. 총회는 약 320명으로 구성되며, 이사회는 약 20~30명으로 구성된다. 미국 사회복지공동모금의 조직구조는 [그림 14-1]과 같다.

(2) 모금 방법

미국 사회복지공동모금은 주로 대중캠페인과 다양한 프로그램 등의 방법으로 이루어지고 있다. 대표적인 모금 방법은 대중캠페인 중심으로 전개되고 있는데, 이는 공동모금과 관련된 자료 개발과 모금운동에 참여할 인력 개발, 모금대상의 개발, 모금 권유의 관리 등으로 구성되어 있다. 대중캠페인은 연중 지속적으로 실시되지만 일정 기간 동안 대대적으로 이루어지는 경향이 있다. 이와 같은 캠페인의 운영 방식은 대부분 자원봉사자들이 모금활동에 참여하며, 사회복지전문가와 직원들은 원조의 역할과 자원봉사 지도의 조정적 역할을 수행하게 된다.

모금 방법에 있어서 특별한 프로그램으로는 전국 풋볼리그 파트너십(NFL partnership), 전국협동리더십(National Corporate Leadership: NCL) 등이 있으며, 직장인 참여 프로그램(1946), 항공 이용 마일리지로 후원하는 Delta Skywish Program 등을 활용하며 모금운동을 펼치고 있다. 또한 공동모금의 홍보 방법에는 모든 언론매체, 대중매체, 영화광고, 옥외광고, 게시판광고, 전시회, 기업체 사보, 시청각자료 등이 활용되고 있으며, 최근에는 인터넷을 통한 웹사이트, 뉴스레터 발송 등을 통해 더욱 활성화되고 있다.

(3) 배분 방식

미국 사회복지공동모금의 배분 방식은 기관별 배분, 문제별 배분 및 프로그램별 배분, 지역별 배분, 특별계획별 배분, 혼합적 배분 등의 유형으로 구분되어 있다. 특히 공동모금의 구체적인 배분으로는 프로그램별 기금 제공과 특별프로그램별 기금 제공 등이 있으며, 가정건강, 탁아보호, 법률부조 등과 같은 단위비용에 기초한 기금 지원, 혁신적인 사회복지사업에 대한 일정 기간 동안의 기금 제공, 예상치 못한 긴급사태에 대한 기금지원 등으로 분류하여 분배하고 있다.

미국의 배분 방법은 자발적인 기부자의 의도를 반영하기 위해 다양한 의견 수렴을 한다는 것이 특징이다. 또한 기부자들은 자신이 지정하는 기관에 기금을 지원하며, 사회복지행정 혹은 서비스 활동을 하는 기관들에 기금을 제공하는 것은 지역사회의 복지욕구보다 기관의 복지욕구에 초점을 둔 것이다. 예컨대, 초기아동발달(Early Childhood Development)프로그램과 긴급주거 프로그램(Emergency Food and Selter National Board Program) 등과 같이 적령기에 입학하지 못한 아동들을 학교에 연결해 주고, 사회생활에 적응하여 새로운 삶을 영위할 수 있도록 연결해 줌으로써 시대적 요구에 적절히 대응하는 배분프로그램도 있다.

2. 일본의 사회복지공동모금

일본의 사회복지공동모금은 지역주민들이 공동체의식을 가지고 더불어 살아간다는 의미를 내포하고 있다. 일본의 경우 정부보조금이 높음에도 불구하고 이미 전국적으로 활발히 전개되고 있다. 즉, 사회복지재정을 세원으로 충당하고, 한편은 공동모금을 통한 민간재원을 확보하여 균형적인 서비스를 제공하고 있다. 일본의 공동모금이 발족하게 된 몇 가지 이유를 제시하면 다음과 같다(渡刀一城, 2001: 229).

- 공동모금은 제2차 세계대전으로 인하여 재정적인 어려움을 겪고 있

는 민간사회복지기관에 대한 정부의 자금 지원의 한계점을 극복하기 위해서 발족되었다.

- 전후 혼란기에 생활곤란자의 사회적 연대성과 상호부조의 정신에 기초하여 도움을 주고자 국민돕기운동이 실시되었고, 당시 국민돕기운동은 공동모금의 일환으로 시작되었다.
- 지역사회 중심으로 민간사회복지기관을 지원하기 위해 모금계획을 세우고 모금활동에 관한 연구를 진행함으로써 전국적인 공동모금을 도입하는 계기가 되었다.

사회복지공동모금의 역사는 제2차 세계대전 이후 당시 절망한 상태에서 빈곤문제의 해결과 사회복지기관의 재정문제를 해결하기 위하여 정부 주도로 사회사업공동모금의 중앙위원회가 발족함으로써 시작되었고 이어 전국적인 규모로서 발전하게 되었다. 일본 사회복지공동모금의 형태를 제시하면 다음과 같다.

(1) 조직구조

일본 사회복지공동모금은 지역공동모금회의 차원에서 수행되고 있으며, 조직구조상 실질적인 모금운동과 배분활동은 지역모금회 중심으로 이루어지고 있다. 공동모금회에 대한 조직구조는 회장, 부회장, 이사회, 자문위원회, 사무국 등으로 구성되어 있으며, 도도부현 공동모금회의 경우 각 지회의 대표자, 각계 각층을 대표하는 지역유지로 평위원회가 구성된다. 평위원회는 활동에 관한 중요 사항을 의결할 수 있는 주요 기능을 수행한다. 또한 자문위원회는 공동모금, 조직, 배분, 홍보 등 네 개의 분과위원회로 구분되어 각각의 업무를 수행하고 있으며, 중요 결정사항은 이사회에 부의하며 정책수행에 반영한다. 일본 공동모금회의 조직구조를 제시하면 [그림 14-2]와 같다.

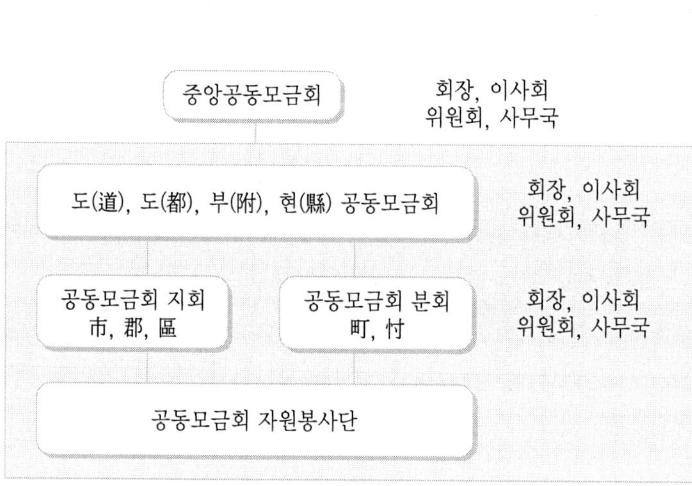

• 그림 14-2 • 일본 공동모금회의 조직구조

자료: 박태영(2003), p. 313.

(2) 모금 방법

일본의 사회복지공동모금의 방법은 후생성의 고시기준에 의해 정해진 기간 동안 실시되는데, 주로 매년 10월과 11월에는 일반모금으로서 사회복지기관에 배분하기 위해 이루어지고, 12월에는 연말 이웃돕기모금으로서 불우이웃이나 사회복지대상자들에게 배분하기 위해 모금활동을 실시한다. 이와 같은 모금 방법을 통해 매년 목표액으로 정한 만큼 모금하여 민간사회복지기관의 재원을 확보하고 있다.

일본의 공동모금에서는 전통적으로 호별모금활동이 주된 모금 방법인데, 이는 통반장이 각 가정을 방문하여 모금한다. 그러나 호별모금 방법에서는 각 세대마다 일정 금액이 제시되는 경우가 있으므로 강제성이 수반되는 모금이라는 문제가 제기되고 있다. 오늘날 사회복지공동모금의 방법은 자원봉사자 중심으로 하는 가두모금, 기업 등을 대상으로 하는 법인모금, 기업 내의 근로자를 대상으로 하는 직장모금, 학생 참여로 이루어지는 학교모금, 특별한 이벤트를 통한 흥행모금, 연말에 실시되는 이웃돕기모금, 기타 축의금이나 부의금 등의 기탁모금, 특정 사회복지법인을 지정하여 기탁하는 지정기탁금모금 등 다양하다.

(3) 배분 방식

일본 사회복지공동모금은 도도부현 차원에서의 사회복지계획에 근거한 배분, 시정촌 차원의 지역사회복지계획에 근거한 배분 등이 이루어지고 있다. 공동모금의 배분 방식은 시정촌 사회복지협의회를 대상으로 지역사회의 재가복지서비스 등을 위한 지역배분, 장애인단체를 위한 단체배분, 특별 프로그램을 활성화하기 위한 특별배분 등으로 나뉜다.

1998년 기준으로 배분된 내용을 구체적으로 살펴보면, 지역배분으로 시정촌 사회복지협의회의 지역사회복지활동사업비 등에 약 49.4%가 배분되었고, 사회복지시설 배분으로 약 10.5% 정도 이루어졌고, 사회복지단체 배분이 약 3.5% 이루어졌고, 연말이웃돕기 배분이 약 34.1% 이루어졌다. 기타 배분이 약 2.4% 정도 이루어졌다. 특히 일반모금액에 있어서 연말이웃돕기 배분을 제외하고 지역배분이 약 75%를 차지하고 있다(渡刀一城, 2001: 229).

제3절 한국의 사회복지공동모금

1. 사회복지공동모금의 전개 과정

한국의 경우 사회복지공동모금은 지역사회 중심으로 사회복지기관들의 재정 부족을 충당하고, 이들의 자선활동을 효율적으로 지원하는 데 역점을 두고 있다. 최초의 사회복지공동모금은 한국전쟁이 끝난 후 빈곤자들을 위한 자선기금을 마련하기 위해 산발적인 모금운동으로 전개되었다. 그러나 1951년에 무분별한 자선기금모금을 규제하는 차원에서 기부금품모집금지법이 제정되었다.

이후 1970년에 모금운동을 활성화해야 한다는 사회복지계의 여론을 수용하여 '사회복지공동모금회' 를 설립할 수 있도록 사회복지사업법에 규정하였다. 1971년에 '한국사회복지공동모금회' 를 설립하여 홍보활동과 캠페인을 시도하였으나 국민의 관심이 부족하였다. 공동모금에 대한 지속적인 관심과 노력으로 1997년에 사회복지공동모금법을 제정하여 중앙과 지방에서 동시에 공동모금을 전개하였다. 사회복지공동모금법은 2년 후 1999년에 사회복지공동모금회법으로 개정되었다. 우리나라 사회복지공동모금의 발전 과정을 단계별로 제시하면 다음과 같다.

(1) 1970년대의 발전 과정

1970년에 공동모금회를 설립하도록 이미 공포된 사회복지사업법에서 규정되었고, 1971년에 사회복지법인 '한국사회복지공동모금회' 가 설립되었다. 사회복지사업법에 의하면, 공동모금회는 국민들로부터 의연금품을 모집할 수 있도록 명시하고 있으며, 공동모금에 대한 배분대상과 배분방식에 대해서도 규정하고 있다. 당시 공동모금회는 지방에서의 모집과 배분권이 부여되지 않았으며, 법인 운영에 필요한 재정은 전적으로 국고보조에 의존하였다. 1972년에 공동모금회 활동이 처음으로 실시되었으나 그 성과가 미흡하였고, 그 후 공동모금회의 조직이 유명무실하게 되었다.

공동모금활동이 활성화되지 못한 이유는 국민들의 의식수준이 성숙되지 못하였고, 각 언론기관의 협조가 미흡하였으며, 조직적인 모금활동을 위한 전문가가 부족한 점을 들 수 있다. 1973년에는 외국 원조기관을 중심으로 '백만인걷기운동' 이 실시되었는데, 이는 보행을 통해 땀을 흘리면서 불우한 사람들의 어려움을 함께 나눈다는 취지하에 펼친 모금운동이었다. 그리고 1975년에는 당시 보건사회부의 관 주도하에 불우이웃돕기 등 모금운동이 연말에 전개되어 가난한 자들의 고통을 덜어 주는 역할을 하였다.

(2) 1980년대의 발전 과정

1980년대는 공동모금활동이 대부분 관 주도하에 전개된 시기라 할 수 있다. 1980년에 정부는 사회복지사업기금법을 제정하였다. 1981년부터 매년 연말에 불우이웃돕기 모금운동을 통해 사회복지기금을 적립하였다. 사회복지기금에서 매년 30~50억 원 정도를 사회복지시설에 월동비와 피복비 등으로 지원하였다. 그러나 매년 실시하던 공동모금의 성금이 일부 국가예산에 의해 대체되고 있다는 문제점이 제기되었고, 특히 보건사회부와 지방자치단체의 선심성 행정에 민간자원이 동원된다는 비판이 제기되었다(박태영, 2003: 232-234).

이에 사회복지단체들이 사회복지사업기금법을 재정해야 한다는 의견이 있었지만, 모금운동이 연장되어 진행되었다. 1989년에는 신고 및 미신고 사회복지시설의 후원금 관리에 대한 비판여론이 제기되면서 한국사회복지협의회 내에 '공동모금법 제정위원회' 를 두었고, 이 위원회를 통해 공동모금법 기초안을 마련하여 보건사회부에 제출하였다.

(3) 1990년대의 발전 과정

1990년대는 한국사회복지협의회 중심으로 사회복지공동모금법을 부활시키기 위한 활동 시기다. 1992년에 한국사회복지협의회는 민간단체, 경제단체, 사회단체 등을 중심으로 '이웃돕기운동추진협의회' 를 결성하여 보건복지부의 후원하에 모금운동을 실시하였다. 그러나 정부의 선심행정에 대한 오해와 대부분의 예산을 공적부조에 투입한다는 비판여론이 제기되었다. 1997년에 사회복지협의회는 '이웃돕기모금법 제정위원회' 를 선임하게 되었고, 이웃돕기성금의 적립금을 이관하는 내용으로 사회복지공동모금법이 제정되었다.

사회복지공동모금법에 의하면, 공동모금회는 중앙에 '전국공동모금회'와 16개 시 · 도의 '지역공동모금회'로 구성되고 제도적으로 모금과 배분을 동일하게 할 수 있도록 규정되었다. 1998년에 전국 16개의 광역시와 도에 '사회복지공동모금회'가 설립되어 전국적으로 공동모금이 실시되었다. 1998년 후반에 사회복지공동모금법이 사회적 여론을 반영하여 사회복지공동모금회법으로 개정되었다. 사회복지공동모금회법으로 개정되면서 사회복지계가 사회적 행동과 정책적 이슈에 민감하지 못한 것은 주지의 사실이다. 앞으로 사회복지사들의 역할이 행동지향적으로 변화되어야 한다(고은숙, 1999: 97).

사회복지공동모금회법의 개정으로 인한 사회복지계의 문제점을 몇 가지 제시하면 다음과 같다. 첫째, 지역공동모금회가 중앙공동모금회의 지회로 전환되었다는 점이다. 둘째, 중앙공동모금회에 전문가들이 참여하지 못하고 있다는 점이다. 셋째, 중앙공동모금회에서도 모금과 배분의 기능을 수행함으로써 지방공동모금회의 사기를 저하시키고 있다는 점이다.

2. 사회복지공동모금의 현황

(1) 사회복지공동모금회의 조직구조

1 중앙사회복지공동모금회의 조직구조

중앙사회복지공동모금회의 조직구조는 명예회장, 회장, 이사회, 분과실행위원회, 사무국 등으로 구성되어 있고, 사무국은 사무총장, 기획관리본부, 사업본부 등으로 구성되어 있다. 중앙사회복지공동모금회의 조직구조를 제시하면 [그림 14-3]과 같다.

중앙사회복지공동모금회의 조직구조에 제시되어 있는 이사회, 분과실행위원회, 사무국 등의 역할을 제시하면 다음과 같다(사회복지공동모금회,

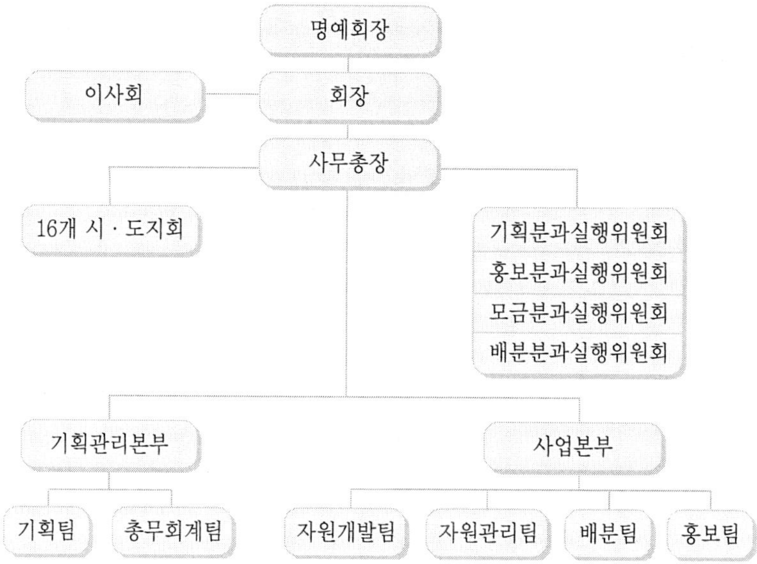

그림 14-3 중앙사회복지공동모금회의 조직구조

2000: 30-32).

- 이사회: 사회복지공동모금회의 최고 의사결정기구로서 존재한다. 특히 이사회의 회장은 대외적으로 사회복지공동모금의 대표자로 활동하며, 사회복지공동모금회의 최고 책임자로서 정책을 수립하고 긴급 사안에 대하여 사무총장과 협의하여 신속한 결정을 내린다. 따라서 회장은 대내외적으로 활동능력이 요구되며 지도력과 포용력을 겸비하고, 사회복지공동모금회의 주요 의사결정과 현안문제의 해결에 헌신적으로 노력해야 한다.
- 분과실행위원회: 기획분과실행위원회, 홍보분과실행위원회, 모금분과실행위원회, 배분분과실행위원회 등으로 구성되어 있다. 각 분과실행위원회는 대부분 중요한 안건의 심의와 결의를 하되 중간 정도의 권한을 행사한다.

- 사무국: 사무총장을 중심으로 실제적인 운영을 한다. 사무국의 전문 인력으로는 이사와 위원 등이 있으며, 이들은 사회복지공동모금회 활동에 핵심적인 역할을 담당한다. 사무국은 기획관리본부와 사업본부의 두 부서를 두고 있다. 기획관리본부는 기획팀과 총무회계팀 등으로 구성되어 있고, 사업본부는 자원개발팀, 자원관리팀, 배분팀, 홍보팀 등으로 구성되어 있다.

2 지역사회복지공동모금회의 조직구조

지역사회복지공동모금회는 중앙사회복지공동모금회의 지회로 운영되고 있으며, 전국에 16개 시 · 도를 중심으로 설립되어 있다. 지역사회복지공동모금회는 지역사회의 특성에 따라 추진되고 있다. 지역사회복지공동모금회의 조직구조는 회장, 사무국장, 실무담당자 등으로 구성되어 있고, 사무국에 협조하는 운영위원회는 기획홍보분과실행위원회, 모금분과실행위원회, 배분분과실행위원회 등으로 이루어져 있다. 각 분과위원회는 학계, 종교계, 언론계, 경제계 등 지역사회를 대표하는 각계 각층의 전문가들로 구성되어 있으며, 지역사회복지공동모금회의 주요 사업

● 그림 14-4 ● 지역사회복지공동모금회의 조직구조

을 계획, 심의, 평가하는 역할을 담당하고 있다. 지역사회복지공동모금회의 조직구조를 제시하면 [그림 14-4]와 같다.

(2) 사회복지공동모금회의 모금 방법

① 중앙사회복지공동모금회의 모금 방법

사회복지공동모금회의 모금 방법은 연중모금과 집중모금의 형태로 실시되고 있다. 연중모금은 특정 시기를 선정하여 캠페인과 이벤트사업 등을 중심으로 한 모금활동이고, 집중모금은 연말에 일정 기간 동안 전국적으로 실시하는 모금활동이며 전 국민을 대상으로 전개한다. 대표적으로 중앙공동모금회에서 실시하는 연중모금의 행사는 기업체를 중심으로 정기적인 급여를 받는 임직원을 대상으로 매월 급여의 일정액을 기부받는 모금 방식이다. 예컨대, '사랑의 자투리' 캠페인으로서 임직원의 급여 중에서 자투리로 남아 있는 급여액을 기부하는 형태로 작은 것을 모아서 큰 사랑을 만든다는 의미를 부여하고 있다. 또한 '사랑의 전화'를 이용해 한 통화당 2천 원을 기부할 수 있는 ARS 모금 등이 있으며, 그 외에 '사랑의 우유나누기' 캠페인, 금융계와 제휴한 모금캠페인, 한국야구위원회(KBO)가 주최하는 '사랑의 골든 글러브' 이웃돕기 캠페인, 인터넷사이트를 이용한 모금캠페인 등이 실시되고 있다. 연말 집중모금 방법에는 3개 방송사와의 연계를 통한 불우이웃돕기 성금모금 특별생방송, 언론사를 통한 이웃돕기성금모금, 희망나눔콘서트를 통한 모금행사, 연예인 일일봉사 및 팬 사인회를 통한 모금바자회, 스포츠 연계 모금행사와 연계한 모금운동, '사랑의 열매' 배포를 통한 모금운동, 각종 이벤트를 통한 모금활동 프로그램 등이 있다.

② 지역사회복지공동모금회의 모금 방법

지역사회복지공동모금회의 모금 방법은 중앙사회복지모금회와 같은 형태로서 연중모금과 집중모금을 중심으로 실시하고 있다. 지역사회복지공동모금회의 모금운동은 고속도로 톨게이트에서 실시하는 모금캠페인, ARS(자동응답서비스) 모금캠페인, 사랑의 열매 홍보활동 모금 캠페인 등이 있다. 특히 지역주민들의 참여를 유도하기 위한 다양한 모금프로그램들을 실시하고 있다. 또한 공공기관과 단체모임을 통한 집중홍보가 전개되고, 지역사회의 번화가 일대에서 언론사와 함께 모금생방송을 진행하는 등 다양한 모금이벤트가 이루어지고 있다. 그리고 사회복지법인의 직원 등을 중심으로 집중모금기간 동안 실무팀을 구성하여 공동모금활동에 참여하는 방법도 실시되고 있다.

(3) 사회복지공동모금회의 배분 방식

① 중앙사회복지공동모금회의 배분 방식

사회복지공동모금회의 배분 방식은 기부금을 지원함에 있어서 공정성, 합리성, 효율성 등을 통한 공동모금활동의 정당성을 확보하는 데 의의가 있다. 사회복지공동모금회의 배분은 연말집중모금와 연중모금으로 모금된 금액에 대해 적정한 심사를 거쳐 이루어진다. 즉, 사회복지공동모금회에서는 모금하기 전에 배분신청을 받아 이를 세밀히 심사하여 배분금액을 파악하고 당해의 모금목표액을 정하게 된다. 배분신청을 받는 목적은 지역사회의 문제점을 파악하고 모금활동에 참여하는 지역주민들이 자신의 지역문제의 해결을 위해 모금활동에 참여함으로써 주민의식의 향상에 도움을 주는 데 있다. 중앙사회복지공동모금회의 배분사업에는 신청사업, 기획사업, 긴급구호사업, 지정기탁사업 등이 있다. 이를 구체적으로 제시하면 다음과 같다.

- 신청사업: 지역사회 내 사회복지기관의 사업계획서를 미리 제출받아 내용을 심사하여 모금액을 지원한 후 평가하는 사업이다.

- 기획사업: 지역사회 내의 사각지대에 놓인 지역문제에 대응하기 위해 의도적으로 기획해서 지원하는 사업이다.
- 긴급구호사업: 지역사회 내에 긴급한 지원과 개입이 필요한 상황이 발생했을 때 지원하는 사업이다.
- 지정기탁사업: 지역사회 중심으로 특정 사회복지사업을 기부자가 지정하여 기탁함으로써 그 사업영역에 지원하는 사업이다.

2 지역사회복지공동모금회의 배분 방식

지역사회복지공동모금회의 배분 방식은 사회복지공동모금회법에 근거해 이루어지고 있다. 대부분 중앙사회복지공동모급회의 배분사업과 유사하게 실시한다. 지역사회복지공동모금회의 대표적 배분사업으로서 신청사업과 기획사업을 구체적으로 제시하면 다음과 같다.

- 신청사업: 중앙사회복지공동모금회에서 정한 신청사업을 근거로 지역사회복지공동모금회의 배분분과위원회에서 배분원칙과 배분기준에 따라 배분순위를 결정한다. 그리고 배분을 위한 평가항목을 결정하여 매년 배분기준을 공고하며, 배분설명회를 개최함으로써 기관들이 신청사업에 보다 많이 참여하도록 유도한다.
- 기획사업: 각 지역사회마다 특색 있는 지원사업을 하되, 지역사회 내의 사회복지기관과 관련 기관 간의 연계프로그램에 대한 지원사업을 실시한다.

3. 사회복지공동모금의 종류

1 이웃돕기모금

이웃돕기모금은 전국적으로 연말과 연초에 실시되는 캠페인으로서 방송과 신문 등의 매스컴이 홍보에 협조하며 기탁금도 직접 접수하는 모금 방법이다. 이 모금운동은 공동모금회에 가입한 회원기관의 연합모금으로 이루어지며, 개별모금기관은 공동모금기간을 피하여 임의로 모금운동을 펼치고 있다. 공동모금회는 회원기관들의 연합모금을 통해서 지역과 대상에 따라 배분위원들의 심의를 거쳐 적절히 배분하고 있다. 미국의 경우는 대규모 사회단체들이 공동모금회와 연합모금을 하여 각 지분에 대한 계약에 따라 공동으로 배분한다.

2 월급자동공제모금

월급자동공제모금은 직장의 근무자들이 매월 혹은 지정한 기간에 자신의 월급에서 일정액을 기부하는 상시모금의 방법이다. 일반적으로 직장에서 국가의 재난이나 불의의 사고를 당한 자들을 돕기 위해 자신의 월급에서 몇 퍼센트를 불우성금으로 공제하는 것도 이에 포함된다. 이 모금활동은 일정 금액을 분할하여 지원하든 특별한 대상을 지정하여 기부하든 후원자에게 선택권과 알 권리를 충족시켜 준다는 측면에서 바람직한 모금 방법이라 할 수 있다.

3 직장중심모금

직장중심모금은 기업체, 학교 및 학원, 기타 단체 등에서 공동모금을 위해 캠페인을 펼치는 모금활동이다. 이 모금운동은 각 직장의 구성원들이 자발적으로 모금활동을 계획하고 실행하여 모금한 기부금을 공동모금회에 후원한다. 이러한 모금운동은 직장 구성원들에게 자원봉사자로서 자긍심을 갖게 하고 단결심을 고취하며 직장의 활성화를 도모하는 중요한 활동으로 자리매김하고 있다.

4 이벤트모금

이벤트모금은 국민들에게 유익하고 흥미를 돋우면서 모금활동을 병행하는 일석이조의 효과를 얻을 수 있는 모금운동이다. 이 모금운동은 인기가 많은 축구나 야구, 농구 등의 스포츠 경기의 입장료를 통해 모금활동을 실시하고, 특히 자선골프대회나 자선마사회주간 등을 설정하여 모금운동을 전개한다. 이러한 모금운동이 더욱 활성화되기 위해서는 공동모금회의 이사회는 물론, 공식적 · 비공식적 조직체의 대표자들이 적극 참여하여 제휴한 이벤트사업이 소기의 목적을 달성하도록 노력해야 한다.

5 가두모금

가두모금은 불우한 이웃을 돕기 위해 펼치는 운동으로서, 지역별로 실시하되 사회의 저명인사와 인기 있는 연예인들을 동원하여 모금운동을 전개하는 방법이다. 이러한 가두모금의 분위기가 형성되면, 지역별로 자원봉사자를 모집하여 모금활동에 대한 교육 과정을 거쳐 사람들이 붐비는 장소나 백화점, 공공기관 앞에서 모금활동을 실시한다.

6 호별봉투모금

호별봉투모금은 연말 모금기간을 통해 각 가정마다 사랑의 봉투를 전달하여 모금하는 방법이다. 즉, 연말 모금운동기간에 가정별로 방문하여 불우이웃돕기에 대한 홍보물을 동봉하여 소정의 후원금을 갹출하는 것이다. 그리고 반상회 모임을 통해 지역주민들에게 불우이웃돕기를 홍보하여 모금하기도 한다. 일본의 경우는 지역 단위로 반장이나 통장이 각 가정별로 방문하여 일정액의 기부금을 받고 있다.

4. 사회복지공동모금회의 과제

사회복지공동모금회의 의도는 민간사회복지기관이나 시설 등에 필요한 재원을 지원하여 보다 양질의 서비스를 클라이언트에게 제공할 수 있도록 하는 데 있다. 또한 지역주민에게는 지역문제를 해결하고 예방하는 데 참여할 수 있는 기회를 제공함으로써 지역사회복지의 실현을 추구하는 중요한 수단으로 작용하게 된다. 사회복지공동모금회의 과제를 몇 가지로 제시하면 다음과 같다.

① 중앙과 지회의 역할 정립

지역사회복지공동모금회는 1998년에 독립법인으로 출발하여 시행도 하기 전에 1999년 사회복지공동모금회법의 개정으로 중앙사회복지공동모금회의 지회로 전환하게 되었다. 중앙사회복지공동모금회는 원칙적으로 기획, 홍보, 연구, 개발, 교육, 연수 등의 지원사업과 지회 간의 연락과 조정 등의 역할을 담당하고, 지역사회복지공동모금회는 모금활동과 배분활동의 실제적인 역할을 담당해야 한다. 지역사회복지공동모금회는 민간재원의 확보에 역점을 두고 지역주민의 적극적인 참여와 협력을 조장하는 기능을 수행하게 된다. 중앙사회복지공동모금회는 직접적인 사업 참여로서 주민 참여의식을 고취시키며 모금활동을 실시하는 것에 한계가 있다. 이에 따라 지역사회복지공동모금회가 지회로 전환한 후 중앙과 지회 간 역할 구분의 필요성을 제기해 왔다. 따라서 사회복지공동모금회의 분명한 자리매김을 위해서는 역할의 재정립이 필요하다. 즉, 중앙사회복지공동모금회는 교육훈련, 자료 제공, 기준 제시, 방침 설정 등의 지원 역할을 수행해야 하고, 각 지역사회복지공동모금회는 모금활동과 배분활동 등의 실질적인 역할을 할 수 있도록 적절한 구조조정이 필요하다.

2 전문적인 인력 확보

사회복지공동모금회는 모금활동의 전개에 있어서 전문성과 헌신성을 겸비한 전문인력의 확보가 중요하다. 즉, 공동모금회의 운영에 있어서 능력 있는 사무국장과 전문성이 있는 직원들을 보강하여 현실성 있는 모금활동을 전개해 나가는 것이 시대적 요청이다. 그러므로 사무국은 양적인 확대와 직원들의 전문성 제고를 위해 다양한 노력을 해야 한다. 예컨대, 사회복지공동모금회의 조직구성은 지역사회의 인구 특성에 따라 팀 운영에 필요한 직원들로 이루어져야 하고, 도 단위 사회복지공동모금회의 운영에 있어서 지회의 하부체계로 지역지부를 두는 것이 업무의 효율성을 더욱 높일 수 있다. 그리고 전문인력을 보강하는 동시에 이들의 전문성 강화를 위한 다양한 현임교육(intranning) 프로그램을 수시로 제공해야 한다.

3 이사회와 위원회의 역할 분담

사회복지공동모금회는 최고 의사결정기구인 이사회와 각종 위원회 등으로 구성되어 있다. 사회복지공동모금회법에 의하면, 이사회와 각종 위원회는 사회복지공동모금회의 운영에 있어서 사무국과 함께 핵심적인 역할과 기능을 수행해야 한다. 대부분 이사회와 각종 위원회의 활동은 배분분과위원회를 제외한 모금, 기획, 홍보분과위원회 등의 역할이 형식적으로 이루어지는 것이 사실이다. 따라서 사회복지공동모금회의와 각종 위원회는 그 역할과 기능을 적절히 수행할 수 있도록 조직구성과 운영에 있어서 신중을 기해야 한다. 그리고 이들 각자에게 분명한 역할을 분담함으로써 책임감을 가지고 헌신적인 활동을 할 수 있는 조직체계를 갖추어야 한다.

4 자원봉사자의 인력 활용

사회복지공동모금의 목표 달성을 위해서는 자원봉사자의 자발적인 참여와 지역주민의 협조가 중요하다. 사회복지공동모금회의 핵심사업인 모금사업은 모금부문별로 자발적인 자원봉사자를 잘 활용해야 한다. 자원봉사자를 활용하여 연말 집중모금사업 이벤트 행사를 실시할 수도 있고, 자원봉사자를 참여시켜 지역주민들도 참여자나 기부자로 유도할 수 있다. 공동모금회가 더욱 활성화되기 위해서는, 자원봉사자의 인력을 충분히 활용하여 자원봉사자가 전문적인 공동모금활동에 참여할 수 있도록 하고, 신규 자원봉사자를 발굴하는 등의 지속적인 노력을 기울여야 한다.

5 공동모금 프로그램의 특성화

사회복지공동모금회는 중앙과 지회의 모금활동 프로그램을 대부분 유사하게 실시하고 있다. 그러므로 사회복지공동모금을 국민에게 홍보하기 위해서 지역별로 특성 있는 방법을 강구할 필요가 있다. 그리고 지역사회복지공동모금회에는 지역주민의 참여를 지역적인 차원에서 유도하기 위해서 지역사회의 특성을 고려한 모금활동 프로그램의 개발이 절실히 요구된다. 예컨대, 지역사회는 스포츠와 관련하여 프로농구단, 프로축구단, 프로야구단 등을 홍보대사로 위촉하여 모금운동 이벤트를 전개할 수도 있다. 또한 지역사회의 축제를 하나의 매개체로 하여 지역주민들이 자신의 지역에 애착을 가지게 함으로써 모금운동에 적극적으로 참여하도록 유도할 수 있다.

사회복지공동모금은 일반적으로 모금액의 대부분이 연말에 집중적으로 이루어진다. 사회적 흐름을 보면 국민들의 기부 인식도 연말이 되면서 발생하는 것이 사실이며, 불우이웃이나 어려운 사정을 부각시키는 것도 연말 중심으로 이루어지고 있다. 따라서 사회복지공동모금이 일정 기간을 정해 놓고 모금을 실시하기보다는 지속적인 연중모금으로 확대해야 한다. 그리고 모금 방법 중에서 연중으로 실시되는 모금 프로그램에 대한 참여동기와 기부의식에 집중시킬 수 있는 방안을 모색해야 한다.

6 공동모금의 공정 배분

사회복지공동모금회의 중요한 역할 중 하나는 기부금을 투명하고 공정하게 배분하는 것이다. 배분 방법에 있어서 공정성을 확보하기 위해서는 분명한 배분원칙이 정립되어야 하고, 특히 배분분과위원들을 다양한 분야에 종사하는 전문가 중심으로 구성할 필요가 있다. 사회복지공동모금회는 지역사회복지의 계획적인 발전과 지역주민은 물론, 사회적 약자들의 삶의 질 향상과 복지 욕구를 충족시켜 준다는 일관적인 기준과 원칙을 갖고 공정한 배분을 해야 한다. 그러나 사회복지공동모금회가 너무 배분원칙에만 치우치면 사회복지정신이 훼손될 우려가 있으므로 부분적으로 유연하게 대처할 필요가 있다. 따라서 사회복지공동모금회는 모금 방법과 배분 방법 등에 대해서 관련 기관들과 지역주민들에게 충분히 알려 주면서 공정 배분에 대해 신뢰를 갖도록 해야 한다. 또한 배분의 심사내용과 결과에 대한 공개를 통해 배분공정성을 추구하되, 기획사업의 경우 관련 전문가들과 지역주민들의 폭넓은 이해와 의견 수렴을 통하여 선정과 배분을 함으로써 공정배분의 인식을 심어 주어야 한다.

생각해 볼 문제

1. 사회복지공동모금의 개념을 정의해 보라.
2. 사회복지공동모금의 기본 특성 다섯 가지를 제시해 보라.
3. 사회복지공동모금의 기본 원칙 일곱 가지를 제시해 보라.
4. 중앙사회복지공동모금회의 조직구조에 있어 각 역할을 설명해 보라.
5. 사회복지공동모금의 향후 과제 여섯 가지를 설명해 보라.

제15장

지역자활센터

지역사회의 자활사업은 국민기초생활보장법에 의해 근로능력이 있는 저소득층이 스스로 자활할 수 있도록 자활능력의 배양, 기능 습득의 지원 및 근로 기회 제공 등을 하고자 한다. 즉 자활사업의 참여를 조건으로 생계비를 지급하여 국가의 보호에 안주하는 도덕적 해이를 방지하는 제도적 장치다. 지역자활센터는 근로능력이 있는 저소득층에게 집중적, 체계적인 자활서비스를 제공함으로써 자활 의욕을 고취시키고 자립능력을 향상시키는 것이 주목적이다. 자활사업이 성공하기 위해서는 시장과 국가영역의 외부에서 혹은 공동으로 창출하는 일자리와 사회적 연대의식에 바탕을 둔 지역사회조직 간 연계가 필수적으로 요구된다. 이 장에서는, 첫째 자활사업의 개념, 둘째 자활사업의 내용, 셋째 지역자활센터 등을 중심으로 살펴보고자 한다.

Community welfare

제1절 자활사업의 개념

1. 자활사업의 정의

자활(self-support)의 사전적 의미는 자기 스스로의 힘으로 살아가는 행위를 말한다. 사회복지에서 자활은 누구를 대상으로, 어떤 방법으로, 무엇을 지원할 것인가, 그리고 이러한 지원을 통해 어떤 상태를 자활되었다고 정의할 것인가 등에 의미를 둔다. 최근 국민기초생활보장법의 시행과 함께 자활에 대한 많은 논의가 이루어지고 있다. 자활은 근로의사가 있음에도 불구하고 정규노동시장으로의 편입에 필요한 경쟁력을 갖추지 못한 비자발적인 실업자를 대상으로 한다. 즉, 근로를 위한 지원체계를 마련하여 최저생활을 보장하고 궁극적으로 경제적 자립을 이루도록 하는 개념이다.

김수현(2000)은 자활사업을 대상자의 특성에 따라 재활, 자활, 자립 등의 세 단계로 설명한다. 1단계인 재활 단계는 육체적, 정신적으로 노동능력과 의지를 상실한 사람이 근로의욕이나 능력을 회복하도록 지원하는 사업이다. 2단계로서 자활사업은 실직이나 불안정한 고용 상태에 있는 사람에게 자활근로나 자활공동체의 참여를 통해 취업이나 창업의 기회를 갖도록 하여 자립을 유도하는 사업이다. 3단계 자립은 불안정한 고용 상태에 있는 사람들이 안정적으로 독립생활이 가능하도록 지원하는 사업이다.

이상에서 자활사업은 포괄적인 면에서는 3단계까지를 정의하지만, 사회복지에서 자활은 협의의 정의로서 2단계인 자활에 초점을 맞추고 있다. 자활사업은 일반적인 공공부조의 개념보다 기능과 영역이 더 확장된 빈곤정책이라고 할 수 있다. 이를 구체적으로 살펴보면 다음과 같이 정리할 수 있다(진재문, 2001).

첫째, 자활사업은 적극적인 빈곤정책으로서 빈곤자의 자활을 목표로 한다. 즉, 자활사업은 단순 생계보조를 넘어 자활 의욕의 고취 및 자활능력의 개발을 통해 궁극적으로 자립을 추구한다는 점에서 좀 더 적극적인 빈곤정책이라고 할 수 있다.

둘째, 자활사업은 공공부문으로부터 일방적으로 급여를 받기보다는 참여 또는 일종의 비화폐적 기여를 하고 있다. 그러므로 자활사업을 기여가 아닌 조건으로 보아 조건부수급자로 보지만, 쌍방적 의무관계를 규정했다는 점에서 일종의 기여라고 할 수 있다.

셋째, 자활사업은 생계 중심의 소득보장에 취업지원서비스 정책 등이 혼재한 종합적인 빈곤정책으로서의 의미를 지닌다. 그러므로 자활사업에는 그 기능과 영역이 전통적인 공공부조로부터 확장된 새로운 빈곤정책으로서의 의미를 부여할 수 있다.

2. 자활사업의 의의

자활사업은 지난 2000년 10월에 시행된 국민기초생활보장법에 따라 근로능력이 있고 실직 상태에 처한 수급자 및 저소득층에게 고용 및 복지서비스를 제공하는 사업을 의미한다. 기존의 일방적인 급여 제공 방식 중심의 빈곤 프로그램과는 달리 지역사회 차원에서 공동으로 문제해결 방안을 모색하고, 자활의지를 고취시킴으로써 지역사회로의 통합과 사회적 연대를 강화하는 것을 목표로 한다(보건복지부, 2011). 그리고 자활사업은 저소득층 및 빈곤계층에 대한 물질적 도움을 통해 경제적 어려움을 덜어주고자 했던 기존의 제도들에서 탈피하고자 한다. 특히 자활사업은 조속한 빈곤탈출과 자립 기반을 적극적으로 지원한다는 점에 정책적 의의가 있다.

그러나 자활사업은 빈곤계층에 대한 물질적 보호의 삭감을 초래하여 오히려 빈곤계층의 생활이 더욱 곤란해질 수 있는 가능성이 제기되고 있다. 이러한 자활사업의 양면적인 성격은 결국 자활사업의 결과가 실제로 빈곤계층을 위한 적극적 정책으로 기능할 것인지, 아니면 국가의 책임회피 기제 혹은 빈곤정책의 잔여적(residual) 기제로서 작용할 것인지에 대한 두 가지 가능성을 의미하며, 이에 대한 판단을 유보하고 있다(진재문, 2001).

3. 자활사업의 대상자

현재 자활사업은 취업대상자와 비취업대상자를 구분하여 프로그램이 실시되고 있다. 자활사업대상자는 국민기초생활보장법 제9조 제5항과 국민기초생활보장법 시행령 제3조의2, 제7조, 제8조 등을 기준으로 다음과 같이 선정하고 있다.

자활사업 대상자	=	① 조건부 수급자	② 자활급여 특례자	③ 일반수급자 ④ 급여특례가구원 ⑤ 차상위계층

※ 의무참여: ①　희망참여: ②~⑤
※ 수급자: ①②③
※ 참여우선순위: ①→②→③④⑤

- 조건부수급자: 자활사업 참여를 조건으로 생계급여를 지급받는 수급자
- 자활급여특례자: 수급자가 자활근로, 자활공동체, 성과관리형 자활시범사업 등의 자활사업에 참여하여 발생한 소득으로 인해 소득인정액이 선정기준을 초과한 자

- 일반수급자: 근로능력이 있으나 가구 여건, 환경 적응, 근로 참여 등으로 자활급여 조건부수급자나 특례자에서 제외된 자 중 자활사업 참여를 희망하는 수급자. 2011년부터 희망 시 근로무능력자도 참여 가능
- 특례수급가구의 가구원: 의료급여특례, 교육급여특례가구의 근로능력이 있는 가구원 중에서 자활사업 참여를 희망하는 자
- 차상위계층: 소득인정액이 최저생계비의 120% 이하인 자
  ※ 소득인정액이 최저생계비의 120% 이하인 자로서 한국 국적의 미성년 자녀를 양육하고 있는 국적 미취득의 결혼이민자 포함

4. 자활사업의 체계

자활사업의 대상자는 조건부수급자와 자활급여특례자, 일반수급자, 차상위계층 등이며, 이들 중 조건부수급자와 자활급여특례자가 자활사업 참여에 우선순위가 있다. 선별된 조건부수급자 중 연령, 건강 상태, 직업 이력 및 학력 등을 합산한 근로능력점수에 따라 근로능력양호자와 근로능력미약자로 구분하여 자활사업 실시기관에 의뢰하여 자활사업에 참여하도록 하고 있다(보건복지부, 2011). 이에 자활사업의 추진 체계는 〈표 15-1〉과 같다.

자활사업을 성공적으로 추진하기 위해서는 읍 · 면 · 동의 사회복지전담공무원이 가구별 자활지원계획을 수립해야 한다.

■ 표 15-1 ■ 자활사업의 추진체계

구 분	기능 및 역할	비 고
보건복지부	• 국민기초생활보장제도 총괄 • 종합자활지원계획 수립(매년 12월) • 자활프로그램 개발 · 추진 • 지역자활센터 지정 · 관리	자활정책 · 사업 총괄관리
시 · 도 시 · 군 · 구	• 지역자활지원계획 수립(매년 1, 2월) • 자활기금의 설치 · 운영 • 급여 실시 여부 및 내용 결정, 지급 • 자활기관협의체 운영 • 조건부수급자 책정 및 생계급여 중지 여부 결정 • 참여자 자활지원계획 수립 · 관리	자활사업 총괄시행
읍 · 면 · 동	• 조건부수급자 확인 조사(자산조사 제외)	조건부수급자 관리
고용노동부	• 종합취업지원계획 수립(매년 12월) • 취업지원 프로그램 개발 · 추진	취업대상자 총괄관리
고용센터	• 개인별 취업지원계획 수립 · 관리 • 취업 알선 등 취업지원 프로그램 시행 • 취업대상자의 조건 이행 여부 확인	취업지원 시행

자료: 보건복지부(2011), p. 3.

제2절 자활사업의 내용

1. 자활사업의 방법

(1) 자활사업의 지원 절차

자활사업을 수행함에 있어서 지원 절차를 몇 가지 제시하면 다음과 같다.

첫째, 수급자에 대한 판정은 사회복지전담공무원 또는 주민생활지원서비스조직의 자산조사팀이 기초생활보장제도 수급신청자를 대상으로 읍 · 면 · 동 단위에서 초기상담을 실시하는 것에서 출발한다. 자산조사와 부양의무자에 대한 조사를 통해 수급자격이 있는지를 판정하고, 수급자격이 있는 대상자 중에서 근로능력자의 취업 상태와 가구 여건 등을 파악하여 미취업자를 조건부수급자로 선정한다.

둘째, 의뢰된 조건부수급자에 대해서는 자활전담공무원 또는 사회복지전담공무원이 가구별 자활지원계획을 수립하고, 취업능력과 공급 여건을 고려하여 적절한 취업지원 프로그램에 배치한다. 제도적으로 이러한 방식을 통해 지원하지만, 실제로는 조건부수급자에 대해 욕구에 따른 구체적 취업상담이 이루어지지 못하는 것이 현실이다.

셋째, 조건부수급자는 취업대상자와 비취업대상자로 구분되며, 이는 각각 노동부의 고용지원센터 및 지역자활지원센터에 의뢰된다. 그리고 담당 사업지원기관은 참여자의 소득과 참여 실태를 읍 · 면 · 동사무소에 보고하여 급여와 선정에 반영하도록 한다. 이러한 과정에서 가장 먼저 제기되는 문제점 중의 하나는 참여자가 필요로 하는 다양한 서비스를 효과적으로 연계하기가 어려워 대상자를 분리하는 방식을 지향해야 한다는 점이다.

(2) 자활사업의 기본 방향

자활사업을 수행함에 있어서 기본 방향을 몇 가지 제시하면 다음과 같다.

첫째, 자활근로사업은 국민기초생활보장법에 의해서 저소득층에게 자활을 위한 근로의 기회를 제공하여 자활 기반을 조성하는 데 역점을 둔다.

둘째, 자활근로사업은 기존 공공근로사업처럼 한시적인 일자리 제공이 아닌 저소득층의 자활 촉진을 위한 공동체 창업 등의 기초능력 배양에 중점을 둔다.

셋째, 자활근로사업은 간병, 집 수리, 청소, 폐자원 재활용, 음식물 재활용사업 등의 5대 전국표준화사업을 중점사업으로 추진하되, 지역사회의 실정에 적합한 영농, 도시락, 세차, 환경 정비 등 특화된 사업을 적극 개발하여 추진한다.

넷째, 자활근로사업은 5대 전국표준화사업에서 자활사업표준모델의 권고사항을 참조하되, 농·어촌지역의 특성을 감안한 영농사업, 도시지역 중심의 지역특화사업과 외식사업 등의 전략사업을 적극 개발하고 틈새시장의 개척에 노력한다.

2. 자활사업의 유형

(1) 자활사업의 프로그램

현행 자활사업이 보다 실효성 있는 탈빈곤정책이 되기 위해서는 대상자 선정의 적합성 문제, 근로유인체계의 문제, 자활 프로그램의 활성화 문제, 자활인프라 운영의 효율화 문제 등에 대한 체계적이고 합리적인 개선방안이 마련되어야 한다. 그러므로 자활사업 프로그램은 [그림 15-1]의 자활사업 흐름도에 제시한 것처럼, 자활대상자가 선정되면 그의 욕구와 능력에 맞는 서비스가 제공되어야 한다. 이는 보건복지부와 고용노동부로 이원화되어 프로그램 실시기관으로 의뢰된다. 보건복지부의 자활사업은 읍·면·동사무소 및 자활후견기관과 연계되어 있고, 고용노동부의 자활사업은 고용안정센터와 연계되어 추진되고 있다.

구체적인 자활지원 프로그램의 종류는 〈표 15-2〉와 같다.

● 그림 15-1 ● 자활사업의 흐름도

자료: 보건복지부(2011), p. 17.

표 15-2 자활지원 프로그램의 종류

<table>
<tr><th colspan="2">자활사업 프로그램</th><th>자활사업 실시기관</th><th>비 고</th></tr>
<tr><td colspan="2">사회적응 프로그램</td><td>정신보건센터 등 정신보건시설, 사회복지시설, 대학연구소, 지역자활센터</td><td rowspan="11">※ 지역 여건, 예산 및 수용능력 등을 감안하여 대상자가 자활을 위해 필요한 사업에 참여할 수 있도록 탄력적으로 운용</td></tr>
<tr><td rowspan="4">자활
근로</td><td>시장진입형</td><td rowspan="3">민간위탁기관, 시 · 군 · 구</td></tr>
<tr><td>인턴형</td></tr>
<tr><td>사회적 일자리형</td></tr>
<tr><td>근로유지형</td><td>시 · 군 · 구</td></tr>
<tr><td colspan="2">자활공동체사업</td><td>지역자활센터, 자활사업을 실시하는 민간위탁기관</td></tr>
<tr><td colspan="2">생업자금융자</td><td>시 · 군 · 구</td></tr>
<tr><td colspan="2">취업 알선</td><td>고용지원센터</td></tr>
<tr><td colspan="2">직업훈련(창업훈련)</td><td>직업훈련센터</td></tr>
<tr><td colspan="2">직업적응훈련</td><td>고용지원센터, 직업적응훈련기관</td></tr>
<tr><td colspan="2">자활취업촉진사업 등</td><td>고용지원센터</td></tr>
</table>

1 자활근로사업

자활근로사업은 국민기초생활보장법에 의해 저소득층에게 자활을 위한 근로의 기회를 제공하여 자활 기반을 조성하는 사업이다. 자활근로사업은 참여자의 자활능력과 사업 유형에 따라 근로유지형, 사회일자리형, 인턴형, 시장진입형 등이 있다.

근로유지형 자활근로사업 현재의 근로능력 및 자활의지를 유지하면서 향후 상위 자활사업 참여를 준비하는 형태의 사업이다. 연령, 건강, 학력 등을 감안하여 노동 강도가 낮은 사업 참여가 필요한 자, 간병, 양육, 보호 등 가구 여건상 관내 사업 참여가 필요한 자, 근로능력점수가 41~50점 사이에 있는 자 등을 중심으로 실시한다.

사회일자리형 자활근로사업　수익성이 떨어지나 사회적으로 유용한 일자리 제공으로 참여자의 자활능력 개발과 의지를 고취하는 사업이다. 향후 시장 진입을 준비하는 사업으로서 무료 간병, 저소득층집수리사업, 자활사업도우미, 복지도우미, 보육지원도우미 등의 사업을 실시한다.

인턴형 자활근로사업　일반 기업체에서 자활사업대상자가 자활인턴사원으로 근로를 하면서 기술, 경력 등을 쌓은 후 취업을 통해 자활을 도모하는 사업이다. 참여자의 자활 유도가 용이하고 기술 습득이 가능한 전기, 용접, 이 · 미용, 자동차 정비, 운전, 제과 및 제빵 분야 등에서 실시한다.

시장진입형 자활근로사업　투입 예산의 약 20% 이상의 수익금이 발생하고, 일정 기간 내에 자활공동체 창업을 통한 시장 진입을 지향하는 사업이다. 간병, 집수리, 청소, 폐자원 재활용, 음식물재활용사업 등의 5대 전국표준화사업을 중점 사업으로 추진하되, 영농, 도시락, 세차, 환경 정비 등 지역 실정에 맞는 특화된 사업을 적극 개발하여 추진한다(보건복지부, 2011).

2 자활공동체사업

자활공동체는 자활근로 참여에 대해 국가가 지급하는 자활근로 임금이 아니라, 참여자들이 생산한 상품과 서비스를 판매하여 생기는 사업수익금에 의해 소득을 창출하는 방식으로 운영되는 사업단을 의미한다. 이에 자활공동체사업은 국민기초생활보장법에 의한 자활공동체의 요건을 갖추고 보장기관으로부터 인정을 받은 인정공동체의 사업을 말한다. 즉, 2인 이상의 수급자 또는 저소득층이 상호 협력하여 조합 또는 공동사업자의 형태로 탈빈곤을 위한 자활사업을 운영한다. 자활공동체사업의 추진 방향을 세 가지로 제시하면 다음과 같다.

첫째, 보장기관은 자활후견기관 등 자활사업 실시기관을 통해 개인 신용이나 담보력이 부족한 자활공동체 참여자들이 공동창업의 형식에 따라 시장에 진입할 수 있도록 지원한다.

둘째, 보장기관은 시장진입형 자활근로사업의 기술 향상, 경험 축적 등 수행인력을 확보하고, 기존 공동체 성공 사례를 벤치마킹하여 자활공동체로 육성하고 지원한다.

셋째, 보장기관은 자활공동체사업의 원활한 수행을 위하여 차상위 등 저소득계층의 참여자는 관할 시 · 군 · 구 지역거주자에 국한하지 않고 지원한다.

자활공동체사업의 실시 지역은 관할지역을 원칙으로 하나, 부득이한 경우 관할지역을 벗어날 수 있다. 특히 자활공동체사업에 대한 적응도를 높이기 위하여 참여자의 능력 등 제반 여건을 감안한 개별적 자활경로 프로그램을 마련하고, 참여자의 자활에 대한 인식 부족과 사업의 비숙련도 및 창업 경험이 취약한 점 등을 감안하여 단계별 프로그램을 개인의 정도에 따라 융통성 있게 적용해야 한다(보건복지부, 2011).

3 희망리본프로젝트

희망리본프로젝트는 저소득층의 취업 및 창업 지원을 위하여 개인별 1:1 맞춤형서비스를 제공하고, 사업 성과에 따라 수행기관에 예산을 지원하는 사업을 말한다. 여기서 개인별 1:1 맞춤형서비스는 참여자에 대한 사례관리 및 근로의욕의 증진을 위한 서비스, 일할 여건 조성을 위한 보건복지서비스(양육, 간병, 사회 적응 등), 자활을 위한 직업훈련 및 일자리 연계 등을 말한다. 특히 희망리본프로젝트는 “새롭게 태어난(Re-born) 당신을 응원합니다.”라는 뜻을 지닌 ‘복지-고용’ 연계사업으로서, 지난 2009년 부산, 경기지역에서 2천 명을 대상으로 처음 실시하여 취업률이 약 32%에 달하는 등 높은 성과를 달성하였다. 2010년에는 인천, 전북, 2011년에는 대구, 광주, 강원지역까지 지자체의 신청에 따라 추가로 확대 실시하는 자활사업이라 할 수 있다(보건복지부, 2011).

3. 자활사업의 문제점

자활사업에 대한 쟁점은 자활사업의 대상, 프로그램과 급여, 전달체계와 재원의 영역 등에서 제시되고 있다. 자활사업의 문제점으로 제기된 주요 쟁점은 다음과 같다.

(1) 조건부수급자의 범위

자활사업은 대상자과 관련하여 생계급여의 조건으로서 자활사업 참여의무를 부과하는 조건부수급자의 범위가 주요 쟁점으로 제기되고 있다. 현재 조건부수급자의 규정은, 가장 중요한 자활지원대상자라 할 수 있는 수급취업자를 대상에서 제외하여 자활사업 대상을 부적절하게 정하고 있다. 즉, 근로능력수급자는 매우 소수만이 조건부수급자로 분류되어 있고, 그 외의 대다수 근로능력이 있는 수급자, 특히 취업수급자는 조건부과제도에서 실질적으로 제외되어 있다.

기존 자활사업에 대한 평가는 취업자에 대한 자활지원사업의 부재에 대해서 본격적인 검토 없이 자활능력이 취약한 비취업자를 대상으로 자활지원사업에 논의를 집중하고 있다. 따라서 취업수급자를 자활지원사업의 주요 대상자로 포함시키고 자활계획을 수립하여 자립과 탈수급을 위한 지원을 최우선 사업으로 추진할 필요가 있다. 그리고 조건부과제외자나 조건부과유예자에 대해서도 적절한 대책을 마련할 필요가 있다(구인회, 2010).

(2) 대상자의 특성

자활사업은 대상자의 다양한 특성을 고려한 정교한 접근이 이루어지지 않고 있다는 점이 지적되고 있다. 이는 자활사업의 개별적 취업지원 프로그램에서도 지적되는 부분이지만, 보다 근본적으로는 개별 가구 및 개인 특성을 고려한 다양한 서비스 연계 등 사례관리가 제대로 실시되지 못하고 있다는 것이다. 특히 근로빈곤층의 경우는 가족지지망이나 사회적 자본이 취약한 집단으로서 보건, 복지, 주거, 교육, 부채 등 사회서비스에 대한 복합적인 욕구를 가지고 있다. 따라서 이들이 근로를 통해 빈곤에서 탈출할 수 있도록 종합적인 대책이 강구되어야 한다. 자활사업은 어떤 측면에서 고유영역을 가진 사업이 아니라, 대상자의 특성에 따라 소득 보장, 고용 지원, 복지서비스 등을 통합적으로 제공하기 위해 관련 서비스 및 자원을 연계하는 네트워크사업의 역할을 수행해야 한다(노대명 외, 2007).

(3) 전달체계의 한계

자활사업은 각 전달체계 측면에서 읍·면·동사무소의 사회복지전담 공무원이나 시·군·구의 자활담당공무원이 자활사업 참여자에 대한 정교한 사례관리를 수행하는 데 한계가 있다는 점이 지적되고 있다. 또한 이들의 업무분담 외에도 전문적인 역량 측면에서 문제가 있음이 제기되고 있다. 물론 이러한 역할을 지역자활지원센터나 고용지원센터의 전문인력에게 맡기는 방안을 강구할 수도 있다. 그러나 지역자활센터는 사례관리를 담당할 권한이나 자원을 가지고 있지 않으며, 취업대상자를 관리하는 노동부 고용지원센터의 직업상담원도 크게 다르지 않다(황덕순, 이병희, 2009). 따라서 자활사업이 원활하게 수행되기 위해서는 자활사업 참여자에 대한 사례관리가 이루어지도록 전달체계가 정립되어야 한다.

(4) 서비스의 지원

자활사업을 지원하기 위한 본격적인 서비스로서 취업 · 창업 지원서비스를 대폭 강화하고 추진하는 것이 중요하다. 즉, 근로능력이 있는 수급자에 대해서는 일정 기한 내에 취업 · 창업을 하고 탈수급을 이루는 자립목표를 세워야 한다. 이에 필요한 취업 · 창업 지원서비스와 여타 취업장애 요인 등을 해소하기 위한 사회서비스를 제공해야 한다. 최근 성과관리형 자활시범사업에서는 광역 단위에서 지자체와 민간서비스 제공자의 협력하에 참여자들에 대한 상담을 기반으로 개인별 활동계획을 수립하고 있다. 즉, 직업훈련, 취업 알선, 근로여건 조성 등을 위한 사회서비스(양육, 간병, 사회적응 등)를 연계하고 조정하는 사례관리사업을 통하여 취업 또는 창업을 지원하고 있다. 따라서 성과관리형 자활사업에 대해서는 지금까지 대부분 긍정적으로 평가가 이루어지고 있다. 이러한 경험을 토대로 자활사업 전체에 적용할 수 있는 새로운 모델을 개발하고 확산하는 것이 주요한 과제라 할 수 있다(박노욱, 2010).

(5) 지원 예산의 부족

자활사업은 정부가 기관보조금을 지급하고 사업을 관리 · 감독 · 평가하는 기본 구조를 유지하고 있다. 정부의 재정 지원과 관련해서 가장 크게 지적되는 것은 업무에 비해서 예산 지원이 적다는 점이다. 주요한 원인은 지난 수년간 지역자활센터의 대부분 활동을 차지하는 자활근로사업의 규모가 크게 증가하였음에도 불구하고, 지원 예산의 부족으로 사업량의 증대에 상응하는 수준으로 인력 증원이 이루어지지 않고 있기 때문이다. 지역자활센터에서 수행하는 역할이나 사업 내용이 분명하지 않은 상태에서 이루어지는 기관보조금은 예산 책정의 합리적인 기준을 마련하기가 어렵고 예산집행의 성과를 평가하기도 어려운 문제점이 있다. 따라서 정부의 재정 지원을 기관보조금에서 프로그램별 계약 방식(purchase of service contract)으로 전환하는 것이 바람직하다. 즉, 자활근로사업의 경우 사업의 표준단가가 계산되고 사업량이 정해지면 프로젝트 비용에 따라 계약을 맺어 사업을 추진하는 것이다. 이러한 프로그램별 계약 방식이 발전하게 되면 일부 서비스에 대해서는 성과계약 방식의 적용이 가능하다. 예컨대, 최근 성과관리형 자활시범사업은 저소득층의 취업과 창업 지원을 위하여 개인별 맞춤형서비스를 제공하고, 사업 실적에 따라 예산을 지원받는 성과계약 방식으로 실시되고 있다(구인회, 2010).

제3절 지역자활센터

1. 지역자활센터의 개요

(1) 지역자활센터의 의미

지역자활센터의 자활사업은 기초생활보장제도가 시행되기 전부터 실시해 왔다. 초기에는 지역자활센터가 설립되고 제도화되기 이전의 제도권에서 보호받지 못한 차상위계층 및 비정규직 노동자들이 주요 참여대상이었다. 그리고 참여대상자를 도와주는 역할을 하는 사람들을 빈민활동가라 칭하였다. 이는 빈민활동가들이 단순히 지역주민을 대상으로 전개하는 복지프로그램의 담당자가 아니라, 지역주민과 함께 공동체적 비전을 만들어 가기 원하였고 그들과 함께 빈민촌 및 산업현장에 들어가 함께 생활하면서 생산공동체적 활동을 전개하였기 때문이다.

지역자활센터는 1996년에 전국 5개의 자활지원센터를 시범적으로 운영하였으며, 1997년 9월부터 국민기초생활보장법 개정과 함께 기존의 자활지원센터는 자활후견기관으로 명칭이 변경되었다. 그리고 2000년에

20개 센터에서 70개 센터로 확대되었고, 2001년 상반기에 157개소로 확대되었으며, 같은 해 자활정보센터도 설립되었다(전해황 외, 2008). 이후 2002년에는 간병도우미사업, 집수리사업, 청소사업, 폐자원재활용사업, 음식물쓰레기수거재활용사업 등을 정부가 5대 표준화사업으로 선정하여 집중적으로 확대하였다. 2003년에는 정부가 자활후견기관에 대한 평가제도를 도입하여 세부평가지표에 따라 평가를 실시하였다. 이때 자활후견기관의 대변자 역할을 하는 자활후견기관협회는 규모별 지원제도 철폐를 위한 운동을 전개하여 후견기관과 정부의 갈등이 격화되기도 하였다.

정부는 2004년도부터 자활근로사업의 다양화를 추진하게 되었다. 자활근로사업의 유형으로는 시장진입형, 사회적 일자리형, 인턴형, 근로유지형 등으로 구분하여 실시하였다. 그리고 광역자활지원센터를 시범사업으로 지정하여 지역자활후견기관을 지원하는 지원체계를 구축하였고, 2005년에는 미지정 시 · 군 · 구에 자활후견기관을 신규로 지정하여 전국에 약 242개 기관이 운영되고 있다. 또한 지역자활센터의 부설기관으로서 청소년자활지원관이 설치되어 운영되고 있다. 이후 2007년 7월 다시 국민기초생활보장법 개정과 동시에 자활후견기관을 지역자활센터로 명칭을 바꾸어 운영하고 있다.

(2) 지역자활센터의 목적

지역자활센터는 사회적 취약계층에 적합한 일자리를 제공하여 그들 스스로가 자립을 도모하고 삶의 의미를 갖게 하는 데 목적이 있다. 지역자활센터의 목적을 몇 가지 제시하면 다음과 같다.

첫째, 근로능력이 있는 저소득층에게 집중적이고 체계적인 자활지원 서비스를 제공함으로써 자활의욕을 고취하며 자립능력을 향상하도록 지원한다.

둘째, 기초수급자 및 차상위계층에게 자활의 촉진에 필요한 사업을 수행하는 핵심적 인프라로서의 역할을 수행한다.

셋째, 국민기초생활보장수급자를 비롯한 빈민지역의 주민들이 일정한 공간에서 공동으로 작업하여 소득을 얻거나 자영창업을 할 수 있도록 종합적으로 지원하는 보육센터의 역할을 수행한다.

넷째, 근로능력이 있는 저소득층에게 일자리를 제공하고 자활능력을 배양한다. 특히 절대빈곤계층의 기초생활을 보장하면서 자립자활서비스를 제공해 생산적 복지를 구현하는 데 목적을 두고 시행한다.

이상의 내용을 종합적으로 정리해 보면, 보건복지부에서 추진하고 있는 지역자활센터의 역할은 자활사업에 대한 근로능력이 있는 저소득계층에게 집중적이고 체계적인 자활지원서비스를 제공하고 있다. 특히 그들에게 자활의욕의 고취, 자립능력의 향상 등을 지원하여 소득 창출을 위한 일자리를 제공하고자 한다. 궁극적으로는 저소득계층이 자립할 수 있도록 도와주는 민간기관으로서 생산적 복지의 구현을 위한 지역 단위의 핵심 인프라로서의 역할을 수행하는 것을 주목적으로 하고 있다(보건복지부, 2011).

2. 지역자활센터의 운영 원칙

지역자활센터의 운영에 관한 기본적인 사항은 보건복지부장관이 정한 '지역자활센터 운영지침'과 '지역자활센터 직제, 보수지침'에 따른다. 지역자활센터의 재정은 국가 및 지방자치단체의 보조금, 법인전입금, 당해 기관이 운영하는 사업으로부터의 수익금 또는 자활공동체의 수익금, 기타 수입 등으로 충당하고 있다. 따라서 지역자활센터의 운영에 있어 기본 원칙을 몇 가지 제시하면 다음과 같다(보건복지부, 2011).

- 참여 주민 존엄성의 원칙: 지역자활센터는 인도주의의 원칙하에 지역주민의 개별적인 존엄성과 고유성에 입각하여 최대한 자립이 보장되도록 수행해야 한다.
- 지역주민 자발성의 원칙: 지역자활센터는 저소득계층의 자발적인 참여와 자조와 자립이 가능하도록 지원하고 지역주민의 자발적인 역할과 책임을 장려해야 한다.
- 행정체계 독립성의 원칙: 지역자활센터는 독립된 행정체계를 가져야 하고, 기존 사회복지관이나 시설의 사업프로그램 일부로 편입되어 운영되어서는 안 된다.
- 기준시설 확보성의 원칙: 지역자활센터는 지역주민들과 상담, 교육, 훈련, 경영지도 등으로 자활과 자립을 도모하는 종합적인 서비스를 제공하기 위하여 일정한 규모의 기준시설을 확보해야 한다.
- 전문가 사업수행의 원칙: 지역자활센터는 지역사회복지, 지역사회조직, 지역사회 개발 관련 분야 등의 전문지식을 갖추고 지역조직활동에 전념하여 지역사회의 현장 경험을 갖춘 전문가의 헌신적인 노력으로 수행해야 한다.
- 지역사회 자원 활용의 원칙: 지역자활센터는 지역주민의 자활과 자립을 위해 지역사회 내 다양한 물적 · 인적 자원을 동원하여 가용자원으로 최대한 활용해야 한다.
- 사업 실행 평가의 원칙: 지역자활센터는 지역주민의 생활 향상과 변화의 효과, 재정 투자의 효과, 사업 내용 및 방법의 적합성 등이 지속적으로 평가되어야 하고, 평가 결과가 새로운 사업수행에 환류로서 활용되어야 한다.

3. 지역자활센터의 주요 사업

(1) 지역자활센터의 사업 내용

지역자활센터는 활동 가능한 사회적 약자들에게 자립심을 갖게 하여 일자리를 제공함으로써 자활을 도모한다. 지역자활센터의 사업 내용을 제시하면 다음과 같다.

첫째, 근로능력이 있는 저소득층에게 자활의욕을 고취하고, 그들의 기초 자립능력을 배양하기 위한 교육프로그램을 개발하고 운영한다.

둘째, 활동 가능한 저소득층에게 자활을 위한 정보를 제공하고, 지속적인 직업교육과 상담을 통한 취업을 알선한다.

셋째, 근로능력이 있는 저소득층에게 창업 및 운영 등에 필요한 생업자금을 대여해 주고, 창업을 위한 자금 융자를 알선한다.

넷째, 근로능력이 있는 저소득층에게 자영업 창업을 지원하고, 기술 및 경영지도, 생업자금의 대여제도와 적극적으로 연결한다.

다섯째, 저소득층의 창업 후에도 적극적인 사후관리를 통해 그들이 완전 자립할 수 있도록 지원하고, 저소득계층이 모여 경제적으로 자립할 수 있는 자활공동체의 설립과 운영 지원으로 자활의 길을 체계적으로 유도한다.

여섯째, 저소득층에게 장애인바우처사업, 산모 · 신생아돌보미바우처사업, 노인돌보미바우처사업 등의 사회서비스사업을 위탁하고 수행한다.

일곱째, 수급자나 차상위계층의 부업소득 향상을 위한 부업장을 설치하여 운영하고, 그들에게 일감 확보와 판로 개척을 위한 알선 사업, 자녀교육 및 보육을 위한 자활지원관의 설치 및 운영 등 기타 자활을 위한 각종 사업을 수행한다.

(2) 지역자활센터의 기능

지역자활센터는 지역사회 내 저소득계층의 자활을 도모하기 위하여 다양한 활동을 수행하고 있다. 이에 지역자활센터의 기능을 몇 가지 제시하면 다음과 같다(보건복지부, 2011).

첫째, 자활 의욕을 고취하기 위한 교육이다. 지역자활센터는 자활사업에 대한 의무참여자가 조건부수급자이며, 희망참여자는 자활급여특례자, 일반수급자, 차상위계층 등이며, 이들에 대해 월 1회 이상 최소 2시간 이상 자활적응고취훈련을 실시한다.

둘째, 자활을 위한 정보 제공, 상담, 직업교육, 취업 알선이다. 지역자활센터는 자활사업과 관련된 정보를 수집하고 제공하는 기능을 수행한다. 이에 자활공동체 및 자활공공근로와 관련된 정부정책 및 현황에 대한 정보 제공, 자활공동체 설립 및 운영에 관한 자료 제공, 해외 자활기업 및 일자리 창출 프로그램 정보 수집 등을 실시한다.

셋째, 생업을 위한 자금의 융자 알선이다. 지역자활센터는 생업자금의 융자로서 수급자 및 저소득층의 자활을 위한 창업, 운영 등에 필요한 자금을 정기적으로 대여하여 자립을 유도한다. 센터장은 생활안정을 도모하기 위해 자활지원대상자로 선정된 자 중에서 생업자금 융자가 필요한 경우 생업자금 융자대상자로 선정한다.

넷째, 자활공동체의 설립과 운영 지원이다. 자활공동체는 2인 이상의 수급자 또는 저소득층이 상호 협력하여 조합이나 공동사업자의 형태로 운영한다. 자활공동체는 국민기초생활보장법에 의해 지원대상자활공동체로 인정되면 2년간 지원받을 수 있다. 그리고 지역자활센터는 자활공동체의 참여자들이 공동창업의 형식을 통해 시장에 진입할 수 있도록 지원하는 기능을 수행한다(전해황 외, 2008: 293).

다섯째, 기타 자활을 위한 각종 사업이다. 지역자활센터는 저소득계층의 자립을 위해 민간 차원의 다양한 네트워크를 구축하여 지역사회 내에서 자활을 위한 각종 사업을 실시한다.

(3) 지역자활센터의 과제

지역자활센터는 자활근로사업을 통해 공동체로 발전시키기 위한 배양기관의 역할을 수행하고, 각 사업들이 상호연계성을 가질 수 있도록 효율적으로 전개해야 한다. 그리고 자활공동체의 창업 설립 및 운영을 적극 지원하는 방향으로 추진되어야 한다. 따라서 보건복지부 지정 후 1년 이내 자활사업 참여 인원 기준 최소한 1/3 이상은 시장진입형 또는 자활공동체에 참여하도록 해야 하고, 어느 정도 근로의지와 능력을 가지고 있으나 시장경쟁이 취약한 대상자들에게는 공익성이 강한 사회적 일자리를 적극적으로 개발해야 한다. 이러한 맥락에서 지역자활센터의 과제를 몇 가지 제시하면 다음과 같다.

1 자활대상자의 목표 조정

지역사회의 참여자는 대부분이 노동시장에서 탈락한 장년층의 수급자나 저소득층으로 구성되어 있기 때문에 탈빈곤의 효과는 매우 낮은 편이다(오정수, 류진석, 2006: 294). 즉, 기초생활대상자가 대부분인 이유로 창업이나 재취업의 목표보다는 공익적 활동에 참여하려는 경향이 있다. 따라서 지역자활센터는 선정된 대상자들이 경쟁능력을 강화하여 자립하도록 하는 것보다 이들의 능력을 재활용하도록 목표를 조정할 필요가 있다.

2 자금 지원 프로그램의 확충

지역자활센터의 자활사업비의 수입내역은 국고보조가 약 60%, 지방비보조가 약 25%, 나머지 약 10% 등으로 구성되어 있다. 즉, 종사자의 수당이나 행사비보조 등이 기타 보조금으로 책정되고, 국고보조와 지방비보조의 예산 배정에 의해 운영되고 있다. 특히 수입내역 중 후원금 또는 사업수입금 등의 민간자원은 전체 수입의 약 5%도 안 되는 실정이다. 이로 인해 사업주체의 권한에 따를 수밖에 없으며, 이로 인한 각 지역자활센터의 자율성은 상당히 제한을 받고 있다. 따라서 지역자활센터는 지역사회의 민간자원 등 다양한 자금 지원 프로그램을 확충할 필요가 있다.

3 실무자의 역량 강화

지역자활센터는 자활사업의 성공적인 수행을 위해서 무엇보다도 수급자들의 의식이나 사업 진행을 이끌어 갈 실무자의 역량이 강화되어야 한다. 즉, 자활사업의 성공적인 수행을 위해서는 무엇보다도 자활사업과 관련된 경영, 시장, 기업 등에 대한 전문지식과 경영마인드에 대한 역량 강화를 위해 적합한 교육이 요구된다. 따라서 지역자활센터는 자활사업을 통한 수급자의 탈빈곤을 위해 사업 성공과 함께 자활사업의 핵심으로서 수급자를 관리하는 실무자의 역량을 강화할 필요가 있다.

4 안정적 직업의 보장

지역자활센터는 자활사업의 궁극적 목적으로서 수급자의 행동 변화와 의식 변화를 통한 경제적 자립과 생산성 있는 노동력으로 최대의 소득을 창출하는 데 있다. 그러나 수급자를 위한 자활사업은 현실적으로 치열한 시장경쟁의 논리 속에서 극복해야 할 현실에 놓여 있다. 지역자활센터는 근로연계복지의 개념으로 등장하였지만, 실제로 우리 사회의 경직된 노동시장에서 안정된 직업을 가지는 것은 불가능하다(김만호, 2010). 따라서 지역자활센터는 안정적 직업과 생활을 유지하기 위해 정부의 적극적인 지원과 자활사업을 통해 만들어진 생산품을 우선적으로 구매하는 것이 바람직하고, 경영 측면과 판매마케팅 측면에서 전문적인 준비와 안정적인 직업을 연결할 필요가 있다.

5 행정절차의 간소화

지역자활센터의 자활사업안내를 보면, 정부의 행정관리가 절차와 수칙 중심으로 작성되어 있음을 알 수 있다. 즉, 정부예산을 투명하게 집행하기 위한 최소한의 안정망으로서 행정절차를 강조하지만, 하루하루가 빠르게 변해 가고 있는 현실에서 행정절차는 최소화되어야 한다. 특히 행정절차의 간소화는 지역자활센터의 자율권과 책임을 함께 병행하여 탄력 있게 운영되어야 한다. 지역자활센터의 운영은 합리적인 지원과 평가를 기본 전제로 수행할 필요가 있다. 그리고 수급자를 대상으로 한 자활사업은 향후 사회 전체적인 구조 변화와 자활지원체계의 개편 방향, 지역 특성 등을 고려한 전망 속에서 센터의 역할과 위상을 정립할 필요가 있다.

생각해 볼 문제

1. 자활사업의 개념을 정의해 보라.
2. 자활사업의 기본 방향 네 가지를 제시해 보라.
3. 자활사업의 유형을 제시해 보라.
4. 지역자활센터의 운영 원칙을 설명해 보라.
5. 지역자활센터의 과제 다섯 가지를 간략히 설명해 보라.

참고문헌

강준렬(1997). 지역사회복지관과 사회복지. 서울: 동인.

고양곤(1998). 노인주간 · 단기보호의 현황과 과제. 노인복지연구.

고은숙(1999). 한국 사회복지공동모금의 정책결정 과정에 관한 연구. 가톨릭대학교 대학원 석사학위논문.

구인회(2010, 12). 전환기에 선 자활 10년 현황과 과제. 참여연대사회복지위원회. 월간 복지동향, 146, 5-8.

김남선(2000). 지역사회복지론. 경기: 공동체.

김만두(1982). 현대사회복지총론. 서울: 홍익재.

김만호(2010). 지역사회복지론. 경기: 양서원.

김범수(1992). 재가복지론. 서울: 홍익재.

김범수(2000). 지역사회복지론. 서울: 홍익재.

김상규, 전재일(1990). 사회복지론. 서울: 형설출판사.

김수현(2000). 지역사회중심의 자활지원: 그 이상과 현실. 한국자활후견기관협회.

김창기(2005). 지역사회복지협의체 형성과정에서의 로컬 거버넌스 연구: 제천시 지역사회복지협의체를 중심으로. 숭실대학교 대학원 박사학위논문.

김형배(1988). 지방자치론. 서울: 계명사.

노대명, 김안나, 류만희, 이인재, 이찬진, 최승아(2007). 근로빈곤층 자활지원 법률체계 개편방안. 한국보건사회연구원.

대구광역시사회복지협의회(1998). 지역사회복지공동모금회 운영방안에 관한 연구.

류기형(1991). 지역공동모금제에 관한 연구. 서울대학교 대학원 박사학위논문.

류상열(2004). 지역사회복지론. 서울: 형설출판사.

문병주(1991). 지방자치와 지역사회복지사업. 서울: 그린파스츄어.

민주쟁취국민운동본부 편(1988). 지방자치제란 무엇인가. 서울: 중원문화.

박노욱(2010, 8). 현안분석: 사회복지서비스에의 성과계약 도입 효과와 정책과제: 성과관리형 자활시범사업의 1차년도 경험을 중심으로. 월간 재정포럼, 170, 24-49.

박태영(2003). 지역사회복지론. 서울: 현학사.

박태영, 이성희, 김윤경(2000). 지역사회복지 증진을 위한 주민참여에 관한 연구. 한국사회복지학회 춘계학술대회 자료집.

방희덕(1987). 지방자치제 실시와 지역사회복지. 사회복지, 33(2), 18.

보건복지부(1988). 사회복지관 설치계획.

보건복지부(1992). 재가복지센터 설치운영지침. 서울: 보건복지부 자립지원과.

보건복지부(2003). 사회복지관 운영지침.

보건복지부(2005). 지역사회복지협의체 구성 · 운영 안내.

보건복지부(2009). 지역사회복지협의체 운영 지침.

보건복지부(2011). 2011년 자활사업안내.

사회복지공동모금회(2000). 사회복지공동모금회 중장기 발전계획에 관한 연구.

성민선, 김범수, 이창호, 강철희(1997). 공동모금회의 운영 및 기능에 관한 연구. 서울: 한국사회복지협의회.

오정수(1995). 재가복지봉사센터의 기능과 역할. 지역복지의 이론과 실제. 서울: 한국사회복지관협회.

오정수, 류진석(2004). 지역사회복지론. 서울: 학지사.

원석조(1987). 지방자치제하의 지역복지모델에 관한 연구. 사회정책연구, 9, 176-177.

윤경환(1999). 시민단체의 활동에 따른 환경정책의 변화. 지역개발연구. 강원대학교 지역개발연구소.

윤성진(1991). 지역복지의 발전방향에 관한 연구. 지역복지정책, 5, 161.

이규태(1979). 한국사에 있어서의 복지관. 복지사회의 이념과 방향. 서울: 아산사회복지사업재단.

이정호(1993). 지방사회복지행정의 방향. 지역사회복지론.

장인협(1994). 지방자치시대와 사회복지사의 위상. 전국사회복지사대회(제7회).

전해황, 이성윤, 송낙길(2008). 지역사회복지론. 경기: 양서원.

조추용(2000). 사례관리의 이론과 실제. 서울: 유풍출판사.

진재문(2001). 새로운 빈곤정책으로서의 자활사업: 가능성과 한계. 한국사회복지학회 춘계학술대회논문집, 87-106.

최일섭, 류진석(1996). 지역사회복지론. 서울: 서울대학교출판부.

한동우(2001). 사회복지 프로그램 평가의 방법과 실천. 한국사회복지행정학, 4, 131-132.

황덕순, 이병희(2009). 일자리 위기와 고용안전망의 사각지대 해소 방안 모색. Working poor의 현황과 정책과제 토론회 자료집. 한국보건사회연구원.

京極高宣(1984). 市民參加福祉計畫. 東京: 中央法規出版.

渡刀一城(2001). 共同募金. 社會福祉士養成講座7地域福地論. 東京: 中央法規出版.

山本信孝(1984). 財宅福祉 서비스의 概念. 地域福祉教室. 東京: 有悲閣選書.

小田兼三(1985). 在宅福祉서비스와 소시얼워크. 地域福祉講座. 東京: 中央法規出版.

阿部志郎(1977). 社會福祉教室. 東京: 有裴閣.

鈴木五郎(1981). 地域福祉の展開と方法. 東京: 筒井書房.

永田幹夫(1982). 地域福祉組織論. 東京: 全國社會福祉協議會.

自澤政和 編著(1992). 事例集. 東京: 中央法規.

全國社會福祉社協議會 編(1988). 在宅福祉서비스 電略.

前田大作(1992). 高齢者のための Care Management, 社會福祉. 有裴閣.

中園康夫, 清水貞夫 譯(1982). アリセション. 東京: 學苑社.

村田洋子 編著(1987). 在家福祉서비스 매뉴얼. 東京: 中央法規出版.

Adams, J. (1910). *Twenty Years at Hull House*. New York: The Macmillan Company.

Alinsky, S. (1969). *Reveille for radicals*. New York: Random House.

Alinsky, S. (1972). *Rules for radicals*. New York: Random House.

Appelbaum, R. (1970). *Theories of social change*. Chicago: Rand Mcnally college Publishing Company.

Baldoc, P. (1974). *Community work and social work*. London: Routledge & Icegan Paul.

Biklen, D. P. (1983). *Community organizing: Theory and practice*. Prentice-Hall.

Brager G., & Specht, H. (1973). *Community organization*. New York: Columbia University Press.

Council on Social Work Education (1962). Curriculum policy statement.

Cox, F. M., & F. E. Peacock Publishers (1970). *Strategies of community organization: A book of readings*. Itasca, Illinois: R. E. Peacock Publishers.

Cox, F., & Garvin, C. (1974). Community organization practice: 1865~1973. In Cox et al. (Eds.), *Strategies of community organization*. Itasca, Illinois: R. D. Peacock.

Cunningham, J. V. (1972). Citizen participation in public affairs. *Public Administration Review, 32*, 595.

Dahrendorf, R. (1958). Toward a theory of social conflict. *The Journal of Conflict Resolution, 2*(2), 170-183.

Dillick, S. (1959). The functions of neighborhood organization. In E. Harper & A. Dunham (Eds.), *Community organization in action: Basic literature and critical comment*. New York : Association Press.

Dunham, A. (1970). *The new community organization*. New York: Thomas Y. Crowell Company.

Gilbert, N., & Specht, H. (1974). *Dimensions of social welfare policy*. New Jersey: Englewood Cliffs, Prentice-Hall, Inc.

Green, H. (1954). *Social work practice in community organization*. New York: Whiteside and Morrow Press.

Greer, S. (1956, February). Urbanism reconsidered: A comparative study of local areas in a metropolis. *American Sociological Review, 21*(1), 19-15.

Gurin, A. (1970) *Community organization curriculum in graduate social work education: Report and recommendations*. New York: Council on Social Work Education.

Haggstrom, W. C. (1995). The tactics of organization building. In J. L. Rothman, & J. E. Tropman (Eds.), *Strategies of community intervention*. Itasca, Illinois: F. E. Peacock Publishers.

Harvey, G. (1959). *Social justice and the city*. New York: Edward Arnold, Association Press.

Hend-rick, J. (1981). *Aging in mass society*. Cambridge: Winthorip.

Huntington, S. P., & Nelson, J. M. (1976). Political participation in developing countries. Cambridge, MA: Harvard University Press.

Janowitz, M. (1952). *The community press in an urban setting*. New York: The Free Press.

Johns, R., & Demarche, D. (1951). *Community organization and agency responsibility*. New York: Association Press.

Johnson, P., & Rubin, A. (1983). Case management in mental health: A social work domain?. *Social Work, 28*(1), 22.

Kahn, S. (1991). *Organizing-a guide for grassroots leader-*. NASW Press.

Kauffman, S. (1995). Conflict and conflic, resolution in citizen participation program: A case study of the lipari landfill superfund sitie. *Journal of Community Practice, 2*(2), 3-54.

Kelly, H. (1953). Communication in experimentally created hierarchies. In D. Cartwright & A. Zander (Eds.), *Group dynamics*. New York: Harper & Row.

Korpi, W., & Shalev, M. (1979). Strikes, insurance relations and class conflict societies. *The British Journal of Sociology, 30*(2), 164-187.

Lauffer, A. (1981). The practice of social planning. In N. Gilvert & J. Specht (Eds.), *Handbook of social services*. Englewood Cliffs, New Jersey: Prentice Hall.

Lerner, M. (1957). *America as a civilization: Life and thought in the United*

States today. New York: Simon and Schuster, Inc.

Lindeman, E. (1921). *The community*. New York: Association Press.

Lippitt, R., Watson, J., & Westley, B. (1958). *The dynamics of planned change: A comparative study of principles and techniques*. New York: Harcount, Brace Jovanovich.

MacIver, R. (1928). *Community: A socialogical study*. London: MacMillan & Company.

Mangum, G. (1969). *Emergence of manpower policy*. New York : Holt, Rinehart and Winston.

Martinez-Brawley, E. E. (1995). Community. *Encyclopedia of social work* (19th ed.). New York: National Association of Social Workers.

Marx, K. (1959). Manifesto of the communist party. In L. Fouer (Ed.), *Marx and engels: Basic writing on politics and philosophy*.

McNeil, C. (1954). Community organization for social welfare. *Social Work: Year Book*. New York: American Association of Social Workers.

Merton, R. (1967). *On theoretical society*. New York: Free Press.

Meyerson, M., & Banfield, E. (1955). *Politics, planning and the public interest*. Glencoe, Illinois: Free Press.

Moore, W. (1963). *Social change*. New Jersey: Prentice-Hall, Inc.

Morris, D., & Hess, K. (1975). *Neighborhood power*. Boston: Beacon Press.

Moxley, D. (1989). *The practice of case management*. New York: Sage Publishers.

Murphy, C. (1954). *Community organization practice*. Boston: Houghton Mifflin Co.

NASW (1995). Encyclopedia of Social Work.

Park, R., & Burgess, E. (1921). *Introduction to the science of sociology*. Chicago University of Chicago Press.

Parker, R. (1987). *Social work dictionary*. New York: NASW.

Pearl, A. (1971). Poverty: Strategies for reduction. In R. Morris (Ed.), *Encyclopedia of Social Work* (pp. 921-928). New York: NASW.

Perlman, R., & Gurin, A. (1972). *Community organization and social planning*. New York: John Wiley & Sons.

Rein, M. (1968). Social planning: Welfare planning. *International encyclopedia of the social sciences*. New York: The Macmillan Company and Free Press.

Ross, M. G. (1955). *Community organization: Theory and principles*. New York: Harper and Brothers.

Ross, M. G. (1975). *Community organization: Theory and principles*. New York: Harper and Row.

Ross, M. G., & Lappin, B. W. (1967). *Community organization: Theory, principles and practice* (2nd ed.). New York: Harper & Row.

Rothman, J. (1974). Three models of community organization practice. In F. Cox et al. (Eds.), *Strategies of community organization* (pp. 23-25). Illinois: F. E. Peacock Publishers.

Rothman, J. (1990). A model of case management: Toward empirical based practice. *Social Work, 36*(6), 520-529.

Rothman, J. (1995). Approaches to community intervention, In J. Rothman, J. L. Erlich, & J. E. Tropman (Eds.), *Strategies of community intervention* (5th ed.). Itasca, IL: Peacock.

Rubin, H. J., & Rubin, I. (1986). *Community organizing and development*. Columbus, Ohio: Merrill Publishing Co.

Rubin, H. J., & Rubin, I. S. (1992). *Community organizing and development* (2nd ed.). Northern Illinois University.

Schubert, G. (1960). *The public interest*. Glencoe, Illinois: Free Press.

Schwartz, M. (1977). *Community organization. Encyclopedia of Social Work*. Washington, D.C.: NASW.

Skidmore, R., & Thackeray, M. (1976). *Introduction to social work*. New Jersey: Prentice-Hall, Inc.

Sorokin, R., & Zimmerman, C. (1929). *Principles of rural-urban sociology*. New York: Holt.

Steiner, J. (1930). *Community organization*. New York: Century.

Taylor, S., & Roberts, R. (1985). *Theory and practice of community social work*. New York: Columbia University Press.

United Nations (1955). Social progress through community development. New York: U.N.

Walker, A. (1961). Some relations between community development and Roger' s client-centered therapy. *Community Development Review, 6*(1), 20-28.

Warren, R. (1963). *The Community in America*. Chicago: Rand McNally & Company.

Weil, M., & Gamble, D. (1995). *Community practice models. encyclopedia of social* work (19th ed.). New York: National Association of Social Workers.

Will, M., & Karls, J. (1985). *Case management in human services practice*. San francisco: Jossey Bass.

Williams, R. (1959, Spring). Friendship and social values in a suburban community: An exploratory study. *Pacific Sociological Review, 2*, 3-10.

찾아보기

인명

내용

저자 소개

박용순(朴容淳)

성결대학교 사회복지학과 졸업
숭실대학교 대학원 사회사업학과 졸업(문학석사)
숭실대학교 대학원 사회사업학과 졸업(문학박사)
숭실대학교 종합개발연구소 연구원
사회복지법인 가나안 우리집 원장
한국지역복지봉사회 이사
한국사회복지행정학회 이사
충청남도 공무원임용 7급시험 출제위원
경기도 사회복지전담공무원 7급시험 출제위원
안양시 종합자원봉사센터 소장
현재 성결대학교 사회복지대학원장
　　성결대학교 사회복지학부 교수

〈저서 및 논문〉
『사회복지학의 이해』(학지사, 2008)
『사회복지개론』(학지사, 2008)
『빈곤과 자립』(학지사, 2001)
『사회복지행정』(공저, 창지사, 2010)
『사회복지수험서』(서현사, 2003)
『사회봉사의 이해(교회의 실천적 관점으로)』(공저, 양서원, 2010)
「영세민 자립을 위한 직업개발에 관한 연구」(1988)
「지방자치제에 따른 지역복지대책의 방향」(1993)
「저소득층 자립을 위한 사회복지적 접근」(1995)
「청소년 성폭력 예방을 위한 사회복지적 접근」(2000)
「노인자원봉사의 활성화를 위한 실증적인 분석연구」(2001)
「도시영세민을 위한 자립프로그램의 연계」(2003)
「탈북자 주거복지실태와 주거지원방안에 관한 연구」(2005)
「만성질환 남성노인의 우울감과 삶의 만족도 간 사회적 지지의 조절효과」(2012)
「전문직 은퇴자 및 은퇴예정 남성의 자원봉사몰입이 심리적 안녕감에 미치는 영향: 사회자원 · 자원봉사활동의 매개효과 검증」(2012) 외 다수

송진영(宋眞影)

서울과학기술대학교 전산학과 졸업
평생교육진흥원 사회복지학과 졸업
KAIST 일반대학원 정보및통신공학과 졸업(공학석사)
서울기독대학교 일반대학원 사회복지학과 졸업(문학박사)
중앙노인전문요양원 부원장
현재 성결대학교 사회복지학과 겸임교수
반석재가복지원 시설장
반석요양보호사교육원 원장
사회복지사 1급

〈저서 및 논문〉
『노인복지학』(나눔의집, 2011)
『사회복지시설운영론』(공저, 창지사, 2012)
「중고령자의 직업만족도에 영향을 미치는 요인에 관한 연구」(2007)
「중장년층 남성이 수행하는 다중역할과 삶의 만족도에 관한 구조모형 분석」(2008)
「중년 취업남성의 다중역할 몰입과 심리적 안녕감 간의 관계-자기효능감의 매개효과를 중심으로-」(2009)
「중년 남성의 다중역할 몰입, 자기효능감 및 심리적 안녕감 간의 구조모형 분석」(2009)
「만성질환 남성노인의 우울감과 삶의 만족도 간 사회적 지지의 조절효과」(2012)
「전문직 은퇴자 및 은퇴예정 남성의 자원봉사몰입이 심리적 안녕감에 미치는 영향: 사회자원 · 자원봉사활동의 매개효과 검증」(2012)

지역사회복지론(2판)

2006년 1월 31일 1판 1쇄 발행
2011년 3월 20일 1판 5쇄 발행
2012년 9월 10일 2판 1쇄 발행
2020년 2월 20일 2판 5쇄 발행

지은이 • 박용순 · 송진영
펴낸이 • 김 진 환
펴낸곳 • (주) 학지사
04031 서울특별시 마포구 양화로 15길 20 마인드월드빌딩 5층
대표전화 • 02) 330-5114 팩스 • 02) 324-2345
등록번호 • 제313-2006-000265호

홈페이지 • http://www.hakjisa.co.kr
페이스북 • https://www.facebook.com/hakjisabook

ISBN 978-89-6330-921-7 93330

정가 17,000원